シリーズ日本の政治 第2巻

近代日本の政治

寺崎修 編著

法律文化社

刊行にあたって

世紀の転換期には、国の内外を問わず政治社会が変動していく。従来のパラダイムが根本的に問い直され、新たなシステムの構築が迫られる。このような時期にこそ、将来の方向性を見据えた理論の提示が政治学（研究者たち）に要請される。

政治とは何か、政治学とは何かという人々の問いかけは、結局のところ日本政治についての疑問や、自分と政治との関係についての問題を意味する。政治学の目的は政治現象の解明にある、と教科書的な説明を加えたところで、十分な説明責任を政治学研究者が果たしたことにはなるまい。実際のところ、現実の政治と政治学とのカイ離にとまどう初学者が少なくない。さらには、政治問題の解決の糸口を学術研究書に求めて、いささかはぐらかされた観をもたれた読者も多いであろう。このような素朴でありながらも、根源的な問いに、果たして政治学教育に携わる者たちが真摯に答えてきたといえるであろうか。

西欧の政治学の歩みは古代ギリシャ・ローマにまで遡れば、二千有余年の歴史を有する。一方、日本の政治学も、明治期から数えれば百数十年の時を刻んできた。ところが、日本政治学は輸入学問、翻訳学問と揶揄されるように、西洋の政治理論やモデルを受容することにあまりにも偏向しすぎた感がある。ヨコ文字をタテに置き換えることが、直接的に日本政治に関する一般の方々の疑問に答え、さらには問題解決策を提示しえるとは考えにくい。これまで、政治学研究者たちは、日本の政治について考え、人々に語り継ぐ努力をあまりにも怠ってきたのではないか。自省しなければならない。そこで、過去における日本の政治ならびに政治学を総括し、将来の展望を切り開こうとの意欲にかられた二七名の研究者の賛同をえて、本シリーズの刊行に至った。

第二次大戦後、社会科学の解放が進み、政治学にあっても飛躍的な進歩がみられた。戦後伝統的政治学から現代政治学、そしてニュー・ポリティクスへの発展図式として素描できよう。本シリーズは、それらの研究成果をふまえて、従来からのタテマエ論や教科書的な説明ではなく、研究者各々が日頃考えていることがらを、自身のことばで率直に語り、読者の素朴な問いに真正面から対応していくのを主眼としている。政治学の入門講座でありながらも、さらにすすんで研究する意欲をもつ読者層の知識欲に応えるだけの専門性も、また兼ね備えた内容となっている。

本シリーズは、学史、思想、歴史、制度、過程、運動などの観点から、近代より現代にわたる日本政治に切り込む。まず、『第1巻　日本の政治学』では、戦前の政治学ならびに戦後飛躍的に発展してきた現代政治学を展望してみた。日本政治学に関する文献ガイダンスであると同時に、戦後日本政治学の全貌をコンパクトに知ることができるチャートとなっている。近代とは何か、現代とは何かという問いかけを、歴史的な存在であるわれわれは常に発していかねばならない。『第2巻　近代日本の政治』では政治史、思想史の解明にあたったが、とくに、政治運動を基軸として分析している点が類書にはない特色となっている。さらに、『第3巻　現代日本の行政と地方自治』では、国家・地方行政がわれわれの日常生活と直結するだけに、それらの詳細な検討を行う。とりわけ今後の改革路線を視野に入れて究明している。つづいて、『第4巻　現代日本の政治と政策』では、政治過程における政治主体や政策、選挙などアクチュアルな事例を検討する。とくに、二〇〇五年のいわゆる九・一一総選挙後の政治をいかに読み解いていくか、関心がつきないテーマである。いずれにせよ、『シリーズ日本の政治（全四巻）』は、二〇世紀における日本政治（学）を総括し、二一世紀への展望を切り開くマイルストーン（里程標）になるであろう。

編集・執筆作業をしながらも、政治社会はたえず流動化していく。現在《いま》もまた新たな問題が派生してきている。アップ・トゥー・デイトな政治事象のすべてに接近しきれてはいない、あるいは時事的問題を完全にカバーしきれてはいない、とのそしりを本シリーズもまた免れるものではない。しかしながら、政治社会には、可変的な面があるとともに不可変的な面もまたある。政治現象として生起する諸問題の背景には、共同体や政治社会にひそむ変わらぬ側面（意識、文化、歴史）が存在していることが多い。問題の基底を解明する作業が、実のところ現実政治を理解する早道となる。たえず流動化する政治現象の背後にひそむ根源的な問題を探り出すわれわれの取り組みが、「問題の本質がつかめた」という読者の知識欲や研究意欲を充たせられるのであれば、共同作業の成果があがったことになると思う。執筆者一同の意欲と研鑽の結晶が、ひろく学界、出版界、読者に受け入れられることを切望してやまない。

二〇〇六年三月

大塚　桂（駒沢大学）
寺崎　修（慶應義塾大学）
本田　弘（日本大学）
森本哲郎（関西大学）

はしがき

本巻は、『近代日本の政治』と題し、わが国政治史、わけてもわが国政治運動の軌跡に着目し、日本近代草創期の立国の過程、さらにはわが国民主主義の消長を最新資料を用いて実証的に明らかにするとともに、わが国政治学の構築・発展のために必要不可欠な歴史的観点と歴史的素材を提供することを目的としている。

本巻の冒頭には、序章「日本政治史研究の現状と課題」を掲げ、日本政治学ならびに日本政治の歴史的研究が必ずしも満足すべき状態ではないことを指摘し、今後取り組むべき課題についても言及したが、それはまさに私たちが現在、共有している思いにほかならない。わが国政治学の後進性は、けっして政治理論研究者だけの責任ではなく、私たち政治史研究者も負わなければならない責任だからである。

序章に続く本論は、「第Ⅰ部　立国の時代」、「第Ⅱ部　民主主義の消長」、の二部で構成し、第Ⅰ部には明治期をあつかった四編を、第Ⅱ部には大正期、昭和期をあつかった五編を時代順に配列した。いずれも近代日本の政治を考えるとき、逃すことのできないテーマばかりであり、各章の執筆は、それぞれの分野を専攻するベテランや新進気鋭の研究者にお願いした。

以下、各章の概要を簡単に紹介し、本書の手引きとしたい。

「第一章　尊王攘夷運動と王政復古」（門松秀樹論文）は、倒幕運動の原動力になった尊王攘夷運動の淵源をたずね、また王政復古の実体化にあたって、いかなる政治体制が構想されたかを探求したものである。門松は、尊王思想が幕末期に急速に発展し、やがて討幕運動につながったとする一般的理解を批判し、尊王思想自体は江戸時代全般を通じて武士に共有された常識であったことを指摘している。また「王政復古」を宣言して成立した新政府は、太政官制、律令制など復古的制度を次々に採用したが、「神武創業」への「復古」という形をとったことで、むしろ実際上は過去の慣習にとらわれない新しい政治を行うことを可能にする側面があったことを強調している。

「第二章　天皇親政運動」（笠原英彦論文）は、明治政権誕生後まもなく形骸化してしまった天皇親政を名実ともに実効あるものにしようとした天皇側近の元田永孚、佐々木高行ら侍補グループの政治運動を考察したものである。笠原は、形ばかりの天皇親政に安住する政府首脳ならびに宮中幹部に不満を抱いた佐々木が、当初めざしたのは天皇親政に理解の深い大久保利通の宮内卿擁立だったこと、しかし大久保没後は、侍補が結束して天皇親政の実現へむけて立ち上がり、政府に対し種々の要求を突きつけ挑戦的態度をとったこと、その結果、政治化した侍補グループに脅威を感じた明治政府は侍補職廃止に踏み切り、天皇親政は、一層形骸化することになったことを指摘している。天皇親政運動の理論的支柱の元田だけでなく、中途から運動に加わった佐々木高行に注目することによって、天皇親政運動の政治的側面が炙り出されている。

「第三章　自由民権運動の展開」（寺崎修論文）は、民撰議院設立建白書の提出にはじまる自由民権運動が、いかにして巨大な政治運動となったのか、また、この運動が一八八二（明治一五）年夏を境に、なぜ急速に衰退したのかを解き明かしたものである。寺崎は、従来の自由民権運動像を再構築する立場から、立志社→愛国社→国会期成同盟→自由党という単純図式化された発展史には、実像と相当のズレがあることのほか、急進派によって引き起こされた加波山事件、飯田事件、名古屋事件、静岡事件には、相関関係が認められることを述べ、また八一年に結成された自由党がわずか三年で解党した原因についても、通説とは異なる主張を展開している。

「第四章　朝鮮改革運動」（都倉武之論文）は、近代日本における朝鮮改革運動、すなわち一八八四（明治一七）年の甲申事変に際し、日本の民間勢力が朝鮮開化派を支援した政治運動を中心に、征韓論から日韓併合にいたるまでの朝鮮改革論を検討したものである。都倉はこの論文で、日本の安全保障上、独立維持に関する危機意識が薄い朝鮮半島の空白は、常にわが国の重大関心事であったこと、朝鮮に金玉均、朴泳孝ら開化派の人々が登場すると、日本政府・民間ともに「征韓」から「改革」へと対朝鮮政策の軸足を移したこと、しかし開化派が壊滅して「改革」が失敗に終わり、一八九四年金玉均暗殺事件、東学党の乱が起こると一転して強硬路線をとり、日清戦争および日露戦争の勝利を背景に、朝鮮保護国化、日韓併合への道を突き進んだことなど、その曲折した過程を明らかにしている。

「第五章　大正デモクラシーと普通選挙運動」（吉田博司論文）は、一九一三（大正二）年に第三次桂太郎内閣を打倒した第一次憲政擁護運動、二四年に清浦奎吾内閣を打倒した第二次憲政擁護運動、さらに清浦内閣崩壊後に成立した護憲三派内閣の下で普通選挙法が成立するまでの普通選挙運動を概観した上で、この時代の論壇をリードした三人の知識人、すなわち浮田和民、吉野作造、大山郁夫の活動を取り上げ、各人の果たした役割を詳しく検討したものである。吉田は、浮田が吉野や大山に先立って日露戦争直後から独自の立憲政治論を総合雑誌太陽を中心に主張し続けた先駆的役割について高く評価する一方、彼の主張が倫理優位の立憲政治論であり、その倫理的要請は、国民や政党にも厳しく、政党が権力を握ることについてネガティブだったこと、また、浮田に続いて論壇に登場した吉野は、議院内閣制の正当性を主張し民衆の啓蒙にも熱心だったが、政治の主体は部分（階級）であってはならないとする立場から、民衆の政党へ参画については消極的だったこと、これに対し大山は、はじめ政党内閣制の確立、普選導入を主張していたが、やがて社会主義に傾倒し、「街頭の群衆」や無産階級のなかに歴史的正義をみいだし、政党政治の正当性にも疑問を抱くことになったことなど、興味深い事実を指摘している。

「第六章　国体明徴運動」（吉田博司論文）は、国体を明徴にするという大義名分のもとに右翼・軍部などを中心に展開された天皇機関説排撃運動がいかなる政治的、思想的背景のもとに強力な運動となったかを検討したものである。いうまでもなく天皇機関説は、イェリネックの国家法人説を受けて、東京帝大教授美濃部達吉が提唱した憲法学説だが、もともと政府が依拠していた憲法学説でもあり、決して異端の学説ではなかった。それゆえ排撃運動も、当初は大きな広がりをみせることはなかったが、一九三五（昭和一〇）年二月貴族院本会議において菊地武夫（陸軍中将）が美濃部批判の口火を切ると一気に政治問題化することになった。吉田は、国体明徴運動の推移を明らかにしながら、国体明徴運動に敗北した近代日本の理性の脆弱性を浮き彫りにしている。

「第七章　公職追放と民主化」（増田弘論文）は、ポツダム宣言に基づき、日本の非軍事化・民主化政策の一環として断行された公職追放が、いかなる経緯で実施されたのか、また、それが戦後日本の民主化にどのような影響を及ぼしたのかを詳しく論じたものである。占領期を通じて総計二一万人の旧軍人、政治家、官僚、経済人、言論人、地方の指導者などが公職を追放されたが、増田は、日本側の主体的判断によるパージは、経済界、言論界、教育界などで一部存在したもののごくわずかで、とうていGHQ当局を納得させるものではなかったこと、日本政府が民主化に無理解で、公職追放に対しても後ろ向きであったことがGHQによるトップダウン方式による強硬な公職追放路線を招いたこと、しかし、冷戦の世界化、朝鮮戦争の勃発は、アメリカの占領政策を大きく転換させ、GHQは、一転して追放解除の方向へ動き、一九五二年四月二八日対日平和条約が発効するとともにパージは終結したこと、これによって一部大物議員が復権したとはいえ、各界の世代交代はすでに進展しており、全体としてパージが日本民主化に果たした歴史的役割はきわめて大きかったことなどを指摘、公職追放の全体像を明らかにしている。

「第八章　安保条約反対運動の高揚と挫折」（小川原正道論文）は、一九六〇（昭和三五）年に締結・批准された日米安全保障条約をめぐる反対運動の動向を考察したものである。いうまでもなく安保条約は、今日もなお、日本の安全保障政策の中核に位置する条約だが、その締結・批准をめぐっては、大規模な反対運動が起き、国会周辺でデモ隊と警察官隊の激しい衝突が繰り返された。小川原は、安保条約改定が外交的には前進だったにもかかわらず、激しい世論の反発を招いたのは、二転三転する国会答弁や衆議院における強行採決などの影響が大きかったこと、その結果、反対運動の主目的は、「反安保」よりも岸信介内閣退陣と国会解散を求める「反岸」の様相を濃くしたこと、それゆえ条約批准後、岸内閣が退陣し、後継首相に池田勇人が就任すると、反対運動は、急速にさめていったことなどを指摘している。

「第九章　靖国神社問題の過去と現在」（小川原正道論文）は、靖国神社の創立から現在に至るまでの過程を考察し、今日的な問題の原因にも言及したものである。靖国神社は、維新の動乱で「王事」のために尽くした戦没者の慰霊・顕彰のために、一八六九（明治二）年東京九段に創建された東京招魂社を七九年に改称したものだが、以後同神社が天皇崇拝と軍国主義の普及に大きな役割を果たしたことはよく知られている。小川原は、この論文で、戦争・戦死と靖国・顕彰を連結する意識が濃厚となったのは、日露戦争後だったこと、昭和期には、天皇や皇族の参拝もめずらしくなくなり、第一次近衛内閣以降は、首相以下各閣僚が就任日に参拝し、また満州国皇帝溥儀や国際連盟から派遣されたリットン調査団、米国アジア太平洋艦隊司令長官など、外国使節も参拝する例が増え、一層重みを増したこと、しかし太平洋戦争後は、連合国軍総司令部（GHQ）が軍国主義の象徴として焼却を計画するなど存亡の危機に立たされ、国家管理を離れ一宗教法人となることでなんとか生き延びたことなどを明らかにしている。そして小川原は、A級戦犯合祀問題、首相参拝問題などをめぐって鋭く対立する今日の状況にも言及し、「靖国問題」は中国や韓国に対する問題というよりも、それ以前に「根の深い国内問題」であると指摘している。

以上、各章の概略を紹介してきたが、通読すればすぐにわかるように、各執筆者の研究方法やアプローチの手法は必ずしも一致していない。けれども私たちは、可能な限り数多くの資料を蒐集し、分析に際しては、特定の価値観やイデオロギーとは一定の距離を置き、近代日本政治の真の姿を明らかにしようと努力しているという一点において完全に一致している。各執筆者が独自の立場から自由に論じたにもかかわらず、全体としてさほどの違和感がないのは、このためである。

本書が、日本政治の歴史的研究、ひいては日本政治学の構築へ向けて、なにがしかの貢献ができきるとするならば、編者としてこれに優る喜びはない。

二〇〇六年三月

寺崎　修

目次

第Ⅰ部　立国の時代

第Ⅱ部　民主主義の消長

序　章　日本政治史研究の現状と課題

寺崎　修

1　はじめに

日本政治史とはどのような学問なのか。もともとそれは政治権力の獲得・維持をめぐる争いを歴史的に探究することを使命としてきたが、今日ではあらゆる政治現象が研究対象となり、大きな広がりをみせている。日本政治史研究がより多彩で広範になってきたこと自体は歓迎すべきことだが、しかし日本政治史研究の現状は、必ずしも満足すべき状態とはいえない。日本政治史研究のいかなるところに問題があるのか。また、私たちはいかなる課題をどのように克服していったらよいのであろうか。

2　日本政治史研究の現状

わが国の政治学者が政治史、なかでも自国の政治史を直接研究の対象とするようになったのは、さほど古いことではなく、それは、岡義武が指摘するように、「戦後のことに属する」（升味準之輔『日本政党史論』東京大学出版会、一九六五年、巻頭に寄せた一文）といってよい。戦前期日本において、天皇制や不磨の大典とされた明治憲法を正面から論じることは難しかったし、自由でアカデミックな研究は太平洋戦争の終結をまたなければならなかったからである。

しかしながら日本政治史研究停滞の一因が、その歴史の浅さにあることを認めるとしても、戦後六〇年を経た現在、そのことのみが政治史研究の発展を阻害した唯一の原因であったとは思われない。むしろ、政治史研究の発展をはばんだもっとも根本的な要因は、政治学者による政治史研究のあり方そのもの、より率直に述べるならば、研究者自身の安易な方法論そのものにあったといえるのではなかろうか。

いまここで、日本政治史研究の現状について、いくつかの問題点を挙げるとすれば、次の諸点が浮かびあがってくる。

まず第一に、政治学者による政治史研究が、その理論化、総合化を急ぐあまり、原資料の発掘・調査など、地道な基礎作業を怠ってきたことがあげられる。政治史研究に限らずすべての歴史研究において、まず重視されなければならないのは原資料だが、これまで政治学者は、そのような基礎作業を軽視してきたきらいがある。伊藤隆が「近代史は活字だけで研究出来るという時代は既に終っている」（『近代日本研究入門』東京大学出版会、一九八三年、二六八頁）と指摘するように、もはや活字資料だけで本格的な研究をすることが困難になっているにもかかわらず、政治学者による原資料探索は、一部を除き今もなお低調というほかはないのである。

第二の問題点は、毎年発表される膨大な研究成果のうち真にオリジナルな成果は、微々たるものにすぎないということである。政治史研究がたとえ遅々たる速度であっても絶えず前進するためには、すべての先行研究を踏まえた研究が推進されねばならず、いかなるテーマの研究が行われる場合にも、研究史を無視することは許されない。およそいかなる研究成果であろうと、それが有する価値は研究史に照らして始めて定まるのであって、先行業績によってすでに明らかになっている事がらを繰り返し述べることは、少なくとも学問研究上からは全く価値がない。政治学者による政治史研究において、過去の著作を要約するだけのケースや先人たちのいくつかの論文を組み合わせただけのケースを時折見受けるが、このような安易な手法による政治史研究は論外である。かって法制史（西洋）の分野では、小山貞夫が「わが国の西洋史関係の論文はかなりの数に及んでいるが、しかし、そのうち本当の意味でオリジナルと呼びうる論文は、きわめて僅かしか見当らないのである。……海外での一つないしはごく少数の論文を実質的には勝手な形で紹介しつつ、そこに自らの思いつき、印象を散りばめて、『オリジナルな』『論文』が完成したと思い込むわけである」（『創文』一八六号、一九七九年、二三〜二四頁）と述べ、厳しい警鐘を鳴らしたことがあったが、このことは、政治史研究の領域においても、まったく同様にあてはまるのである。

3　日本政治史研究の課題

イギリスの政治学もアメリカの政治学も自国の歴史的事実や政治現象を素材として、さまざまな検証をくり返すことによって大きな発展をしてきたが、日本の政治学は自国の素材を活用することに努力してこなかったという反省の声がよく聞かれる。元日本政治学会理事長の内田満は、かつてこのことについて、「……政治学関係の著書・論文の多くは、欧米の政治史、政治思想、政治理論に関連しており、わが国の政治そのものを体系的・分析的な研究の対象としたものは、きわめて少ないのである。その結果として、わが国には、いまだにわが国の議会や政党についての本格的な政治学研究書が存在しないし、そのような研究を土台にした『日本産』の理論や概念は依然として未発達である」(堀江湛編『政治学のことば』一九八〇年、二二六頁)と述べ、「日本産」の「理論や概念」の「土台」となるべき日本政治研究の不足を嘆いたことがあったが、内田のいう「土台」の研究の不足は、現在もなお克服されていない。

このような事態に照応して、日本政治史研究者は、一体なにをなすべきであろうか。政治史研究者が政治史本来の領域の研究に取り組むことは当然としても、政治学の「土台」の一翼を担う立場から、一体なにができるのだろうか。

第一の課題は、近・現代政治資料の探索・蓄積のスピードアップにつとめ、迅速な資料の紹介と提供をはかることである。近・現代日本の政治資料は、一見すると質量ともに豊富に見えるが、実は決してそうではない。維新期には皇居が炎上し太政官の重要資料が大量に失われたし、関東大震災や太平洋戦争の際にも、重要記録が焼失している。さらに焼失を免れた重要記録もその多くが公開されておらず、私たちを取り巻く資料環境は、必ずしも良好とはいえない。それゆえにこそ、私たちは、近・現代日本の政治資料の発掘・復元・整理に全力をあげ、公文書等の所蔵機関に対しても、未公開文書の早期公開を迫っていく必要がある。(1) 歴史資料として重要な公文書等の所蔵機関には、国立公文書館、法務省法務図書館、宮内庁書陵部、外務省外交史料館、防衛庁防衛研究所図書館などの諸機関があるが、なかでも一九六一(昭和四六)年七月に開館した国立公文書館は、一八六七（慶応三）年以降の公文書約四〇万冊（二〇〇二年三月現在）を保管しており、そうした資料の全面公開は、目下の急務となっている。(2)

第二の課題は、歴史研究の原点に立ち返り、できるだけ実証的で客観性のある研究成果を提供し、政治史研究の信頼回復につとめることである。戦前の皇国史観に対する反動として、戦後は唯物史観、わけても講座派理論がもてはやされ、わが国の歴史学界は、ソ連崩壊に至るまで圧倒的に講座派理論の影響下にあった。そのため、当時の歴史学界の通説を基礎に組み立てられた無数の理論やモデルは、講座派理論の衰退とともにあっけなく姿を消し、歴史研究に対する信頼は、以前にも増して失墜することになったのである。近年まで盛んに使われていた天皇制絶対主義、ブルジョア民主主義、独占資本主義といった用語が、今やほとんど死語となってしまったことに端的にあらわれているように、現実から乖離した理論は、現実によって簡単に打ち砕かれる運命にあるのである。

政治史の実証的研究というと、一般には、資料を整理・羅列し、もっともらしい理屈と評価を加えただけのものと誤解をする者もいるが、立論に際しては、仮説をたて、資料を蒐集し、資料の吟味、証拠能力の検討をするなど、厳密な学問的手続きを経ており、その成果は、もっとも信頼できるものである。実証主義政治史学は、新しい政治理論の構築・修正・検証に、確かな貢献ができるのではなかろうか。

4　おわりに

政治史のあり方・方法をめぐっては、従来からさまざまな理論的提言が繰り返されている。例えば、マルクス主義講座派や労農派の立場からの提言、政治的近代化論や政治発展論の立場からの提言、L・ベンソンらによるニュー・ポリティカル・ヒストリーの立場からの提言、西ドイツのH・U・ヴェーラーらによる社会史の立場からの提言、T・スコッチボルの比較歴史法に代表される新制度論の立場からの提言等々が、これである(3)。

およそ大胆な仮説や隣接科学の刺激がなくては、学問の進歩などありえないことを考えると、次々に登場するこうした新しい提言に耳を傾けることは大いに意義のあることだが、これらの方法論の有効性については、疑問視する声も大きい。歴史研究においては、いかに画期的で面白い理論であっても、その理論が有効かどうか、また仮に有効だとしてもどの分野にどの程度適用できるかは、資料による厳密な検証が必要となるからである。とくに実証的研究の蓄積に乏しいわが国においては、これらの方法論の有効性を判断する資料は必ずしも十分ではなく、無批判にこれを過大評価し、飛びつくわけにはいかないのである。

わが国政治史研究の現状を省みるとき、私は、この分野における今日の要請は、総合的、理論的研究よりも、むしろその大前提となるべき新資料の探索、個別実証的な研究を推進することにあるのではないかと考えている。いかなる総合的研究、理論的研究、また、いかなる一般化、体系化をめざすにせよ、歴史的事実を正確に把握する段階を経ないまま、先へ進むことは、あまりにも無謀といわざるをえないからである。

注

（1）　歴史資料として重要な公文書の保存と公開という高い理想の下に出発した国立公文書館も、文書の全面公開に踏み切っているのは、太政官制度が廃止される一八八五年（明治一八年）までにとどまる。わが国の国立公文書館も加盟している国際公文書館会議（ＩＣＡ）から「八〇年を経過した全ての公文書を公開すべきこと」、「死者のプライバシーの保護を延長することによって歴史研究を妨げ又は不当に遅らせるべきではないこと」などを勧告されているにもかかわらず、「勧告」に従わないわが国国立公文書館の姿勢は、不可解である。

（2）　わが国の公文書管理は、統括・指導する機関がないため、各省個別の規程にもとづき、バラバラに行われている。また、情報公開法が施行された二〇〇二年以降、移管の仕組みが大きく変更されたことによって、各省の国立公文書館への文書移管実績は激減し、国立公文書館制度の根幹を揺るがせる事態となっている（内閣府「公文書館制度の現状と課題」二〇〇五年五月）。

（3）　歴史学との関係を断ち切ることによって、「自立化」と「科学化」を押し進めてきたアメリカ行動論政治学が、「脱行動論革命」以降、視野を拡大する必要から「歴史への回帰」を深めていることについては、野田昌吾「歴史と政治学——別離、再会、そして……」『年報政治学』（岩波書店、一九九九年）を参照。

第Ⅰ部　立国の時代

第1章　尊王攘夷運動と王政復古

門松　秀樹

1　はじめに

本章においては、まず、幕末において討幕運動の原動力となった尊王攘夷運動について、その淵源から説き起こし、いかにして尊王思想が形成され、また、尊王攘夷思想へと発展していったのかについて説明を加えることにしたい。なお、幕末期において尊王攘夷思想形成の中核となったのは水戸学と国学であるが、本章においては、その前段階として、江戸初期における朱子学に見られる尊王論についても言及することにする。

また、明治政府創設に当たって掲げられたスローガンである「王政復古」についても、その内容について述べるとともに、「王政復古」を実体化するための政治体制に関して、勝者となった明治政府の側と、敗者となった江戸幕府、すなわち徳川氏の側の双方から、各々がいかなる政治体制を構想していたのかについて述べることにする。

2　尊王攘夷思想の源流

朱子学の伝来

わが国における尊王攘夷思想の形成にあたって、多大な影響を与えた思想のひとつに朱子学を挙げることができる。朱子学は、南宋の朱熹が錯綜していた儒学の諸学派を整理し、その学問的体系を再編成したことによって大成された。以降の儒学における中心的な理論のひとつである。朱熹によって学問的体系が整備されたため、その名をとって「朱子学」と呼ばれるのである。また、あるいは、朱熹が自らの学問的体系における先駆者として位置づけた北宋の程頤とあわせて、「程朱学」と呼ばれることもある。

朱子学の教学的な特徴は、宇宙や社会といった自己をとりまく環境と自己とが「理」と呼ばれる普遍的原理によって結ばれていると考え、自己修養を進めることによって社会秩序の維持に到ることが可能であると説いた点にある。すなわち、個人と社会とを結び付ける思想を提示したのである。

そして、もうひとつの朱子学の特徴としては、成立時の社会背景を反映して、政治的イデオロギーとしての性質を濃厚に持ち合わせている点にある。つまり、朱熹が朱子学を大成する南宋、あるいはそれ以前の北宋の時代における中国は、北方の遊牧民族から常に圧迫を受け、国家が滅亡の危機に瀕していたのである。北宋の時代には、契丹族の国家である遼、そして女真族の国家である金によって、南宋の時代にはモンゴル族によって侵略される危険が常に存在していた。実際に北宋は金の攻撃を受けて首都開封を占領された上に皇帝哲宗・上皇徽宗とその后妃及び皇族を連れ去られ、国家が滅亡している。その後、難を逃れた皇族の一人が臨安で即位して再建した国家が南宋となるのである。

このため、朱子学においては「大義名分」と「尊王斥覇」を強く政治的イデオロギーとして主張している。「大義名分」とは、上下関係を重んじ、君臣・父子の身分秩序を正すことである。また、「尊王斥覇」とは、徳によって世界を治める王者、即ち中華皇帝を尊び、武力によって世界を治める覇者、即ち周辺民族の王を排斥し、中華皇帝による支配の正当性を主張するものであった。これらは、中国における伝統的な華夷思想、すなわち、漢民族が文化・文明の中心にあって、周辺の諸民族はその文化・文明の恩恵に浴し、また従うべき未開民族であるとする思想に基づき、中国を中心とした国際秩序の形成を正当化するものであった。

かかる背景を有する朱子学は、鎌倉時代初頭に禅宗の僧侶によって日本に伝えられた。日本に伝えられた当初は、禅宗僧侶が儒学研究を行う上での新理論として学ばれていた。しかし、鎌倉時代末期に、朱子学は政治思想としてにわかに脚光を浴びることになる。それは、時の天皇であった後醍醐天皇が朱子学における大義名分論および尊王斥覇論に深く傾倒したことによる。特に、尊王斥覇における王者を中華皇帝から天皇に、覇者を異民族から鎌倉幕府（武士）に読み替え、自らの討幕運動と天皇親政による政権の創出を正当化したのである。後醍醐天皇の討幕運動は紆余曲折の末に成功し、建武の新政と呼ばれる天皇親政体制による政府の建設を達成する。

しかし、建武の新政は現実における武士の存在をあまりにも軽視したために極めて短期間で破綻し、足利尊氏が創始した室町幕府及び幕府の支持による朝廷である北朝と、京都から吉野に追われた後醍醐天皇らによる朝廷である南朝とに皇統が分裂する、いわゆる南北朝時代に突入するのである。南朝の中心人物であった北畠親房は『神皇正統記』を著して、朱子学における大義名分論と尊王論に基づいて南朝の正統性と天皇親政の正当性を主張した。この分裂は、以後、約六〇年間にわたって続くが、一三九二(明徳三)年に室町幕府第三代将軍足利義満によって南北朝が統一されると、南朝によって唱えられていた尊王論は政治的意義を失い、また、朱子学も政治思想としての影響力を失っていったのである。

しかしその一方で、後醍醐天皇の討幕運動から南北朝の争乱にかけての時代を南朝に好意的な立場から描いた軍記物語の『太平記』が成立した。『太平記』が南朝の功臣楠木正成らを英雄的に描写したことにより、庶民の間に素朴な尊王観念が醸成される素地がこの後の数世紀にわたって形成されていくのである。

江戸時代初期における朱子学

徳川家康が関ヶ原の戦いで勝利を収め、江戸幕府を開くと、応仁の乱以降の約一世紀半にわたる戦乱の世に終止符が打たれた。家康は朱子学者藤原惺窩の学識に感嘆し、自らの下に招聘しようとしたが、惺窩はその弟子である林羅山を推挙した。こうして、羅山は江戸幕府の創設期に当たってそのブレーンとして活躍することになる。また、上野忍ヶ岡に私塾聖堂を開き、朱子学の教授に当たったが、その孫である林鳳岡が大学頭に任ぜられ、幕府の文教政策の責任者となるに至って朱子学は江戸幕府における官学的地位を得た。このため、ほぼ江戸時代全般にわたって、儒学、特に朱子学が武士階級にとってはもっとも基本的な教養となっていくのである。そして、武士階級に広く朱子学が学ばれたことにより、大義名分や尊王斥覇といった学説もまた、武士階級にとっては常識的な知識となる。いわば、今日における民主主義とほぼ同様に、江戸時代の武士にとっては尊王論とは普遍的な知識であったのである。

江戸時代初期において、朱子学に基づく尊王論を発展させた人物の一人に水戸藩第二代藩主徳川光圀がいる。光圀は好学で知られ、明末清初の動乱を避けて日本に亡命してきた明の朱子学者である朱舜水を迎えて朱子学を講じさせたほか、一六五七（明暦三）年には江戸藩邸に史局（後に彰考館）を設置して、史書の編纂事業を開始させた。これは、『大日本史』と呼ばれ、光圀の死から約二〇〇年後の一九〇六（明治三九）年に至って完成した非常に大規模な事業であった。『大日本史』は、南北朝の正閏を正すことを目的として編纂が開始されたが、その特徴としては、神功皇后を歴代から除き、大友皇子を天皇に加えた点を挙げることができるが、最大の特徴は、大義名分論に基づいて南朝を正統として認め、尊王思想に貫かれて編纂された点であるといえよう。『大日本史』編纂事業とその方針は、幕末に至って尊王攘夷運動の主導的概念となる水戸学に多大な影響を与えていくのである。しかし、幕末における水戸学とはその内容を異にするため、これと区別するために、光圀の『大日本史』編纂事業を中心とした学術研究を前期水戸学と呼ぶこともある。

江戸時代初期における尊王論について述べる場合、徳川光圀のほかに朱子学を基に独自の尊王論を発展させた人物として山崎闇斎を挙げることができる。闇斎は、朱子学派の中でも土佐を拠点に活動していた南学派の野中兼山に見出され、兼山の師である谷時中の下で朱子学を学んだ。後に京都で塾を開いて朱子学を教授するが、会津藩主保科正之に招聘されて、その藩政を補佐する。後年、神道に関心を深めた闇斎は、吉田神道の吉川惟足と度会神道の度会延佳からそれぞれ神道の伝授を受け、それらの神道を朱子学の敬慎説によって統合して、神儒合一の垂加神道を創始した。垂加神道は、天照大神による天上の支配と素戔嗚尊による天下の支配に支配様式を区分した上で、天地開闢の神の道と天皇の徳を唯一無二のものとして絶対的尊王を唱えた。その一方で、幕府による天下の支配は素戔嗚尊の支配の系譜を引き継ぐものとしてその正当性を認めている。垂加神道は、その尊王思想と国体重視の観点から、国学や幕末における水戸学などにも影響を与え、尊王攘夷運動の底流を為した。

また、闇斎の学統は崎門派と呼ばれ、浅見絅斎や佐藤直方といった優れた門人を輩出している。後に、宝暦事件で処罰された竹内式部も崎門派の流れを汲んでいる。竹内式部は徳大寺公城ら桃園天皇の近習を務める少壮公家に垂加神道に基づいて神書・儒書を講じたが、少壮公家らは式部の学説をもって桃園天皇に日本書紀を進講し、大義名分論の立場から皇室の権威回復を説いた。このため、朝幕関係の悪化を恐れた関白一条道香らによって、一七五八（宝暦八）年、徳大寺らが永蟄居・謹慎などの処罰を受け、式部もまた翌年、京都所司代によって重追放とされた。これを宝暦事件と呼び、尊王論者が処罰された最初の事件としての意義を持つ。江戸時代中期にあたるこの当時は、尊王論が政治思想としての意義を再び有するようになった時期でもあった。

国学に基づく尊王論

幕末における尊王攘夷論の形成にあたって、朱子学と並んで多大な影響を与えたものに国学を挙げることができる。国学は、わが国における古典文学、特に万葉集に代表される和歌の解釈法

について の研究をその端緒としている。尊王攘夷論への影響から、当初より政治思想的な意義を有していたように捉えられがちであるが、実際には、文学的な見地から創始された学問なのである。

そもそも国学研究の起点となったのは、契沖が徳川光圀の後援を受けて執筆した『万葉代匠記』における万葉集解釈である。契沖は古典の解釈に当たって、和漢の様々な文献からの典拠を示して、従来の儒仏的な教条的解釈を排し、「もののあはれ」に着目して内面的心情の重視を主張したのである。契沖の文献学的な研究手法と、道徳的解釈による人間性の軽視に対する批判は、のちの国学者たちに深い影響を与えたがゆえに、契沖をもって国学の祖とするのである。

国学の形成にあたって、その学問的な基盤を整えた人物には、荷田春満とその門弟賀茂真淵を挙げることができよう。春満は契沖の万葉集研究に触発され、一七二八（享保一三）年、時の将軍徳川吉宗に対して国学研究のための学校を開設するように『創学校啓』と題した上申書を、養嗣子在満を通じて提出した。春満は、儒学における古学派に対応して、国学においても従来の儒仏的な道徳的解釈を排して、古典が記された当時の古文・古語を用いて解釈・研究する必要性を述べている。春満の上申は実現しなかったが、国学の学問としての方向性を定め、また、門下に賀茂真淵ら優れた人物を養成したことから、春満は、真淵、そして、本居宣長、平田篤胤とともに、国学の発展に対する功績を称えて「国学の四大人」と称されている。

賀茂真淵は、師の荷田春満没後、京都から江戸へ移って塾を開き国学を講じていた。真淵は万葉集の研究において、『万葉考』を著すなど、国学研究に画期をもたらした。古典研究において、『冠辞考』、『祝詞考』など多くの著作を著し、古語・古文等の古典研究から古代日本人の精神を明らかにする古学（古道学）を発展させた。晩年には県居翁と号し、門人の指導に当たったが、伊勢参宮の途中で本居宣長の来訪を受け、宣長が師弟の礼を取ったことは有名である。

さて、国学の発展についてもっとも大きな影響を与えたのは本居宣長である。宣長は、契沖や真淵の著作に影響を受け、国学研究の道に進んだ。真淵に生涯で一度のみの対面を果たした際に、師弟の礼を取り、真淵の万葉集研究に対して、古事記研究を進めることを誓い、以後、書簡にて指導を受けた。こうして、一七八六（天明六）年に『古事記伝』神代巻を完成させ、契沖から始まる文献学的研究と、真淵の発展させた古学とを継承して、国学を大成したのである。宣長には『玉勝間』や『玉くしげ』、『直毘霊』など多数の著作があり、後年の尊王攘夷運動に大きな影響を与えていくのである。

では、宣長による国学研究の特徴について触れておくことにしたい。前述したとおり、国学は本来、古典研究が中心であって、いわば文学研究を主としており、政治的主張や政治的意図を有することはあまりなかった。宣長においてもその点は大きく変わらないが、被治者的立場から現体制、すなわち幕藩体制についての分析を試みている。宣長は儒学的道徳を「漢意」として排除したが、儒学的観念の排除は同時に易姓革命の否定をも意味した。つまり、日本において天皇の君主としての地位は不変のものであり、そこに日本社会の特質を見出そうとしたのである。このため、天照大神が下したとされる天壌無窮の神勅こそが日本における政治の基本理念であると理解し、神から天皇、そして将軍、諸大名へと政治的権限が委譲されているのが幕藩体制の姿であり、そのために天皇を尊ぶことなくして秩序は維持されがたいと論じたのである。以下の宣長の言説に、そのことは端的に現れているといえよう[1]。

さて今の御代と申すは、まづ天照大御神の御はからひ、朝廷の御任によりて、東照神御祖命より御つぎ〳〵、大将軍家の、天下の御政をば、敷行はせ給ふ御代にして、その御政を、又、一国・一郡と分て、御大名たち各これを預かり行ひたまふ御事なれは、其御領内〳〵の民も、全く私の民にはあらず、国も私の国にはあらず、天下の民は、みな当時これを、東照神御祖命御代々の大将軍家へ、天照大御神の預けさせ給へる御民なり、国も又、天照大御神の預けさせたまへる御国なり

すなわち、宣長の示した幕藩体制に関する説明は、朝廷と幕府の関係において「委任」の概念を用いたことにその特色があるといえよう。これは、従来、幕府側の立場から幕藩体制の正当化と維持に努めてきた新井白石や荻生徂徠といった儒学者たちが明確に説明し得なかった朝幕関係について明確な説明を与えたことに意義がある。すなわち、尊王論を基本的理念として幕藩体制における政治体制を統合して見せたのである。(2) 宣長の示した幕藩体制に関する解釈は、以後、朝幕関係を論ずる際の基本的理解となり、水戸学などの尊王攘夷思想に大きな影響を与えるのである。

3　幕末における尊王攘夷運動

尊王攘夷運動の背景

江戸時代中期以降、貨幣経済の発展などによって農業に基盤を置いている幕藩体制が動揺し、その再編成のために享保改革などの幕政改革が進められた。また、徳川家康が幕府を創設した際には、その懸絶した実力から問われることのなかった幕府支配の正当性もまた問われるように

なった。これは、幕府が朱子学を官学的に取り扱ったため、朱子学の持つ尊王斥覇論や大義名分論などが広く武士階級に浸透したことも影響している。朱子学的な名分論に立てば、朝廷と幕府、すなわち天皇と将軍の関係について、幕府が政治を行うことに対する正当性が求められるのは当然の成り行きであったといえよう。たとえば、寛政の改革で知られる老中松平定信は、将軍徳川家斉に対して、幕府による政治は朝廷からの委任に基づくものであり、幕府の政治的責任は朝廷に対して負うべきことなどを述べている。いうなれば、本居宣長の示した尊王論に基づく「委任」の論理は、幕府自身によっても適用されており、尊王論が浸透していたことを示している。

かかる状況にあって朝廷と幕府との間に「尊号事件」が発生した。この事件は、一七八九(寛政元)年、光格天皇が即位していない実父閑院宮典仁親王に太上天皇号を贈ろうとしたことに対して、老中松平定信が名分を乱すとして反対したことに端を発する。朝廷は、一度は定信の主張に従ったが、再度上皇号を要求したため、幕府側は事務を担当した公家らを江戸に招致した上で閉門などの処分を行った。廷臣を天皇の許可なしに処罰したことは異例ではあったが、幕府側は大政の委任事項に含まれるとした。前述の宝暦事件とあわせて、尊王論者が処罰された事件として知られるが、いずれも尊王論を唱えたことが処罰理由ではなく、朝廷に政治的権威を持たせようとした意図に対して処罰が行われたのである。この事件により、一時的に朝幕関係が緊張したが、委任の論理が示されたことによって朝廷の形式的権威はかえって高まったのである。

一方、一八世紀中葉を過ぎると、日本近海に欧米諸国の船舶が多く姿を見せるようになる。たとえば、一七九二(寛政四)年に日本人漂流民である大黒屋光太夫らを伴って根室に来航し、日本との通交を求めたロシア使節ラクスマンや、一八〇八(文化五)年にナポレオン戦争を理由に長崎に乱入し、オランダ商館員を拘束した上で薪水・食料の補給を強要するなどの暴行を働いたイギリス船フェートン号などを例として挙げることができる。かかる外国船の来航は、欧米諸国の圧力に対する海防の必要性を広く認識させるとともに、欧米諸国の脅威もまた幕府以下に認識させるに至ったのである。そして、外国船が示す威圧的な行動は日本側の反発も招き、来航する欧米諸国に対し武力を用いても撃退することを主張する、いわゆる攘夷論が説かれるようになる。

水戸学とその発展

一九世紀中葉、天保期頃より、御三家のひとつであった水戸藩を中心に発展した独自の政治思想を水戸学と呼ぶ。水戸学は幕末にかけての尊王攘夷運動において、その中心的な思想となったもののひとつである。前節において述べた、徳川光圀による『大日本史』編纂事業も広義においては水戸学と呼ばれることがあるが、ここで述べる水戸学とは内容を異にするため、特に前期水戸学と呼ばれることは既述の通りである。前期水戸学は、「摭実闕疑、正閏皇統、是非人臣、輯成一家之言」(3)に示されるように、朱子学的な名分論に従って歴史の叙述と評価を行うことを目的としていた。これに対して水戸学は、荻生徂徠に始まる儒学の古学派、いわゆる徂徠学の影響と本居宣長による国学の影響の下に成立した。徂徠は、個人の修養が社会の安定をもたらすとした朱子学の立場を批判し、古代中国の帝王が建てたとされる「礼楽刑政」にこそ天下を安定させる「道」が示されているとして、政治制度や機構を重視する立場に立った。徂徠学・国学の影響を受けた水戸学は、修史事業自体よりはむしろ、国家や社会の秩序維持・安定化など、当時の時局における問題、いわゆる内憂外患の解決にその関心の中心が移されていったといえよう。

水戸学において、その思想を最初に体系的に表したのは藤田幽谷である。幽谷は一七九三（寛政五）年に彰考館編集として『大日本史』編纂に携わっていたときに、時の老中松平定信の諮問を受けて『正名論』を著した。『正名論』において幽谷は、まず、君臣の間における上下関係を正すことが重要であり、それによって社会の秩序が維持されるべきことを述べる。そして、日本においては「開闢以来、皇統一姓にして、これを無窮に伝へ」ており、天皇の君主たる地位は不変であるとして、君臣の名分が保たれていることこそが日本の誇るべき点であるとしている。そして、その天皇を敬うということは、中国において皇帝が天を祀って支配の正当性を示したことに比べた場合、抽象的な儀式である祭天よりも、はるかに君臣間の関係を明示することができる。それゆえに、「幕府、皇室を尊べば、すなはち諸侯、幕府を崇び、諸侯、幕府を崇べば、すなはち卿・太夫、諸侯を敬す。夫れ然る後に上下相保ち、万邦協和す」ることになって、社会の秩序と安定は保たれると説いたのである。[4] つまり、幕府（将軍）が天皇を、諸大名が幕府（将軍）を、そして、諸大名の家臣が諸大名を、それぞれ、君臣の上下関係に従って敬うことによって、社会が安定するとして、尊王の正当性を述べたのである。

また、現実における幕府の統治に関しては、「天子垂拱して、政を聴かざること久し」く、幕府が「天下の政を摂」しており、「天皇は国事に与らず、ただ国王（註―将軍）の供奉を受くるのみ」とする中国の評価が「その実を指」していると評している。しかし、天皇が君主である以上は、「幕府はよろしく王を称すべ」きではなく、幕府（将軍）の使命は「覇にして王道を行ふ」ことにあると述べている。[5]

幽谷の『正名論』は、尊王論に理論的な根拠を与え、また、名分論に従って幕府による統治のあるべき姿を示したといえよう。

幽谷が体系を示した水戸学を発展させたのは、その子である藤田東湖と門弟会沢正志斎（安）であった。東湖は『弘道館記述義』において、水戸藩の藩校であり、水戸学研究の中心でもあった弘道館の教育精神を明らかにし、また、武士としていかに生きるべきかという道徳論を述べている。一方、正志斎は『新論』において、内憂外患の国家的危機に直面している幕藩体制をいかにして再編するかといった政治論を述べている。特に正志斎の『新論』は、尊王攘夷運動における規範となった著作でもあることから、以下に『新論』の特徴について見ることにしたい。

『新論』の特徴は、やはり、攘夷を唱えた点にあるといえよう。そもそも『新論』が著されたのは一八二五（文政八）年のことであり、日本沿岸に来航する外国船に対し、理由を問わずこれを撃退すべきことを命じた異国船打払令の発令からわずかに三カ月後であった。正志斎は、『新論』「長計」編において、欧米諸国との対峙にあたってどのように処すべきかについて、以下の通り述べている。(6)

もし夫れ西夷の妄説を謬聴し、称揚眩惑して、以て黠虜の逆焰を助長する者は、すなはちよろしく痛くこれを禁絶すべきのみ。或は禁を犯す者あらば、処するに造言乱民の刑を以てし、而して蛮貨・蛮薬及び羶罽の属を見ば、必ず焚燬破裂して、服用するを許さず、民をして戎狄を賤しむこと犬羊のごとく、これを悪むこと豺狼のごとくせしむ。……（中略）……接済の姦を告ぐる者は、敵首を得たると賞を同じくし、匿して発かざる者は、盗を舎匿せると罪を同じくす。邦国のよく虜艦を破る者は、功、敵塁を陥れると均しく、虜を見て撃たざる者は、論ずるに逗撓を以てす。而して大いに守禦の備を修め、慨然として天下に示すに大憂を以てし、赤心を推し至誠を開き、一憂一楽、必ず天下とこれを同じくせば、庶くは以天下を鼓動するに足らん。

つまり、西洋の言説・学問を一切禁じ、これを広める者は民を惑わす者として処罰し、また、西洋の文物は一切を焼却して日本人の使用を認めず、日本人が西洋人を忌み嫌うように試みる。また、西洋人に通じる日本人を密告する者や、西洋の船舶を撃沈する者を褒賞し、西洋人を匿う者や西洋人に攻撃を加えない者を処罰するようにしていけば、攘夷を為しえると述べているのである。極めて激越な攘夷論である。幕末における尊攘派の志士がたびたび外国人を殺傷したことなどと考え合わせると、尊王攘夷論の規範となった『新論』は、過激な論調で攘夷を唱えたようにも思われるが、実は、『新論』全体を見た場合、決して盲目的に攘夷を主張したのではないことが分かる。まず、『新論』においては、「国体」編であるべき日本の国家像について言及し、続いて、「形勢」編で当時の国際情勢を概論している。さらに、「虜情」編で欧米諸国が植民地を獲得する手法について述べ、「守禦」編で欧米への対抗措置を論じ、「長計」編でそれらを総括して今後の日本の進路について述べているのである。特に、「形勢」編や「虜情」編において、イギリスやロシア、フランスといった諸国の動向を把握し、また、日本と西洋との間における軍事的な実力の格差についても理解している点は注目すべきであろう。そして、その諸事情を考慮して「守禦」編では、欧米諸国に対抗するために、「内政を修む」、「軍令を飭ふ」、「邦国を富ます」、「守備を頒つ」といった四点にわたる要点を示して、内政・軍事・経済に関して改革の必要性を述べている。こうした改革を実行した上で、攘夷を実行すべきであるとしており、むしろ、国力の強化の必要性を主張しているのである。すなわち、『新論』は尊王攘夷論の規範となったが、

コラム　「尊王攘夷」と水戸学

「尊王攘夷」という言葉はいつ生まれたのであろうか。漢字からなる熟語でもあり、中国に起源がありそうである。日本における尊王思想の成立に大きな影響を与えたものに朱子学があるのは本論で見たとおりである。そして、その朱子学が、成立時の社会的背景から「尊王斥覇」のイデオロギーを強く持っていたことも述べた。そもそも朱子学における「覇者」が、中華帝国を圧迫する異民族を示しているのであるから、「斥覇」は、そのまま「攘夷」に通ずるといえよう。

朱子学成立時、朱熹が直面した社会状況には前例が存在する。それが周である。周は、紀元前七七一年に西方の異民族、犬戎によって滅ぼされた後、首都を東に遷して国家を再興している。そして周の東遷以降を春秋時代と呼び、春秋末期に現れた思想家が孔子である。春秋時代において、有力な諸侯は、実権を失って衰えた周の王室を支援して、異民族を撃退することを唱え、天下を宰領した。実際に、「尊王攘夷」という熟語が作られた根拠は、朱熹が『論語』に加えた注釈の中の「尊周室、攘夷狄」という文章であるとされている。ところが、中国の古典には「尊王攘夷」という言葉は見当たらないのである。

では、「尊王攘夷」という言葉が最初に現れるのはいつか。これは、実は意外に新しい。水戸学研究の中心であった水戸藩の藩校、弘道館の建学の精神を述べた『弘道館記』において、「我が東照宮、撥乱反正、尊王攘夷、允に武、允に文、以て太平の基を開きたまふ（原漢文）」と、徳川家康が天下統一を成し遂げた功績を称える一文において、初めて用いられているのである。『弘道館記』は、一八三八（天保九）年に水戸藩第九代藩主徳川斉昭によって著されている。斉昭は烈公と諡号され、水戸藩における藩政改革を推進したほか、天保から安政頃までの幕政にも大きな影響を与えた人物である。また、第一五代将軍徳川慶喜の実の父親でもある。後年、慶喜が鳥羽・伏見の戦いに際して、錦旗が戦場に現れるや否や、戦闘中の幕府軍を放棄して大坂から江戸に逃げ帰ったのは、「朝敵」にだけはなってはならないと、幼少の頃より父から教育を受けたためであると語っているほど、斉昭自身もまた熱心な水戸学の学徒であった。

水戸学は、幕末の日本において「尊王攘夷」の思想を広めたのみならず、「尊王攘夷」の言葉そのものも生み出していたのである。

それは、単純な西洋の撃攘ではなく、内政・軍事改革を伴う、日本の国力増進を条件とした攘夷を主張したものであったということができよう。

幕末期の国学

本居宣長によって国学は学問的に大成されたが、その後においていかなる展開を遂げたのか。宣長没後に国学を主導した人物は、「国学の四大人」のひとりである平田篤胤であった。篤胤は最初、崎門派の流れを汲む儒学者の家に生まれ、宣長の名も著作も全く知らなかった。しかし、宣長没後に江戸において初めてその著作に接し、国学研究を志して宣長門弟を名乗るほどに至ったのである。

篤胤は宣長門弟を自称したが、両者の国学研究にはかなりの差異も認められる。まず、宣長においては国学研究の中心は古典研究であり、その手法は、契沖・荷田春満以来の文献学が中心であった。つまり、古典の解釈に際しては古典の記述に基づき、仮に記述が論理的に明確にならない場合には、あえて自分の解釈を加えることなくそのままに理解していたのである。これに対して篤胤は、自らの解釈を積極的に加えて理解していた。その傾向が最初に、そして顕著に現れたのが『霊能真柱』であろう。篤胤は、同書において古事記に関して宣長の示した見解と異なる見解を示し、また、古事記の記述を自らの解釈で書き換えて用いているのである。篤胤が『霊能真柱』において述べようとしたのは、「幽明論」、つまり、死後の世界についてであって、神道理論の再検討により神道を再編する結果をもたらすことになるのである。

篤胤と宣長の差異は、古典解釈における文献学的手法の有無のみに留まらない。宣長が、いわば学術研究を中心として、その研究内容を広く庶民に伝えることを目的としなかったのに対して、篤胤は、庶民に対しても言説を広めることを企図しており、実際に国学が豪農層にまで浸透したのは、篤胤のかかる方針による。これは、宣長が国学研究を学術的なものと捉えていたのに対し、篤胤が実践的、あるいは行動的な規範としての意義を国学に見ていたことによる。たとえば篤胤門下の宮負定雄は、その著書『国益本論』において、農民の日常生活や農業自体についての道徳的規範を、記紀神話に基づいて解説するなど、いうなれば、篤胤以降の国学は実学的な要素を有するに至ったのである。(7) 豪農層を対象に国学が拡大したことは、国学の持つ尊王思想などがかかる階層に拡大・浸透していくことを示すが、同時に、国学自体が一般化・通俗化していくこともまた意味する。つまり、篤胤は宣長が大成した国学を広く一般に受け入れられるように通俗化させ、生田万などに代表される、いわゆる「草莽の国学」を生み出した。これによって、国学が社会的影響力を広く有し、幕末期における尊王攘夷運動を支える役割を果たすことになるのである。

尊王攘夷運動と倒幕運動

水戸学などによって尊皇攘夷の概念が浸透しつつあったころ、対外関係において幕府は重大な局面を迎えていた。一八五三（嘉永六）年、アメリカ東インド艦隊司令ペリーの率いる軍艦四隻が浦賀に来航し、日本に対して国交を開くよう要求したのである。いわゆる、「黒船の来航」であった。ペリーは翌年に回答を求めるとして退去したが、開国・鎖国の方針決定にあたって、老中阿部正弘は、諸国の大名以下に広く意見を募った上で開国を決定した。これは従来の幕府による独裁政治と異なる意思決定方式であり、身分の上下を問わず率直な意見を広く求める「言路洞開」の方針に従ったものであったが、この後、一八五四（嘉永七）年に日米和親条約が締結されたが、この後、一八五八（安政五）年の通商条約締結にあたっては、その可否が再び大きな政治問題となった。アメリカ領事ハリスは、来日後、江戸城に登城して将軍への謁見を果たすなど、強引な交渉で幕府に対して条約の締結を承認させた。しかし、尊王攘夷論の高揚によって開国に反対する勢力も強く、独力で反対勢力を抑制する見込みのない幕府は、老中堀田正睦を京都に派遣して朝廷に条約締結を勅許するように要請した。しかし、時の天皇であった孝明天皇は強い攘夷思想を持ち、開国に反対していたため、勅許を得ることができず、幕府の権威は低下し、かえって朝廷の持つ政治的意味を高めてしまうことになった。かかる状況の打開のために彦根藩主井伊直弼が大老に就任し、孝明天皇以下の強い反対を押し切って、従来の幕府政治の手法であった幕府独裁によって日米修好通商条約を締結した。

現実に欧米諸国との間での国交樹立が問題となった幕末期において、水戸学の影響によって高揚していた尊王攘夷運動は、攘夷を実行できない幕府に対して、その責任を問い、状況によっては幕府を倒すべきであるとする主張さえも見られるようになっていた。水戸学により影響を受けて倒幕論を唱えた人物としては、吉田松陰を挙げることができよう。松陰は、平戸・水戸に遊学したことにより、洋学や水戸学などに触れて大いに影響を受けたが、とくに思想的な影響を強く受けたのが水戸学と国学であった。そして、国学からは徹底した尊王論の影響を受け、また、水戸学における身分秩序の重視や、天皇から将軍、大名、家臣、庶民といったようにそれぞれの階層が、直上の階層に対して忠義を尽くし、自らの責務を果たすことが社会秩序の維持につながるとする認識は、幕府のあり方について松陰に影響を与えたのである。将軍が天皇に対して果たすべき責務とは、「征夷大将軍」であることから、外敵の討伐、つまり、武力の側面で天皇による支配を支えることであると認識されるのである。しかし、現実においては、幕府はアメリカを軍事的に撃退できず、また、孝明天皇の意思であった攘夷を実現することもかなわず、かえって天皇の意思に背いて通商条約を締結している状況であった。このため、松陰が「大義を以て論じ候へば、六月二一日の違勅（註―日米修好通商条約締結）にて、天下の諸侯徳川氏への向背を決し、専ら叡慮を奉じ違勅の罪魁誅戮致すべきは当然に候[8]」とする意見を持ったとしても、それは当然の帰結であった。松陰門下から、幕末・維新で倒幕運動に活躍した人材が多く輩出されたのは、松陰の尊王観念と幕府の責務に対する認識の影響を強く受けたためであろう。幕末において政治活動に身を投じ、志士と呼ばれた人々の多くは、松陰と同様に、すでに幕府には攘夷というもっとも基本的な責務を果たすだけの実力もなく、それゆえ幕府を倒して攘夷を果たし得る政権を樹立するといった倒幕思想を正当なものと考えていたのである。いうなれば、倒幕の根拠は水戸学によって与えられたのであった[9]。

松陰は水戸学から倒幕論を導いたといえるのだが、水戸学自体は、御三家である水戸藩がその研究の中心であったため、開国に至った幕府や将軍の責任の追及に論理としてはたどり着いたとしても、実際にそうした主張を行うことは憚られた。むしろ、幕府と朝廷を接近させて、朝廷の権威によって幕府の建て直しを図り、その後に攘夷の実現を検討するといった、公武合体論に接近していくのである。水戸学は、幕藩体制を再編・強化することに主眼が置かれており、また、徳川宗家にもっとも近い御三家である水戸藩で発展した思想であるため、幕府を否定する倒幕論に発展することはなかったのである。

4　大政奉還と王政復古

幕末の政治状況

第一三代将軍徳川家定の後継者に関する将軍継嗣問題[10]など、幕府をとりまく様々な政治問題を、独裁によって切り抜けた大老井伊直弼は、自らに反対の立場を取る者を徹底的に処罰した。安政の大獄と呼ばれる弾圧である。この弾圧で、井伊と反対の立場にあった一橋派の大名が隠居・謹慎を命ぜられ、吉田松陰や橋本左内といった思想家が処刑されるなどした。謹慎を命ぜられた大名の中には、水戸前藩主徳川斉昭なども含まれていた。この弾圧に対する報復として、水戸・薩摩の浪士が登城中の井伊を襲撃して暗殺するという事件が発生した。桜田門外の変である。江戸城の間近で大老が暗殺されたことは著しく幕府の権威を失墜させ、以後、幕府による独裁を困難にした。

桜田門外の変後、幕府は朝廷との協力により、いわゆる公武合体で政局を打開することを企図する。孝明天皇もまた、政治主体としての幕府を重視していたため、岩倉具視らの尽力もあって妹である和宮を第一四代将軍徳川家茂に降嫁することを決定し、幕府との協力を進める。また、薩摩藩や土佐藩などの雄藩と呼ばれる有力な諸藩も公武の接近を支持した。しかし、和宮降嫁を進める老中安藤信正が江戸城坂下門外で、過激尊王攘夷派の浪士に襲撃される事件が発生し、安藤が失脚すると公武合体論は後退し、代わって尊王攘夷論が主流となった。

尊王攘夷論を主張し、政局で主導権を握ったのは、長州藩と三条実美らの少壮公家であった。

彼らは孝明天皇が攘夷を望んでいることを理由として、朝廷を掌握し、約二〇〇年ぶりに将軍を上洛させ、天皇に攘夷の実行を誓約させるなど朝廷の権威を示した。しかし、過激な尊王攘夷論を望まず、公武合体論の推進を望んだ孝明天皇によって三条らが朝廷を追放され、長州藩も京都における政治的地位を失ったのである。挽回を図る長州藩は、一八六四（元治元）年に京都に藩兵を進軍させたが、会津・薩摩両藩を中心とする幕府軍に敗れ、かえって朝敵として討伐を受けることになる。

この後の政局は最大の雄藩であった薩摩藩の動向に大きく影響を受ける。当初、幕府に協力的であった薩摩藩は、しだいに混乱した状況を打開するためには現状の幕府では実力が不足していると判断し、幕府から離れていく。しかも、薩摩藩の実権を握る島津久光の行列を横切ったとしてイギリス人を殺傷した生麦事件の報復として、鹿児島がイギリス艦隊に襲撃され、薩英戦争にまで発展した薩摩藩は、欧米各国の実力をはっきりと知ったのである。また、長州藩も攘夷実行と称して下関を通過する外国船に砲撃を加え、その報復として英米仏蘭の連合艦隊に攻撃を受け、下関を占領されるなど、欧米諸国と日本との軍事力の格差を思い知らされていた。薩長両藩はもはや単純な攘夷は実行不可能であるとして、むしろ開国して日本の国力を増進していくことを目指すようになる。そして、土佐浪士坂本竜馬と中岡慎太郎が、薩長両藩を和解させることに成功し、一八六六（慶応二）年に薩摩藩を代表して西郷隆盛・大久保利通、長州藩を代表して桂小五郎（木戸孝允）の間で、同盟が締結されるに至った。こうして、薩長両藩を中心として討幕運動が展開されていくのである。

一方、幕府は、一橋家より徳川宗家を継承して、徳川慶喜が第一五代将軍となり、幕府機構や軍制の改革などを推進して、幕府の再編・強化に努めていた。イギリスと提携する薩長に対抗して、幕府はフランスと提携を強めていた。しかし、第二次長州征討における軍事的敗北の影響も大きく、幕府の権威を十分に回復することができなかった。さらには、西郷・大久保や岩倉など薩長両藩と朝廷において武力討幕を目指す勢力が画策を進め、情勢は一層緊張する。しかし、一八六七（慶応三）年一〇月一七日、慶喜は大政奉還を上表して政権を朝廷に返上し、武力討幕派が討幕の密勅を理由に討幕に踏み切ろうとした策謀を無力化した。大政奉還にあたっては、坂本が土佐藩重臣の後藤象二郎にその原案を示し、後藤の意見を受けた前土佐藩主山内豊信が慶喜にその実行を勧めた。ここに江戸幕府はその歴史を終えたのである。

王政復古と政権構想

徳川慶喜は大政奉還により政権を朝廷に返上したが、これはそのまま徳川氏の政治的生命の終焉を意味するものではない。徳川氏はなおも、四〇〇万石の直轄領と三〇〇万石におよぶ旗本・御家人領を有する最大の大名であり続けた。このため、慶喜は大政奉還の前夜、欧州に留学していた西周を招き、大政奉還後の幕府に代わる政治機構について諮問している。つまり、天皇を君主として推戴する王政復古が実現された後における徳川氏による政権をなおも模索していたのである。西の示した構想は『議題草案』と呼ばれている。『議題草案』においては、徳川宗家当主を首班とする行政府、そして、立法府は諸大名を議員とする上院と、各藩士を議員とする下院の二院からなることが示されている。公議輿論に対応して議会を設置するとはいえ、徳川氏の当主は大君と呼ばれ、行政府の首班であるのみならず、最大の諸侯として上院議長の地位にあり、下院の解散権も与えられている。さらには、上下院が異なる議決をした場合には「一當三之權」を議決権として有することなども示されている。つまり、西の構想では大君、すなわち徳川氏の当主は、行政権と立法権を掌握し、将軍とほぼ変わらない権力を有し続けるのである。その一方で、朝廷については神道などの宗教的権威として扱い、山城国（京都周辺）に封じ込めて政治的影響力を保持できないように配慮されている。[11]

この政権構想は戊辰戦争の勃発により、実現することはなかったが、大政奉還後においても、徳川氏には幕府体制を再編成したともいえる、徳川氏が権力を有し続けることができる政権を検討していたことを指摘できよう。

一方、討幕派はどのような政権を構想していたのであろうか。一八六七年一二月九日、明治政府はその樹立宣言でもある王政復古の大号令を渙発した。この大号令において、慶喜による征夷大将軍職の辞職を認め、「王政復古」によって国威の挽回を図るため、「攝關・幕府等」を廃止することを宣言した。そして、新たに「總裁・議定・參與」の三職を設置して、「神武創業之始ニ原」いて政治を行うとしたのである。また、明治政府の方針として、公議輿論の重視や人材の登用などを掲げ、広く意見を求めることを述べている。[12] 大号令において示された政府組織は、有栖川宮熾仁親王を総裁として天皇の大権を代行するとし、公家や雄藩の藩主を中心とする議定、雄藩の藩士や公家などからなる参与が総裁を補佐した。そして、これら三職の下に、行政機構として神祇・内国・外国・海陸・会計・刑法・制度の七つの事務科が設置され、政府機構を構成した。また、公議機関として、徴士・貢士を諸藩士から募り、議会に類する機関も設置している。もっとも、新政権樹立の混乱から、間もなく八局制に改められ、翌一八六八（慶応四）年閏四月二一日には、中央政府機構において三権分立を図った政体書官制へとめまぐるしく政府機構は変転している。

討幕派、すなわち、明治政府による政権構想において、スローガンとして掲げられた「王政復古」とは一体何を示していたのであろうか。大号令にも見られるとおり、幕府政治を否定し、天皇あるいは朝廷による政治の復活を目指したということは明らかである。幕末に倒幕運動を行っていた志士の多くは「王政復古」の規範を後醍醐天皇による建武の新政としていたようである。一部には、武家政治以前に遡るため、鎌倉幕府開設以前の後三条天皇による延久の親政や、さらに摂関政治を否定するために大化の改新まで遡ることを主張した者もいた。[13] 明治政府において「王政復古」の規範を何に求めたのかについては以下の記述に表されているといえよう。[14]

……具視ハ中山忠能正親町三條實愛中御門經之ト共ニ王政復古ノ大擧ヲ圖議スルヤ忠能等建武中興ノ制度ヲ採酌シ建定セント論ス。具視以謂ク建武中興ノ制度ハ以テ模範ト爲スニ足ラスト。之ヲ操ニ咨問ス。操曰ク王政復古ハ務メテ度量ヲ宏クシ規模ヲ大ニセンコトヲ要ス。故ニ官職制度ヲ建定センニハ當サニ神武帝ノ肇基ニ原ツキ寰宇ノ統一ヲ圖リ萬機ノ維新ニ從フヲ以テ規準ト爲スヘシ。具視之ヲ然リトス。是ニ於テ新政府ノ官職制度ハ操ノ言ニ從フテ之ヲ建定スト云フ。

つまり、明治政府内においては「王政」は建武の親政を規範とすべきであるとする意見があったが、岩倉がこれに反対し、自らのブレーンである玉松操に諮問したところ、「神武創業」こそを「王政」の規範とすべきであるとの意見を得て、玉松の構想に従って政府機構が設計されたというのである。「神武創業」への「復古」とは、天皇が即位したこと以外には何も存在していない過去への復古であり、いうなれば、「復古」の名の下に従来の機構を離れた革新的な機構を設置し、政治を行うことを宣言したに他ならない。であるからこそ、総裁・議定・参与以下、完全な新機構を設置し、また、欧米諸国との通交など、従来の慣習にとらわれない政治を展開する根拠となっていくのである。明治政府に復古的色彩が見えるのは、一八六九（明治二）年六月の職員令によって古代の太政官制を規範として二官六省の制度を政府機構に採用したときであって、それも名称等の表面的な部分に留まった。つまり、明治政府は「王政復古」を「神武創業」に結びつけたことによって、「維新」を実現することに成功したのである。

5　おわりに

本章においては、わが国における尊王攘夷運動の展開を、その源流から説き起こし、また、「王政復古」の実体化に当たって、いかなる政治体制が構想されたのかについて見てきた。改めて述べるべきことがあるとするなら、以下の二点であろう。

従来、尊王攘夷思想、とくに尊王思想は、幕末において急速に発展し、倒幕運動へとつながったと認識されることが多いが、尊王思想自体は、江戸時代全般を通じて武士によって朱子学が基本的な教養とされていたことから、むしろ武士にとっては常識の範疇に含まれるものであった。ゆえに、幕末において急激に思想として現れたものではない。

次に、明治政府は「王政復古」をスローガンとして掲げ、その政府機構に古代以来の太政官制を採用したことが広く知られており、また、当初は旧公家や大名の影響力が比較的強かったことなどから、政権自体も復古的色彩に彩られていると思われるかもしれないが、実際には、「神武創業之始」に「復古」するとして、革新的な政府機構の樹立に着手していた。

以上に留意しつつ、幕末・維新期の歴史を再読することによって、明治維新以降に現れる天皇親政運動などの様々な政治運動の背景を深く理解することができるのではなかろうか。

注

（1）本居宣長「玉くしげ」大野晋・大久保正編集・校訂『本居宣長全集　第八巻』（筑摩書房、一九七二年）三一九頁。
（2）尾藤正英「尊王攘夷思想」『岩波講座日本歴史一三　近世五』（岩波書店、一九七七年）七一～七二頁。
（3）「梅里先生碑銘」『水戸学（日本思想大系五三）』（岩波書店、一九七三年）四五〇頁。
（4）藤田幽谷「正名論」『水戸学（日本思想大系五三）』（岩波書店、一九七三年）一三頁。
（5）藤田・前掲論文（注4）。
（6）会沢正志斎「新論」『水戸学（日本思想大系五三）』（岩波書店、一九七三年）一五四～一五五頁。
（7）松本三之介『近世日本の思想像──歴史的考察』（研文出版、一九八四年）八三～八六頁。
（8）吉田松陰「己未御参府の議」山口県教育会編纂『吉田松陰全集　第五巻』（岩波書店、一九三九年）三七三頁。
（9）吉田昌彦「後期水戸学の論理──幕府の『相対化』と徳川斉昭」季刊日本思想史一三号（一九八〇年）三二～三六頁。
（10）第一三代将軍徳川家定の後継者として、紀州藩主徳川慶福を推す南紀派と一橋慶喜を推す一橋派の間に対立があった。南紀派は、井伊直弼ら譜代大名を中心に血統から慶福を推し、一橋派は親藩・外様大名を中心に、難局を乗り切るために能力のある人物が将軍となるべきであるとして慶喜を推していた。
（11）「議題草案」大久保利謙編『西周全集　第二巻』（宗高書房、一九六一年）一七三～一八三頁。

(12)『法令全書　第一三』慶応三年一二月九日。

(13) 井上勲『王政復古　慶応三年一二月九日の政変』(中公新書、一九九一年) 三三三～三四一頁。

(14) 多田好問編『明治百年史叢書六七巻　岩倉公實記　中巻』(原書房、一九六八年) 六〇頁。

第2章　天皇親政運動

笠原　英彦

1　はじめに

明治維新の二大理念は天皇親政と公議政治である。維新政府はこの二つの理念を掲げて、近代国家形成に邁進する。天皇親政とは、統治者たる天皇が実際に政治を動かすことをいう。

しかしながら、維新に誕生したのは藩閥政府である。主として薩摩、長州、土佐、肥前の出身者により占められていたのである。行われていた政治も民権派や保守派から「有司専制」と批判される寡頭政治、すなわち少数者政治であった。政府は建前上は天皇制国家であり、天皇が唯一の統治者であることを装っていたのである。そこで、これでは天皇親政ではないとする保守派のグループにより天皇親政の実質化を求めて、天皇親政運動が展開されることになる。

その運動の理論的指導者は元田永孚と佐々木高行である。元田は大久保利通に見出され、侍読や侍講として天皇の学問、教育を担うことになる。教育論争で天皇がみせる明確な姿勢はまさに元田の君徳補導の成果であり、儒教的色彩が濃厚であった。佐々木は宮中内部や反藩閥的立場に立つ人々によって宮中入りを求められる。佐々木は天皇親政のみならず公議政治にも通じていたので、運動の背景をなす思想的基盤を多様化させる。

明治初年の天皇親政運動は、一八七七年八月の侍補職の設置を基点としている。侍補に任命された元田、佐々木以下一〇名の侍補らが一丸となって、新政府により形骸化された天皇親政を実質化してゆく過程を明らかにしていくことにしたい。

2　維新の宮廷

近代日本の統治者たる明治天皇は、一八五二年九月二二日、孝明天皇の第二子として降誕する。母は権大納言中山忠能の娘で、典侍として入内した慶子である。すでに孝明天皇は正室との間に一皇子、三皇女をもうけていたが、いずれも不幸にして夭折していた。そこへ皇子生誕の報がもたらされたのであるから、宮廷が歓喜の声に満たされたことは言うまでもない[1]。

外祖父となる中山忠能がいかにこの日を待ちわびていたかは、『中山忠能履歴資料』にみえる明治天皇のお産にまつわる膨大な記事がそれをよく物語っている。慶子懐妊が明らかになると、中山邸は産所の新築をはじめ出産の準備に沸きかえった。お産には典薬寮の医師らが動員され、万全の態勢が敷かれる。なにしろ大変な力の入れようである。

そのかいあって、元気な男子が産声をあげる。吉報は直ちに関白鷹司政通から議奏、武家伝奏を通じて天皇の耳に達せられた。『明治天皇紀』には「皇子降誕の報至るや、天顔殊に麗しく、更に杯を重ねたまえり」とみえる。待望の皇子誕生である。

皇子はお七夜に祐宮と命名され、一月してようやく生母に抱かれ父の孝明天皇に拝謁する。皇子は四歳を数えるまで外祖父のもとで養育され、一八六〇年の儲君治定の後、正室藤原夙子の実子として親王宣下を受け、睦仁を名乗る。

皇子は未だあずかり知らぬことであったが、幼年の親王を取り巻く情勢はしだいに緊迫の度を深めてゆく。黒船来航後、攘夷か開国かをめぐって国論は二分し、また尊王・佐幕をかけて丁々発止の政治的せめぎあいが繰り返される(2)。

そのような中、親王は盛んに攘夷を唱える父天皇から和歌の心を学び、局の生母慶子に暖かく見守られ、規律正しい日々を送った。習字の手習いをはじめとして、勉学も『孝経』から『大学』へと着実に進む。身体の鍛錬も怠りなかった。睦仁は殊のほか馬術を愛する。幼年より馬に馴れ親しんだおかげで、ひ弱な身体はしだいに健やかな発育をみせた。

親王の周囲で異変が起きる。一八六六年末、孝明天皇の御不例である。天皇は一二月の中旬に疱瘡を発病する。当時、種痘は未だ浸透しておらず、天皇は罹患して重態となる。同月二五日、無残にも病魔が天皇の命を奪い去る。

父孝明天皇の崩御に伴い、睦仁は否が応でも政治の表舞台に立たざるを得なくなる。もっとも、未だ皇室典範は制定されていなかったから、先帝の崩御を受けて即日践祚というわけにはゆかない。天皇崩御に伴い、直ちに五摂家が招集され、睦仁親王への皇位継承が確認される。

明けて一八六七年一月践祚、弱冠一六歳の明治天皇は登極する。この年、一〇月の大政奉還につづき、一二月には王政復古の大号令が発せられ、幕末の政局は終息に向かう。践祚と同時に、二条斉敬が関白に任じられる。だが、王政復古の大号令を契機に摂政、関白の職は廃されること

になる。(3)

天皇は翌六八年三月、紫宸殿に出御して五箇条の御誓文を宣布する。多数の公家諸侯らを前にして、天皇は天神地祇を祀るとともに、開国和親と公議政治の実現を高らかに謳い上げる。

かかる多難な時局の中、同年八月、ようやく先帝の諒闇が終わるのを待って即位の礼が挙行された。即位礼は紫宸殿で執り行われ、御冠と御袍という古式に則った装束の天皇が三種の神器と御璽をもつ侍臣を従え、高御座に着座して百官の朝賀を受ける。

新政府の指導者にとって、天皇は大切な「玉」である。新政府首脳は「玉」を京都、すなわち公家社会から切り離すことに腐心する。宮中改革の成否は、天皇を取り巻く旧態依然たる公家や内官、女官らをいかに排除するかにかかっていた。

維新の動乱にまぎれて、宮中改革は大胆に断行される。最初の布石となったのが、大久保利通の説く大阪遷都論である。大久保の提出した建白書の中では、「建武の中興」を繰り返すまいとの警鐘が鳴らされ、遷都を契機として主上を「民の父母たる天賦の御職掌」とすべきことが謳われている。大久保は古色蒼然とした宮中から天皇を連れ出すことに全力をあげる。

しかしこうした動きに対して、天皇の外祖父である中山忠能ら公家はこぞって反発し、薩長政権の動向を警戒する。そこで大久保は名を捨てて実をとるべくすばやく遷都を断念し、親征を名目とした大阪行幸の決定にこぎつける。

この年三月、ついに天皇は京都を発って大阪へと向かう。幕府討伐の兵が出陣するなか、大阪親征が実現する。大久保は大阪で念願の天皇への謁見を果たす。だが、大久保はこれに満足したわけではない。大久保は大阪行幸を「半途の者」と考えた。確かに京都への還幸は大久保の計画を雲散霧消させる恐れなしとしなかったといえよう(4)。

天皇は京都還幸を前にして、公家諸侯らを大阪行在所に召し、万機親裁の旨を諭告した。江戸開城の後戦線は東北へと拡大する様相を背景に、「万機親裁の暇に文武を講明し、又内外の態勢に鑑み、海陸軍を振興し、列藩を指揮し、外交を刷新して国威を発揚すべし」と諭示したのである。

大久保らのめざす宮中改革は、君徳培養に力を注ぎ、天皇を辛気臭い公家のしきたりから解放し、現実政治との距離を埋めることであった。同年閏四月、太政官代を二条城より宮中に移転したのもその一環である。万機親裁の体制として、皇居と太政官代が離れているというのはいかにも不都合である。そこで、参与兼会計事務局判事小原二兵衛を御用掛に任命して、新たに皇宮を本丸に造営し太政官を二の丸に建設する事業を推進させたのである。同月二一日のいわゆる「親政体制創定の布告」は、さらに親裁体制の整備に向けた大きな一歩である。ようやく天皇が後宮を出て表に姿を現した。これで輔相の奏上を聞き、政務と向かい合う体制も整えられたことになる。

3 宮中大改革

一八七一年の廃藩置県により維新政権は大改革を遂げる。まさに政治体制は一新され、事実上幕藩体制は崩壊した。新たな政治体制は、天皇親政を掲げる一君万民の体制である。

天皇親政に熱心な大久保は廃藩置県に伴う機構改革で中務省の設置を強く求めた。自らも中務大輔への就任を懇願する。大久保の要求は執拗であったようだ。岩倉や三条に懸命に働きかけたが、日の目をみなかった。大久保は中務省構想を断念する代わりに、民部省にあった吉井友実を宮内大丞に送り込んだ。

吉井は果断にして機をみるに敏であった。徳大寺らと図り、すかさず宮中の大改革に着手する。最初に手を染めたのは女官の総免職である。女官らが支配する奥向きの空間はもはや時代遅れである。新政府が開国和親を標榜し、外国公使らの天皇謁見を企図した際にも、局や典侍を筆頭に命婦、権命婦らはこぞって激しく抵抗した。旧態依然とした女官らの体質はもはや新時代の幕開きにとって余りに不釣合いなものとなっていたのである[5]。

女官らの免職に伴い、後宮の支配権は悉く皇后の掌中におさめられた。一八六八年末、天皇が東京より還幸したとき、かねて予定されていた一条美子の入内が決定する。間髪を入れず、美子は直ちに女御の宣下を受け、皇后となる。

天皇周囲のあり方について大久保と西郷隆盛は意見交換を行う。その結果、それまでの公家に代わって村田新八、高島鞆之助、米田虎雄、島義勇ら士族が侍従に抜擢される。西郷らの狙いは、勇猛果敢な志士らを天皇の側近に送り込むことにより、宮中の澱んだ空気を一掃しようとするところにあった。西郷の狙いは的中し、生来勝気な天皇は進んで稽古の日課をこなすようになる[6]。

宮中は瞬く間に変貌を遂げる。もはやかつての辛気臭い宮中は露と消え、質実剛健の気風が張るようになったのである。これを西郷は大変喜んだ。この頃、西郷がしたためた書簡には「色々御変革相成り候うち、喜ぶべき貴ぶべき儀は、主上の御身辺の御事に御座候。(中略) 殊に士族より召出され候侍従は御寵愛にて、実に壮なる御事に御座候」とみえる。

古代以来の役職である侍従は、時代とともに名目的色彩を帯びるようになる。江戸時代には毛利、細川といった有力大名が補任されて、名誉職の色合いがさらに濃厚となる。維新以降もしばらくは堂上公卿らから選抜されるが、廃藩置県を境にこうした傾向は大きく変化し、侍従は天皇の君徳培養を担う重職へと変貌を遂げることになる。

一方、学問の面から君徳培養の任を担ったのが侍読である。早くに侍読に就任した加藤弘之は欧米の政治や歴史を中心に洋学を進講した。七一年にはこれに元田永孚ら儒学者が加えられる。当時、大蔵卿であった大久保は「侍読人ヲ闕ク」と心配したのに対して、安場保和が元田を強く推挙したという。すでに徳大寺がいるところに吉井、元田が加わって、天皇親政運動の役者が少しづつ顔を揃えてゆく。

元田は熊本藩出身で、幕末に横井小楠らと実学党を結成し、佐幕に傾く熊本藩の改革に奔走する。維新当初より高名な儒学者として世に知られた。七一年以降宮中にあり、つねに天皇の側近に陪侍し、天皇の輔導に情熱を傾け、天皇親政運動の理論的支柱となる。

天皇の学問は和漢洋とバランスがとれていたようである。天皇の勉学ぶりを伝える『新聞雑誌』によれば、日課として日本書紀、日本書紀集解、論語、元明史略、英国誌、国法汎論、人身究理書などを講究されたとのことである。

天皇の君徳培養を考える場合、心身の健全な発達を考慮する必要がある。この点、天皇が馬を愛し馬術に熱中したことは大きな成果である。『明治天皇紀』には七一年八月六日の出来事として、「午前十時始めて馬車に乗御して吹上御苑に幸し、或は龍馬を馳せ、或は馬車に駕して娯みたまふ、畢りて瀧見御茶屋に臨御、酒饌を供奉の宮内大丞吉井友実等に賜ひ、又天酌を賜ふ、是の日、馬を同御苑の広芝に放ちて叡覧に供す、天機殊に麗しく、午後六時に至りて還幸あらせらる」と記されている[7]。

こうして天皇は心身ともに逞しさを増していったのである。この年、天皇はめでたく二〇歳の誕生日を迎える。もはや幼き頃の弱々しき面影は消えていた。西郷と大久保が絶えず協議を重ね吉井ら側近が忠実に励行したおかげである。

大久保らは君徳培養、天皇輔導に力を注ぐ一方、天皇親政を内外に示す工夫をつねに心がけた。国家の統合、民衆の統合という政治目的の達成にとって天皇親政は一種の政策的意味合いをもつ。大久保、木戸、西郷はみな天皇崇拝論者である。しかし、彼ら維新の三傑が幕末・維新の波濤をふみこえ、時代を先導した背景には、国づくりへの熱い思いがあった。そこで、天皇親政とはあくまで国づくりという目標の前では一政策手段にすぎない。

天皇制という伝統に裏打ちされたこの確かな手段を駆使して、新政府は時間的空間的支配に乗り出すことになる。時間的支配としては、一世一元の制がある。一八六八年九月、明治と改元し、爾後一世一元の原則が打ち立てられる。江戸時代には改元については事実上幕府の承認が必要であったが、明治に始まる一世一元の制により、元号は確実に天皇と結びつくようになる。

空間的支配として第一にあげられるのは、大阪、東京を皮切りに開始される行幸である。行幸とは、言うまでもなく天皇の外出をさしている。天皇の行く先々で民衆は徳沢をこうむり幸いがもたらされるということから、そう名づけられている。律令時代以来、行幸は繰り返され、国家、民衆統合の手段として機能してきた。明治国家の形成期には頻繁に行幸が実施される。一八七二

（明治五）年にはじめる六大巡幸がそれである。

4　天皇親政運動の開始

天皇の側近に陪侍する役職として、すでに侍読、侍講、侍従などが任命されている。これに加え、一八七七年八月、新たに侍補の職が設けられる。士族の反乱や農民の一揆が頻発し、政府を取り巻く情勢は緊迫の度を増している。これを機に、天皇輔導をめぐって政府首脳の間にしばしば激論が交わされ、天皇親政のあり方が改めて議題にのぼる。

この年の年頭にはじまった西南戦争は、ようやく政府軍優位のうちに終局を迎えようとしていた。九州の要所を次々に制圧した政府軍は、八月中旬延岡を占領する。九月になると、西郷は郷里鹿児島への退却を余儀なくされる。そして同月下旬、西郷の自刃によって七カ月余に及んだ内戦は終結する。(8)

西南戦争は新政府の将来をかけた戦いであり、もてる資源を大動員したといえる。戦いは政府にとっても苦しく、戦後処理として財政の再建が課題となる。政府軍も背水の陣で臨んだことから、戦費は膨れ上がり財政は逼迫する。政府は第十五国立銀行からの借り入れで急場を凌いだが、正貨の準備はなく、インフレに伴う経済の混乱は不可避であった。

五月下旬、天皇輔導に熱心な内閣顧問木戸孝允が逝去すると、政府内外から宮中において天皇を補佐する機関の設置が求められる。こうした企図を実現に導こうとしたのは、すでに侍講に就任していた元田と侍従番長の高崎正風である。

とりわけ侍補職の創設にあたっては元田の尽力が大きい。まず元田の宮中入りを促したのは大久保である。「廃藩置県の前後、公（大久保）は聖徳輔導の事を岩倉公に説き、其の侍講たる可き人を安場保和男に諮り、遂ひに安場男の推薦にて、元田先生を得た」とされている。(9)

元田の宮中入りは元田五四歳の出来事であり、爾来元田はつねに天皇の側近にあり、一八九一年に逝去するまでおよそ二〇年間にわたり宮中で奉仕した。この間、天皇への進講はもちろんのこと、様々な御下問に奉答するなど、ひたすら君徳輔導に専念する。元田の宮内省入りは、廃藩置県の年に断行された、かの宮中大改革の一環である。元田は大久保や吉井らの宮中改革の意向を迎え、「帝王之学」を著すなど君徳培養に並々ならぬ意気込みをみせる。

元田は天皇に対し侍講として『論語』や『日本外史』を進講するかたわら、政府首脳の間に君徳輔導の重要性を熱心に説いて回る。一八七二年には三条太政大臣に書を奉りて君徳輔導の必要性を懸命に説いている。翌七三年には、岩倉右大臣や大久保参議にやはり君徳輔導の大切さを語っている。

元田は七六年、さらに「侍傅ノ官」の設置を求め、君徳輔導の推進を木戸顧問、三条大臣、杉宮内少輔に入説する。この年冬、熊本に神風連の乱が、そして山口に萩の乱が起こると同年末、元田は「人心収拾」のために一層声高に君徳輔導の必要性を力説する。

ここで注目されることは、元田が「宮中一和」、すなわち宮府一体を前提として君徳輔導に専従する「侍傅ノ官」の創設を進言していることであろう。すでにふれたように、一八七七年二月、いよいよ西南戦争の戦端は開かれ、天皇は政府軍の士気を鼓舞するため親征の途についた。元田は西京に赴く大久保と東京で留守を預かる岩倉とを架橋し、天皇にも謁見して侍講の職を全うする。七月下旬、戦況の優勢を確信する政府はついに還幸の令を発する。

元田は大久保に旅館に招かれ、しばし懇談する。この席上、元田は重ねて君徳輔導の必要を訴える。宮中改革の要となり、君徳培養に熱心であった大久保は膝を打って元田の進言を入れる。直ちに大久保は三条、岩倉両公に上申し、伊藤を動かし宮中改革に着手させた。

翌八月、一行の上京を待ち閣議が開催される。太政官の皇居内移転と新たに「常侍規諫闕失ヲ補益スル」侍補の官の設置が決まる。同月二九日、侍補の人事が発令となり、一等侍補に徳大寺実則（宮内卿兼任）、吉井友実、土方久元、二等侍補に元田（侍講兼任）、高崎正風、三等侍補に米田虎雄、鍋島直彬、山口正定ら侍従が任命される。遅れて、一等侍補に佐々木高行、三等侍補に建野郷三が充てられる[10]。

元田年来の夢が実現に向かう。元田の自伝には、「十人同心協力孜々トシテ職務ニ従事セリ。是ヨリ佐々木吉井土方三人ノ交誼益々深厚ナリ」とみえる。天皇親政運動にむけて、侍補らは日々結束を固めていったのである。

八月下旬の侍補職の設置は、宮内省改革の一環をなすものである。すでに述べたように、西南戦争に伴う巨額の戦費は政府の財政を著しく逼迫させていた。財政当局はかかる危機に直面して、予備紙幣や起業公債を発行する一方、交通機関の整備などを柱とする殖産興業政策によって経済の活性化を推進する。当然のことながら、政費節減による財政の再建にも精力を注いだ。宮内省の機構改革もこうした方針に沿うものであった。

宮内省の職制及び事務章程が改正され、省内の官制だけでなく、侍従長、侍従番長、薬剤官、薬剤生ら内廷の官職も廃止される。これに代わって、侍補、侍講、侍従、侍医の四局が設置されることになる。侍補については、最初元田が「侍傅」などの名称を検討していたが、それではまるで皇太子を補佐するようだとの伊藤の意見が通り、侍補に決まる。

この頃、西南戦争後の政治的危機を乗り越えるためにも、いかに天皇親政体制を構築してゆくかが政府首脳の最大関心事であった。それだけに、大久保のみならず、岩倉や伊藤も侍補の創設に熱心であったのである。

侍補らは任命まもなく、天皇に謁見し、君臣ともに講習の機会を得る。天皇は歴史上の人物評を殊のほか好み、侍補らに対して「正成孔明孰優」などの題を下賜して奉答を求める。吉井や高崎は歌で、土方は詩で、そして元田は文で各々奉答する。和漢古今の人物をめぐって優劣をつけるなど、何か戯言のようであるが、天皇は必ず優劣の根拠を立論し、侍補ら周囲の者たちを驚嘆させたという。かかる賜題は元田が編み出した思考訓練である。

この試みはすでに元田が一八七二（明治五）年頃から始めたようであるが、この数年の間に聖叡は格段の輝きを増したのである。

侍補らはひたすら天皇輔導に傾注する。高崎正風などは、天皇の御製をめぐる談話の最中ですら、「詠歌の故を以て政を忽諸にしたまふことあらば、是れ国運衰頽の根本たり」と老婆心を覗かせる。こうして君徳培養と天皇親政の体制も徐々に整えられていく。

5　天皇親政運動の本格化

中途より天皇親政運動に加わり、後に指導的役割を果たすのは土佐出身の佐々木高行である。

侍補職が設置された頃、佐々木は東京と土佐を往復していた。土佐では不平士族を中心として反政府運動が発火寸前である。そこで佐々木の土佐入りも度重なる。佐々木は郷里に帰り、情勢を探索するとともに事態の沈静化に向けて関係者に自重を促す。いわゆる高知の大獄は防ぎえなかったが、そのかいあって暴動は未然に防がれる。

こうした佐々木の体験はすでに幕末以来抱懐していた尊王思想をさらに意味あるものとした。元田と岩倉の協議の結果、侍補の補充人事が決定し、佐々木に白羽の矢が立つことになる。一八七八年三月のことである。佐々木は一等侍補に就任し、天皇の側近に陪侍することになる。

佐々木の起用にあたっては二つの有力な推薦ルートがあったとされる。一つは吉井友実を中心とする侍補グループであり、いま一つは、佐々木と同郷の元老院幹事河野敏鎌らである。前者は、何より佐々木の宮中における信頼の厚さを挙げる。後者は、佐々木に薩長藩閥批判の抱負を託していたようである。

侍補就任後、佐々木が明治天皇との距離を一挙に縮めた出来事として、四月下旬の天皇の御不例がある。生来頑固な性格の天皇は侍医の力量に不信感を抱き、診察を固く拒んだ。度重なる侍医らの言上も無視され、侍補らは頭を抱えることになる。

単身佐々木は御前にまかり出て侍医の診察を進言する。皇族の転地療養などに効果がないとみた天皇は侍医らの診察を無用とみたのである。佐々木の熱心な進言にも天皇はなかなか耳を傾けようとしない。玉体にもしものことがあれば、それこそ一大事である。佐々木と天皇との根競べが始まる。佐々木も御前を一歩も引かない覚悟で、直諫すること二時間に及ぶ。

その間、佐々木は天皇と口論になり、逆鱗にふれ、叱責を受けながらも、容易に屈することはなかった。さすがに強情な天皇もようやく根負けし、翌日侍医の診察を許すことになる。佐々木の天皇を思う気持ちが通じたのである。これを機会に、天皇の佐々木への信頼は急速に増してゆくことになる。

この頃、侍補らの間で俄かに浮上したのは、一〇人の侍補を統括する人材を求め、天皇輔導の実を挙げようという案である。侍補らがその頭目に担ぎ出そうとしたのは、政府内でもとりわけ君徳培養に熱心な大久保内務卿である。政府の最高実力者を宮中に迎えようという大胆な構想である。元田が佐々木ら侍補一同と天皇輔導のあり方を話し合っているうち、大久保の右大臣、あるいは宮内卿への就任が取りざたされる。

大久保は侍補らの打診に対して、右大臣はその任にあらずと辞退したが、宮内卿の就任には前向きである。侍補らは周到な根回しを行い、三条、岩倉両大臣、伊藤らの了解をとりつける。元田らは大久保の宮内卿就任受諾の感触を喜び、裁可の日を心待ちにする。

大久保宮内卿構想は元田、佐々木、吉井、土方、高崎ら五名の合意により進められる。工作の中心は佐々木と高崎である。日頃より「君上ノ事ニハ此節殊更心配セラルル」と大久保は漏らす。構想の陰の立役者は高崎である。高崎は桂園派の歌人として知られ、必ずしも政治向きの人物ではない。ただ、大久保と同じ薩摩の出身で、侍補の中では最も大久保に近い存在である。大久保担ぎ出しにはうってつけの人物であった。

この頃から侍補の中にあって、しだいに元田とともに佐々木が指導者として頭角を現してきた。とりわけ大久保宮内卿構想の推進にあたっては、佐々木が中心的役割を果たした。そのことは、工作に関与した伊藤や高崎の談話から明らかである。

佐々木がとりわけこの工作に熱心であったのは、宮中の人事体制に強い不満を抱いていたからである。元田が宮中幹部に対して信頼を寄せているのに対し、佐々木は「輔佐其任ヲ得ズ」との立場を鮮明にし、徳大寺宮内卿や杉大輔を名指しで批判する。侍従長の東久世も槍玉にあげ、「少シモ君徳ノ御輔佐ハ出来ズ、実ニ恐縮ノ事ナリ」と断じる。

侍補が君徳輔導につとめ、いかに天皇が英邁な天子であったとしても、政府の側に親裁への配慮を欠いていたのでは実効はあがらない。少なくとも、宮内省幹部が宮中と府中との橋渡し役とならねば、天皇親政の実効化は望み薄である。

天皇親政が実を結ぶためには、宮府双方からの工夫が必要であり、これを実現するためには人材が必要と佐々木は考える。そこで佐々木は大久保の登場を熱望した。要するに君徳輔導に理解があり、指導力にも富む人物が求められたのである。

ところが、大久保の登用運動が本格化する最中に思いも寄らない事件が発生することになる。紀尾井町事件がそれである。皮肉にも同構想が大詰めを迎えた五月一四日の早朝、赤坂仮御所に向かう途中、大久保は紀尾井坂において島田一郎ら暴徒により暗殺されたのである。佐々木ら侍補の構想は呆気なく潰えた。

この日の早朝、侍補らは高崎邸に参集、件の計画の実行をめぐって協議を遂げる。元田は進講の時刻が迫り中座する。佐々木らも伊藤との協議を控え、まもなく座を抜ける。元田は御前にあって凶報に接した。ちょうど『論語』の第一章を進講し始めた矢先、書記官が小走りに参入し大久保の遭難を伝える。元田は直ちに講義を打ち切り、事の次第を天皇に上奏する。「皇上容ヲ動シテ驚嘆シ玉フ」、と元田の手記にはみえる。

紀尾井町事件は政府の内外に多大な衝撃を与える。大久保は一八七三年以降、内務卿として政権の柱であっただけに、その急逝は新政府にとって大きな痛手であったことはまちがいない。島田ら刺客の面々は直ちに仮御所に自首し、件の「斬姦状」を差し出した。

斬姦状は新聞社にも送りつけられている。島田らは真っ向から新政府の政治姿勢を批判する。その趣旨は、「凡そ政令法度、上天皇陛下の聖旨に出づるに非ず、下衆庶人民の公議に由るに非ず、独り要路官吏数人の臆断専決する所に在り」の一文にほぼ尽きている。

彼らの狙いは歴然としており、要するに批判の的は藩閥政府である。いわゆる有司専制批判である。これを読んで共感したのは民権派だけではない。侍補グループも共感したであろうことはまちがいない。もちろん侍補らが賛同したのはその前半部分である。まさに島田らに指摘されるまでもなく、天皇親政は名ばかりであった[11]。

これを機に、佐々木は侍補一同に対し、天皇への直訴という非常手段の行使を発議する。大久保を失った侍補らは天皇親政を掲げることで公然と藩閥政府批判を展開する。大久保の死は一瞬とはいえ、侍補らに格好の権力の空白を与える。この空白を突いて侍補らは電撃的政治行動を起こす。侍補らは天皇の政治的活性化を企図した。

宮府間の関係は一機に緊張する。伊藤ら政府側は侍補らの極度の政治化を警戒した。佐々木らの批判は天皇輔導をめぐる政府の対応に向けられただけではない。それは天皇の政治的消極性にまで及んだのである。佐々木は天皇の「奮発」を期待し、天皇自らが内外の事情に十分通じる必要を強調する。

決断するや、侍補一同は直ちに参内、天皇の御前にまかりでて、上奏に及んだ。上席の佐々木が最初に口火を切る。天皇親政の体裁ではあるが、その実内閣大臣が実権を握り、「二三大臣の政治」となっている。ここは天皇自身がご奮発あり、真に天皇親政の実行を挙げていただきたいと懇請する。つづき高崎が涙ながらに言上すると、天皇は感極まりはらはらと涙を流した。つぎつぎと侍補らが懇請すると、天皇は涙を浮かべながら、「是より屹度注意致すべし」との言葉を発したのである。

6　侍補職の廃止

佐々木らによる天皇への直訴は五月一六日の出来事である。大久保がこの世を去った二日後のことである。大久保の遺志を継ぐかのように、侍補らは電光石火の如く行動を起こした。侍補らの天皇親政運動は活性化し、指導権は元田からしだいに佐々木に移行してゆく。佐々木らは天皇から厚き勅語を得て、大臣らの輔導不行き

コラム　佐々木高行

侍補として天皇親政運動を指導した佐々木高行であるが、その経験と思想はどのようなものであったのだろうか。佐々木には『保古飛呂比』という膨大な日記がある。日記のタイトルは、反故（とるに足りない紙切れ）を拾う、という謙譲の表現を表している。反故どころか、明治政治史を研究する上では貴重な宝庫である。

佐々木は土佐出身で、明治新政府では外交事務を取り扱う外国官としてスタートをきる。維新まもない長崎で外国交際の事務を扱う。外圧を身をもって体験し、外国への視野を広げた。引き続き刑法官を歴任し、独自の法意識を形成する。その後、佐々木は左院議官を経て元老院議官となる。未だ発展途上の立法機関であるが、維新の一大理念である公議政治の培養に手を染めることになる。続いて宮中入りすることは本章の中で述べた通りである。

佐々木は守旧主義者というよりも保守主義者である。岩倉遣欧使節に加わったときにも、伊藤博文らの安易な先取り的意識や急進論を「アラビヤ馬」と呼んで鋭く批判した。佐々木はいわば漸進論者であり、明治維新の二大理念の実現に心血を注いだ。

届きを批判する。佐々木が岩倉のもとへ走り、土方が三条のもとに向かった。かくして上奏の顚末が伝えられる。天皇の決意を示し、大臣、参議らが天皇輔導に向けて一層尽力するよう要請する。

侍補らは天皇親政を実効あるものとするため、政府に対し具体的方策を示す。第一は、天皇の日々内閣への親臨、第二は、親臨の際侍補が陪侍すること、第三は、侍補が行政上の機密を与り聞く、というものである。政府はこの要請を吟味し、第一の要求は受け入れたが、第二の要求については宮中府中の別を乱すものとして退ける。第三の要求についても、廷政分離の原則を持ち出し拒否することを伝えてきた。

結果からみる限り、親裁体制は一歩前進したが、侍補の権限強化は一切認められなかった。政府は侍補らによる政務への介入を悉く排除した。これに佐々木らはおさまらない。佐々木は伊藤との会談で不満を爆発させる。佐々木の考えでは、侍補が天皇を十分補佐するには、ある程度一般政務についても予め心得ておく必要があるとの所存である。

侍補らの果敢な行動は侍補の権限強化という点では実を結ばなかったが、天皇の政治的覚醒という面では一定の前進がみられる。侍補らの直訴以降、天皇の政治向きの発言が俄かに増したのである。当番侍補の吉井、山口に対して天皇は時弊に関し聖慮を垂示した。このとき天皇は二つの弊害を挙げた。

一つは、政府の高官が近時むやみに洋館を模した邸宅を新築していることである。天皇は政府の高官らに従来の邸宅で忍ぶべきことを諭す。民の血税で私腹を肥やしているような誤解を生んではならない。もう一つは人材の登用である。維新以来、要職は悉く薩摩、長州、土佐の出身者で占められている。維新の功績は評価するが、これでは今後は立ち行かない。天下の人材を登用すべきである。地方官に命じて管内の人材を選挙せしめ、遺賢を求めてはどうかと天皇は発案する。吉井は天皇の叡明にひたすら敬服する(12)。

佐々木を中心とする侍補らの電撃的政治行動は政府首脳を困惑させずにはおかなかった。とりわけ岩倉の驚愕は大きく、不快の念を露にする。伊藤宛の書簡にも「根本政府に対し懸念不少」と憂慮の念を表明する。

捨て身の行動ほど恐ろしいものはない。政府の受けた衝撃は予想以上に大きかった。侍補グループはその職を賭して天皇親政の実をあげようと懸命に運動した。ついに侍補らは「侍補ヲ廃サレテモ、(中略)専ラ聖上ヲ御輔佐申ス様相成候テ可然」と、ぎりぎりの選択肢を提示する。

政府は当面、侍補らの攻勢を回避する方針に出た。その上で人事面から外堀を埋める方策を模索する。政府の置かれた厳しい情勢からすれば、いまは姑息な手段もやむをえなかった。社会の諸情勢は混乱し、政局も混迷する。政府としては薩長提携を強化するくらいしか方策がない。参議の陣容を整え、宮内省人事に着手する。この頃、徳大寺宮内卿が辞意を漏らしていたのを逆手にとり、政府は徳大寺の宮内卿留任と侍補職解任を決定する。こうして政府は宮中と宮内省の切り離しを図る。

政府の意図をすばやく見抜いた佐々木はこの人事に強く反対する。佐々木は「宮内卿の職掌上ニ、君徳御輔佐ノ事無之ハ頗ル解セザル事」と鋭く指摘した。政府は佐々木の申し入れを無視する。侍補らは静観するに忍びなかった。

一八七八年末から翌七九年春にかけて、侍補らは再び行動を起こす。佐々木と土方は侍補職の格上げと宮中の補充人事を企図して運動する。山口ら他の侍補とも連携して、岩倉周辺への工作を進める。一方、元田を中心に「節倹愛民」の建議が検討された。

かねて侍補一同の建議に対して、政府は「殊に若輩侍補も有之、彼是不都合」との姿勢をみせていた。これに対し佐々木は、もし侍補が若輩であるとか、奏任官であるから君徳培養に不向きというなら、最初から侍補を勅任官とし老練な人材を登用すべきであろうとした。政府首脳の不用意とも思える発言は侍補らを痛く刺激する。政府の態度に業をにやした侍補らは執拗なまでの制度改革要求を繰り広げた。その結果、一二月二四日、侍補を勅任官に格上げする措置がとられる。ここに来て人事が動き始めた。宮内卿は再び侍補職兼任となる。佐々木は海軍御用掛兼任となり、海軍と天皇の架け橋になることが期待される。

侍補らは政策提言も積極的に行う。元田を中心として「節倹愛民」の建議が掲げられた。天皇は北陸、東海地方を巡幸し、地方の民情に接し、この頃官吏が奢侈に流れる風潮が懸念されたため、侍補らの建議を嘉納する。侍補らはさらに踏み込み政府に建議する。財政政策の見直し、天皇親裁体制の整備、立法権の独立強化などを提言した。

元老院が検視制度のためにその立法権を制約され、適切な行政監視機能を発揮できないことは重大な問題である。佐々木は頻繁にこの問題を取り上げ、政府改革論が議論される折には、この問題を持ち出している。元老院の権限強化案はいわば佐々木の宿願であった(13)。

一八七八年末の宮内省改革により侍補は勅任官となったが、それは何ら侍補らの発言力の拡大には資するところなく、むしろ天皇への謁見の機会を奪い、さらに侍補らの不満を増幅する結果となった。侍講である元田は従前同様天皇に進講する機会に恵まれたが、佐々木や土方らの謁見のはめっきりと減る。「職権ヲ弘ムルニ非サレハ責任ヲ尽スコトヲ得ス」と佐々木が嘆いたのも当然である。

佐々木らの認識としては、天皇の思召が大臣、参議らに貫徹しないばかりか、政府の議が天皇の耳に達しないという実情があった。佐々木は「其間ニ在テ貫通スル道ナシ」とし、宮府間の意思疎通の欠如を指摘する。佐々木は侍補が宮中、府中の中間にあって両者を仲介する役割を担うことをめざしたのである。佐々木らが侍補の権限強化を求めた根拠はここにある。

これに対し、政府の態度は冷淡であった。一八七八年五月の伊藤宛岩倉書簡には、「侍補とも協議等の事は表面の名なり。内分宮内省何とか御用掛りとか只御口上計にてよし」と言い放つほどであった。政府が天皇輔導に真剣に取り組もうとしているかは甚だ疑わしい。

こうするうちに、元田の勇み足から事態は暗転する。佐々木の保養中、元田が「寧ロ侍補ヲ罷メラレテ参議ヲ以テ侍補ノ責任ニ代フル」などと軽率とも思える発言をした。元田の真意は侍補職の廃止などまったく念頭にはなく、その決意を示すことで侍補の権限強化の梃子にしようとしたまでである[14]。

だが、こうした元田の軽率な発言は政府の思うつぼであった。政府は、度重なる侍補らの建言に辟易していた。この際政府は自ら天皇輔導の主導権を握ることにより、侍補らの一掃を図ろうと考えたのである。そうした意味で、一八七九年六月の太政大臣・右大臣による封事奏上は実に意味深長であった。

封事には天皇親政の実を挙げる旨が謳われている。これからは、成長著しい天皇の命を仰ぎたい。陛下は、諸省長官の力量を信じて、百官の統率にあたっていただきたい。事柄の大小に関係なく、主任の長官を召してほしいと宮府一体を標榜したのである。これはあくまで侍補への牽制であった。

果たして、政府は元田の失言をとらえ、断然侍補職廃止に踏み切った。政府は「内閣自今密着御輔導」と引き換えに断固たる措置を講じたのである。

7　侍補職廃止後の天皇親政運動

侍補職の廃止によって、佐々木は天皇の側近から遠ざけられた。天皇の信任厚つかったこともあり、佐々木はなお宮内省御用掛の職を拝命する。しかし政府は佐々木を危険視し、奥羽地方視察を命じることで、事実上佐々木を宮中の外に追いやった。

一八八〇年初頭、佐々木は山形、秋田、青森三県巡視の途上にあった。佐々木は奥羽地方の視察を通じて、依然地方の民情が不安定であることを肌で感じとった。そこで、三条や岩倉に対して書をしたため、政府の眼の届かない地方では未だ政府の施策が貫徹していない実情を報告する。旧侍補グループの元田や土方も佐々木同様、天皇輔導の熱意を失ってはいなかった。彼らは東京にあって地方官会議での議論に注目し、事あるごとに天皇に地方の実情を報告する。

旧侍補グループは天皇親政の実質化を念頭に、絶えず相互に情報の交換に努める。殊に天皇の側近にとどまった元田の懸念は大きかった。侍補職廃止の条件として、政府は天皇と内閣を直結し天皇親裁体制を強化することを約束した。ところが、現実には従前と何ら変わるところなく、政府が天皇輔導に力を注ぐ気配は見受けられなかった。元田が佐々木に宛てた書簡には、政府を

「兎角不精神ニ傍観仕候」と批判するくだりがみえる。書簡の中で、元田は侍補職の廃止により天皇輔導はさらに手薄になったとしきりに嘆いた。

この年政府が直面する最大の懸案は外債募集問題である。西南戦争以降、政府の財政再建は遅々として進まない。歳入の欠陥をいかに補填するかをめぐり、政府内で種々の議論がなされる。大隈により外債募集が提案されたが、政府内ではこれが物議を醸す。佐々木も河野敏鎌を通じて外債募集のことを耳にし、もはや外国に依頼するようでは皇国の維持は困難であるとの認識に立ち、元田ら旧侍補グループと協議し、反対運動を展開することを申し合わせる。(15)

佐々木はまた谷干城らと相談し、外債募集には反対の態度を固める。佐々木は連日の如く河野、土方らと会談して、対応策を協議する。政府内ではおよそ薩派が大隈案に賛同したのに対して、長派は消極的態度を示す。大山巌陸軍卿や田中不二麿文部卿は外債推進論を表明、榎本武揚海軍卿もこれに同調する。山尾庸三工部卿は外債募集に反対し、佐野常民大蔵卿や松方正義内務卿は態度を留保した。岩倉は外債募集に反対し、三条は相変わらず明確な態度を示さなかった。佐々木はこうした情勢を受け、天皇に御下問を得るべく密奏する構えをみせる。

佐々木は錯綜する閣内情勢を受け、土方や元田と協議を遂げ、内奏が適当との判断を得る。はからずも外債募集問題は、旧侍補グループ再糾合の機会を産み落としたのである。佐々木の意向を受けた元田は、直ちに天皇に内奏、元田は天皇に外債募集を断然中止するよう要請し、もし政府が強く裁可を迫った際には、勅任官への下問を仰せ出されるよう上奏する。

佐々木はひたすら情報の収集に走り回る。元老院で林友幸から得た情報によると、三大臣はいずれも外債募集に反対だが、薩摩出身の参議のなかには大隈の外債募集論を推す動きがある。ここで、長派が反対に回れば、政府は分裂の淵に立たされることになる。したがって、伊藤も井上も黙して語らない。元田も三大臣がいたく政府の分裂を懸念しているという情報をもたらす。

かかる事態を受けて、佐々木は岩倉に書簡を宛て、外債募集の是非を質す。しかし、政府は意見の集約に手間取る。この件に関しては伊藤もいつになくおよび腰である。長派は薩派との衝突を極度に恐れる。

政府が意思決定できないときこそ、天皇の出番のはずである。外債募集問題が薩長間の火種となり、政府は責任ある決断を下せないでいる。今こそ、天皇親政の実をあげる好機である。佐々木はそう考え、元田と会談した。もし天皇により外債不可のご沙汰があれば、大隈はじめ不満な者は辞職すべきである。いつも参議らの分裂を恐れて大臣らが周旋に動くために、天皇の威権が確立しない。元田がつねづね抱いていた思いである。佐々木も今度ばかりは天皇の出番を期待する。

結局、政府の主導権を握る長派が反対に回り、岩倉、松方、佐野らも勤倹のご沙汰を楯に外債不可に与する。佐々木らの運動も功を奏し、外債不可の勅諭が下る。これを機に、政府は大きく緊縮財政へと転換してゆくことになる。

この年七月を迎え、財政問題は思わぬ方向へと発展する。財政の逼迫が懸念される最中、大蔵省に準備正貨流失問題が持ち上がったのである。かねて大蔵省が準備資金として蓄えてきた二千余万円の正貨が、大隈を通じてある英国人の手に不正に渡っていたというのである。事件は、伊藤や矢野らによる会計調査によって発覚した。事件が明るみにでると、政府内外から大隈に対する激しい批判が噴出する。

佐々木らは、この際「天下ノ耳目ヲ一洗」すべしと主張する。そのためにも財政当局から大隈、井上といった、いわゆる「商法家」を追放し、伊藤、松方らを充てるべきだとの意見を表明する。佐々木は政府の情実人事をも厳しく批判する。

政府内では財政再建策として米納論も浮上する。佐々木らは直ちに政府に米納論反対を申し入れる。佐々木は元田、土方らと会談し、勤倹の実行を政府に求める。佐々木らの運動は功を奏し、まもなく米納不可の宸断がくだり、事態は終息へと向かう。佐々木らの運動は政府の財政政策に重大な一石を投じたのである。天皇が旧侍補らに寄せた信頼は予想以上に大きかったのである。

8 おわりに

天皇親政運動はいかなる成果と影響をもたらしたのであろうか。運動がもつ歴史的意義を明らかにしておく必要があろう。

侍補らが追求したのは、まさに天皇の手になる政治である。天皇親政を実質化するとは、実際政治において天皇が国家の統治者として意思決定することにほかならない。その意味でも、佐々木らの運動は保守主義運動であり、守旧的な政治運動とは大きく性格を異にする。

すでにみたように、侍補らの生みの親は維新の三傑である。大久保は常に天皇親政の実現を思い描いていた。西郷も国家の発展を天皇に託していたことはまちがいない。大久保はまず宮中改革を構想し、岩倉や三条に強く働きかける。中務省設置の建議がその最初であり、大久保は天地神明に誓って構想の実現に動くことになる。真の天皇親政を理解しない岩倉らと袂を分かち、信頼する盟友、吉井を宮中に送り込む。吉井は大久保の期待に違わず、女官総免職を手始めに宮中大改革を断行する。

大久保が望んだように、辛気臭い宮中は露と消えた。さらに西郷は勇猛果敢な志士らを天皇のお側に伺候させ、質実剛健の気風を吹き込むことになる。晩年の木戸は天皇のよき相談相手である。木戸の急逝に動揺した政府は侍補職設置に俄然前向きになる。

しかし藩閥政府が考えていた以上に侍補らの天皇親政運動は政治化する。大久保の暗殺を機に運動は加速化し、侍補らの信念は天皇の心を捉える。侍補らは常日頃から天皇の君徳補導に余念がなかった。佐々木は天皇親政運動により宮府間関係の再構築をめざす。人事面から宮中権力の強化を企図する。佐々木を中心とした侍補らの政治運動は政府に多大の脅威を与えずにはおかなかった。政府は元田の放言を口実に断然侍補職の廃止に踏み切った。

しかし佐々木ら旧侍補グループは密かに情報を交換し、政府の動向を注視する。佐々木は依然として政府改革論を抱懐し、外債募集問題の沸騰を契機に、再び運動を開始する。教育論争における伊藤と元田の論争において天皇が元田に加担したことは、政府に大きな衝撃を与える。ついに政府は佐々木を工部卿に迎える。元田は終生、天皇の側近にあって精神面から天皇を支える。これを政府は容認せざるをえなかったのである。

民権運動が一方で高揚するなか、政府は宮中グループの要求を一定の範囲で許容せねばならなかったのである。天皇親政運動は新政府に保守主義思想を吹き込むことによって、近代日本の発展にバランスを与えたということができよう。

注

(1) 笠原英彦『天皇親政』(中央公論社、一九九五年) 八〇頁以下。
(2) 升味準之輔『日本政治史1』(東京大学出版会、一九九七年) 二五頁以下。
(3) 遠山茂樹『明治維新と天皇』(岩波書店、二〇〇二年) 七七頁以下。
(4) 飛鳥井雅道『明治大帝』(筑摩書房、一九九四年) 一三五頁以下。
(5) 笠原・前掲書(注1)九二頁。
(6) 飛鳥井・前掲書(注4)一五八頁以下。
(7) 宮内庁編『明治天皇紀』(吉川弘文館、一九六九年) 五二〇頁。
(8) 鳥海靖『明治をつくった男たち』(ＰＨＰ研究所、一九八二年) 七六頁以下。
(9) 笠原・前掲書(注1)九四頁以下。
(10) 笠原英彦『明治国家と官僚制』(芦書房、一九九一年) 一一二頁以下。
(11) 我妻栄他編『日本政治裁判史録　明治・前』(第一法規、一九八〇年) 四三七頁以下。
(12) 明治天皇は教育に関しても独自の見解を有していた。
(13) 笠原・前掲書(注10)一二四頁。
(14) 笠原・前掲書(注1)一四九頁。
(15) 一八七九年六月に来日したアメリカのグラント前大統領から外債不可が進言される。

第3章　自由民権運動の展開

寺崎　修

1　はじめに

自由民権運動史の研究は、戦後の日本近代史研究のなかでも最も進んだ分野といわれてきたが、イデオロギー史観の崩壊と重要資料の発掘とによって、旧来の学説に対する信頼度は急速に低下している。本章では、近年の実証的研究の成果を大幅に取り入れ、旧来の学説にとらわれることなく、あらためて自由民権運動の実像に接近しようとするものである。

2　自由民権運動の端緒

民撰議院設立建白書

自由民権運動は、国会開設、立憲政体樹立を要求し藩閥政府打倒をめざした明治期の大規模な政治運動である。この運動は、一八七四（明治七）年一月、征韓論に敗れて下野した前参議板垣退助・後藤象二郎・江藤新平・副島種臣らが愛国公党を設立、民撰議院設立建白書を左院に提出したのを契機に始まった。彼らが提出した建白書は、明治政府を有司専制政府と決めつけ、このまま専制政治が続けば、我が国は崩壊すると説き、我が国が崩壊から免れるためには、一刻も早く民撰議院を設立する必要があると主張したもので、自由民権運動の原点となった文書である。起草者はイギリス留学から帰ったばかりの古沢滋で、納税者の政治参加の権利や議会を通じて公論の統一をはかる必要性を説くなど、当時としては斬新な内容を含んでいた。またこの建白書は、当時の有力新聞日新真事誌紙上に全文が公表されたこともあって大きな反響を呼び、やがて全国津々浦々の地方新聞や雑誌でも、大きく取り上げられることになった。

有司専制政府と決めつけつけられた明治政府は、このような状況のもとで、当時少壮官僚だった加藤弘之に反論の筆を執らせた。しかし、さすがの加藤も、東京日日新聞紙上で反論の筆を執ったものの、民撰議院そのものを正面から批判することはできず、その批判は、文明国の制度はそのまま未開国に適応するものではなく我が国に民撰議院を設立することは、時期尚早であると応戦するにとどまった。明六社の西村茂樹・森有礼・西周・神田孝平らは、加藤の時期尚早論に同調したが、大井憲太郎・小室信夫など自由民権派は、何よりもまず民撰議院を設立することが人民を開明化させる最も有効な方法であり、民撰議院こそが有司による行政権の濫用を抑止する唯一の機関であることを繰り返し主張、白熱した議論が続いた。民撰議院の中身に踏み込んだ議論は少なかったが、こうした議論が自由民権思想の普及に果たした役割は大きい。

愛国社の創立

民撰議院設立建白書を左院に提出したあと、下野参議たちは、民権政社育成のため故郷に戻り、地元での活動を開始する。下野参議のうち江藤新平は、佐賀の士族にかつがれ、佐賀の乱をひきおこすが、土佐の板垣退助は、あくまで言論による政治改革をめざし、七四（明治七）年四月、片岡健吉・林有造・谷重喜らの協力のもとに立志社を創立した。立志社は、当初、立志学舎・商局・法律研究所などを併設して社員の子弟教育・士族授産・相互扶助などを重視していたが、やがて各地に多数の政社が誕生すると、自由民権政社の全国的連合組織の結成をめざし、七五（明治八）年二月二十二日には、大阪で愛国社の創立大会を開催した。

愛国社の創立大会には、土佐立志社の板垣退助、片岡健吉、岡本健三郎、林有造、古沢滋ら、阿波自助社の井上高格、湯浅直道、高井幸雄、新居敦二郎ら、自助社淡路分社の賀集寅二郎、千葉胤寛らを中心に、加賀忠告社の林顕三、石川九郎、中津共憂社の梅谷藤二郎、山尾忠二郎、鳥取公共社の今井鉄太郎、伊予集義社の陶窳次郎、さらに佐賀の村岡致遠、広島の西本正道など六二名が集まり、(1)「愛国社合議書」を決議した。「愛国社合議書」は、「互に相研究協議し、以て各其自主の権利を伸張し、人間本分の義務を尽し、小にしては一身一家を保全し、大にしては天下国家を維持するの道より、終に以て天皇陛下の尊栄福祉を増し、我帝国をして欧米諸国と対峙屹立せしめんと欲す」との主意を掲げ、本部を東京に置くこと（第一条）、毎年二月と八月に大会を開くこと（第三条）、交際親睦を厚くするため、相互に往来、通信、報告すること（第七条）などを定めたものであった。しかし、結社後まもなく、板垣退助が明治政府に復帰したり、阿波自助社がいわゆる「通諭書事件」に遭遇したこともあって、愛国社は、とくにみるべき成果をあげぬまま、自然消滅の道を辿ることになった。

3　自由民権運動の昂揚

愛国社の再興

明治政府にいったん復帰した板垣退助は、省卿分離問題を巡って対立し、はやくも七五(明治八)年一〇月二二日、再び下野するが、帰郷後ただちに愛国社の再興をめざす行動はとらなかった。立志社が自由民権派の再結集はかるために愛国社再興の方針を決定したのは、西南戦争後の一八七八(明治一一)年四月のことであった。立志社は「愛国社再興趣意書」を作成し、各地にこの趣意書を携行した遊説員を派遣し、同年九月を期して大阪に会同することを勧誘したのである。ちなみにこの時、中国・四国地方へ植木枝盛・栗原亮一を、紀伊・加賀・九州地方へ安岡道太郎・杉田定一を派遣したことが明らかとなっている。

こうして、同年九月には愛知・和歌山・岡山・高知・福岡・熊本など、一二県一三社の代表が大阪に集まり、愛国社再興大会が開催された。大会では、「愛国社再興合議書」を決議し、本部を大阪に置くこと(第一条)、毎年三月と九月に大会を開くこと(第三条)、入社は、十名以上の結合を有する者に限り、個人単独の加盟は認めないこと(附則第一条)などを定め、事務幹事には、立志社員の山本幸彦、森脇直樹が選ばれた。この大会に出席した政社はほとんど西日本に限られ、全国的組織には程遠かったが、愛国社再興のニュースが西南戦争敗北で進むべき方向性を見失っていた士族たちに指針を与えた影響は大きかった。士族たちは、明治政府を打倒する道は武力行使だけでなく、運動を通じて国会を開設し、民意によって目的を達する道があることを知ったのである。

七九（明治一二）年三月には一八県二一社の代表が大阪に集まり、愛国社第二回大会が開かれた。名古屋羈立社の宮本千真木、三河交親社の内藤魯一など、新たな地域からの参加者もあり、表面的には隆盛にみえたが、あいかわらず関東、東北地方からの参加者はいなかった。会議では、各政社の分担金の金額を決定した以外に大きな問題はなく議事はスムーズに進行したが、愛国社の拡大・全国化の課題は、有効な手だてをたてることができないまま終了した。

しかし、このような状況も、やがて米価の高騰を背景に、急速に豊かになった農村地主たちが政治的民主化を求める運動に加わり始め、事情は一変する。かつては食べることだけで精一杯の農村地主たちが、経済的な余裕を背景として、政治的民主化を求める運動に加わり始めたからである（坂野潤治『明治デモクラシー』岩波新書、二〇〇五年、五～九頁）。福島県石陽社の河野広中、福井県自郷社の杉田定一、山梨県峡中社の佐野広乃、茨城潮来社の関沢忠教らの加入によって、愛国社の支持基盤は大きく変わることになったのである。

七九年一一月七日、大阪で愛国社第三回大会が開催された。この大会は、国会開設願望の方針を打ち出した画期的な大会であるが、国会開設願望の方法をめぐって、立志社を中心とするグループとそれ以外の政社の間に対立が生じた大会でもあった。立志社は、国会開設を天皇に願望するため、翌年三月の「公会」で願望書案を審議決定し、これを愛国社名義で提出する方針を提起したが、願望書提出を愛国社のみに限定する方針については、他の政社から強い異論が出されたのである。すなわち福岡正倫社の平岡浩太郎は「吾輩ノ欲スル所ハ只ニ愛国社ニ偏倚セス、広ク有志ヲ募リ、陛下ニ願望スルトキハ地方ノ広大ナルニ従ヒ、感動モ亦多カルヘシ、故ニ十三年三月ノ会議ハ入社ノ有無ヲ論セス、有志者ト倶ニセン事ヲ望ム」と述べ、より幅広い国会開設願望運動をおこなうべきことを提唱し、杉田定一も「願望ノ事、愛国社而巳ニ限ルハ偏頗ナリ、単身独歩ノ有志者ノ如キハ大ニ失望セン」と同様の発言をして譲らなかった。[2] こうして立志社グループとそれ以外の政社の間には願望の方法をめぐって食い違いが生じ対立はエスカレートしたが、最終的には次のような妥協が成立した。[3]

其地方ニ於テ拾名以上結合アル公衆ト倶ニ願望セント欲スルニ在リ、然レトモ各地方ニ於テ願望者僅少ニシテ其結合拾組ニ満タサレハ公衆ト倶ニ願望スル事ヲ止メ、我愛国社ノ名義ヲ以テ出願スルモノトス、

すなわち国会開設を天皇に願望する際、一〇名以上の地方政社が一〇組以上集まれば、愛国社の名義にこだわらず「公衆ト倶ニ」願望するが、一〇組に満たなければ「公衆ト倶ニ」願望することをやめ、愛国社の名義を使用するというのが、両者の妥協点となったのである。

愛国社と国会期成同盟の関係

国会開設願望書をあくまで愛国社の名義で提出すべきと考えていた立志社など土佐派の構想は、八〇（明治一三）年二月の時点で、国会開設願望に賛成する一〇名以上の地方政社が一〇組以上集まったことによって敗れた。前会の決議にもとづき、願望書は愛国社の名義にこだわらず「公衆ト倶ニ」提出されることになったのである。愛国社は、大会を翌月にひかえた二月二二日、大坂日報に次のような広告を掲載している。

来三月を期し、国会開設の願望を　天皇陛下に致すべき儀、昨冬一一月当社公会の際、決議の上、爾時四方に社員を派遣せしめ、普く全国公衆の輿論を徴せし処、大概至る所に、同意を表せざるなく、此挙を賛せざるなく、倶に連合請願せんことを照会するもの続々有之候。依ては来月十日を期し開会、謀議可致候条、仍ほ四方十名以上の組合ある同議者は、来て当社に会せよ。

右の広告をみると、「来月十日より開会」とあるが、『植木枝盛日記』八〇年三月一五日条に「愛国社発起日本国会望願に就きての大会を大阪北久宝寺町喜多福亭に開く」（高知新聞社、一九五五年、一六〇頁）とあるように、実際に「愛国社発起」の「日本国会望願に就きての大会」が始まったのは、五日遅れの一五日からであった。ここで注目すべきは、植木が「日本国会望願に就きての大会」と表現しているように、この大会は、愛国社の非加盟団体を加えて開催されたものであり、世上言われるような「愛国社第四回大会」として開催されたわけではなかったということである。この大会の名称は、大会期間中に国会期成同盟規約が定められたことによって国会期成同盟第一回大会となるが、大会初日の時点ではとくに定められた名称もなく、とりあえずは土佐合立社の林包明の発議で「国会願望聯合有志会」と呼ぶことが決議されたのであった。

この大会には、鈴木舎定（盛岡求我社）、稲垣示（越中北立社）、山口千代作（福島愛身社）、河野広中（福島石陽社）、山川善太郎（東京北辰社）、杉田定一（福井自郷社）、松沢求策（松本奨匡社）、内藤魯一（三河交親社）、法貴発（丹波自治社）、岡島正潔（鳥取共立社）筒井弁治（姫路正鐘社）、橋本是哉（松山公共社）、植木枝盛（土佐立志社）、片岡健吉（同前）、北川貞彦（土佐発陽社）、林包明（土佐合立社）など、二府二二県から各政社の総代一一四名が出席し、大会は四月八日まで続いた。こうして「国会願望聯合有志会」は、愛国社非加盟の各地代表者も加えて、新しい段階に突入するが、はやくも三月二五日には、国会期成同盟規約の原案が提示され、大会は一挙に国会期成同盟の結成大会の様相を呈することになった。確定した同盟規約では、国会開設願望のため今回大坂に集まった各組合をもって国会期成同盟とすること（第一条）、国会開設願望書を天皇に奉呈し允準をえたときは、国会憲法制定の代議人選出方法ならびに国会憲法草案を政府に建言すること（第五条、第六条）、聞き届けられないときは、全国を遊説し、一一月に東京で開く大会でその方針を決めること（第一〇条）などが定められ、「国会願望聯合有志会」はこの時点で「国会期成同盟」と名前をあらため、以後国会開設願望運動の最前線に立つことになったのであった。

『自由党史』は「愛国社を革めて国会期成同盟と為す」と述べているが、国会期成同盟は、愛国社の後身ではなく、国会願望聯合有志会の延長線上に成立したものであったのである。国会期成同盟は、国会開設を目的に愛国社非加盟団体を加えて、愛国社の別組織として結成された運動団体であって、その指導本部ともいうべき愛国社本体を解散することなどありえないし、実際、愛国社がこのとき発展的に解消したという事実は存在しないのである。

国会開設上願書の草案は、松沢求策と永田一二の両名によって起草され、河野広中、植木枝盛、杉田定一ら五名の上願書審査委員の審査をうけたが、大会の場で上願書の審議がおこなわれたのは最終日の四月八日のみであった。わずか一日で審議を終了することは、きわめて不自然だが、集会条例制定という緊急事態（後述）に対処するためには、やむをえない措置だったのかもしれない。この上願書（「国会ヲ開設スル允可ヲ上願スル書」）は、大会終了後、河野広中、片岡健吉の両名の上呈委員の手により、太政官および元老院に提出されたが、いずれからも受理を拒否され、目的を達することはできなかった。しかし、上願書が受理されなかった経緯が新聞紙上で詳しく報道されると、全国各地の自由民権運動家たちは憤激して立ち上がり、国会開設請願運動はかえって以前に増して昂揚することになった。

集会条例と愛国社

福澤諭吉は門下生田中米作にあてた八〇（明治一三）年三月一七日付の手紙のなかで、「旧冬より諸方の有志者なる者が続々出京、国会開設の願いとてなかなか賑々しきことなり。去年はコレラ、今年は交代して国会年ならん」(4)と述べ、「今年」が「国会年」になると予測したが、まさに彼の予測は的中することになった。国会開設運動は、急速かつ広範に広がり、その昂まりは、とどまるところを知らなかった。

このような事態に危惧の念を抱いた明治政府は、期成同盟大会開催中の八〇年四月五日、昂揚した運動をしずめるため、突如として集会条例（太政官第一二号布告）を制定・施行した。讒謗律、新聞紙条例、出版条例など、旧来の言論取締法規ではとうてい巨大な政治運動に対抗できないと判断した結果である。同条例は、一八五〇年プロシャ結社法を母法として定められた治安立法であり、自由民権運動の取締に絶大な威力を発揮することになる。とくに、政治に関する事項を講談論議するため公衆を集め集会をする者は、管轄警察署に必要事項を届け出て認可を得ることを定めた第一条、結社する者も同様の認可を得ることを定めた第二条、さらに政社が他の政社と連結通信することを禁じた第八条などは、これまでの愛国社や国会期成同盟の活動に大幅な制限を加えるものであり、大きな威力を発揮した。

集会条例施行から四日目の四月九日、大阪府は、さっそく愛国社に対し同条例を適用し「集会条例頒布に付兼ねて届出の愛国公会差止候事[5]」と開会中の大会の中止解散を命じた。大阪府が国会期成同盟ではなく、愛国社に対し中止解散命令を伝えたのは、国会期成同盟は、愛国社傘下の運動団体にすぎず、愛国社こそが中核組織とみなしていたからであろう。大阪府の命令に対して、国会期成同盟は大坂日報紙上に「議事完結ニ付昨八日限リ閉場ス」(四月十日付)と広告し、これに対抗したが、表面上はともかく、内実は深刻だった。なぜなら取締当局は、集会条例の成立によって大会の中止解散を命ずるだけでなく、愛国社本体を政治結社として不認可とすることも可能になったのであり、愛国社は、この時点ですでに存亡の危機に直面していたといわねばならないからである。すなわち愛国社が政治結社として存続するためには、集会条例の定めに従い、管轄警察署に必要事項を届け出て認可を得ることが必要だったし、そのためには、まず同社の旧来の趣意規則書を集会条例に抵触しない形に全面改定することが必要となったのである。

大阪府から大会の中止解散命令をうけてからわずか六日目の四月十五日、愛国社は大阪府に次のような「結社御届」を提出した[6]。

私共儀従来愛国社ト称シ、別冊ノ趣意書規則(書)ヲ以テ各地同志者ト倶ニ結社致居候処、今般集会条例御頒布ニ付、別紙之通趣意(書)規則書トモ更正ノ上、府下西長堀北通二丁目十五番地十六番地へ該社設置致候間、社員名簿相添、此(段)及御届候也。

この「結社御届」に添付された新旧の趣意規則書を比較すると、これまで政社単位だった同社の組織単位が、個人単位に改められたことがわかる。例えば旧趣意規則書(愛国社再興合議書)第五条に「至急決議すべき事件……各社に報告すべし」とあった部分は、新しい規則趣意書第五条では「至急決議すべき事件……社員に報告すべし」と改められており、明らかに集会条例第八条、すなわち他の社と連結し通信往復することを禁じた規定を意識した改定をおこなっている。愛国社は、集会条例による取締を回避するため、その骨格部分をも改め、いわば、なりふり構わない改定を実行したのであった。

しかし、いちはやく集会条例を遵守する姿勢を示し、結社届を提出した愛国社に対し、大阪府は、容易にこれを認可しようとしなかった。愛国社が「結社御届」を提出してから約五か月を経た八〇（明治一三）年九月九日、大阪府はようやく愛国社に対し次のような結論を伝えた。(7)

届出ノ趣、集会条例第八条ニ抵触スルニ依リ、難及認可候事。

集会条例第八条に抵触するという理由で愛国社の「結社御届」を却下するという趣旨である。趣意規則書を変更して存続をはかるという愛国社の目論見は、こうしてもろくも崩れ去ったのである。

愛国社と第二回国会期成同盟大会

集会条例施行後も無傷で生き延びた国会期成同盟は、一八八〇（明治一三）年一一月十日から二十七日まで、東京において第二回国会期成同盟大会を開催した。この大会では、規約の改正、遭変者扶助法を定めたほか、国会開設請願書を再提出すべきかどうか、さらには同じ行動を繰返すよりも、この際、国会期成同盟を一変させて政党（自由党）を結成すべきであるとの提言をめぐって、激しい議論が続いた。国会期成同盟を廃止し、自由党の結成を提唱したのは、いうまでもなく植木枝盛を中心とする愛国社グループであったが[8]、彼らの主張は、容易に大会出席者の同意を得ることができなかった。愛国社グループは国会期成同盟大会が始まる前から会合を重ね、この大会での政党団結をめざしたが、国会期成同盟は、引き続き存続することになり、国会期成同盟の全体を政党に改組しようとする試みは、失敗に終わったのである。ちなみに国会期成同盟がこの大会で出した結論は、八一（明治一四年）十月一日より東京で会議を開くこと、国会開設請願書の再提出はしないこと、予定していた憲法草案の審査議定の件は廃案とし、次会に各組憲法見込案を持参すること、自由党は「別ニ立ツ」ことなどであった。

一般に、自由党は、国会期成同盟を発展的に解消して成立したものと思われているが、板垣退助が「此際再願望を断念し、更に之を自由党として成立せんとするの議があったが、衆論一致せざるが為に決定に至らなかった。此際立志社の委員等は、右の期成同盟会員、その他の有志と謀り、別に自由党を組織するの地をなしたと聞く[9]」と回想しているように、実は国会期成同盟の外で、立志社系の有志を中心に東北有志会系、東洋自由新聞社系、櫻鳴社系の有志が集まり結成準備が進められたものだったのである。

政党結成をめざす有志たちは第二回国会期成同盟大会開会中の一一月二〇日に江東中村楼に、同二七日には枕橋八百松楼に集まって懇親会を催し、大会閉会後の一二月一二日および十五日には、築地寿美屋に、山田平左衛門、島地正存、植木枝盛、森脇直樹、林包明（以上立志社系）、河野広中、鈴木舎定（以上東北有志会系）、山際七司、松田正久、柏田盛文、中江兆民（以上東洋自由新聞社系）、沼間守一、草間時福、吉田次郎（以上櫻鳴社系）、内藤魯一の諸有志が集まり、「自由党結成盟約」を結んだ。「自由党結成盟約」は、翌八一年一〇月に正式に発足する自由党の設立準備作業の起点となるもので、次のような内容であった。

第一条　我党は我日本人民の自由を拡充し権利を伸張し及び之を保存せんとする者相合して之を組織するものとす。
第二条　我党は国の進歩を図り民人の幸福を増益することを務むべし。
第三条　我党は我日本国民の当に同権なるべきを信ず。
第四条　我党は我日本国は立憲政体の其宜しきを得るものなるを信ず。
（『自由党史』中、岩波文庫、一九五七年、三三五頁）

4　政党の成立

自由党と立憲改進党

わが国最初の本格的政党である自由党は、国会開設の詔勅が出た直後の一八八一（明治一四）年一〇月二九日、東京浅草井生村楼で開催された創立大会において盟約・規則を定め、党役員には総理板垣退助、副総理中島信行、常議員後藤象二郎・馬場辰猪・末広重恭・竹内綱、幹事林包明・山際七司・内藤魯一・大石正巳・林正明を選出し、正式に発足した。盟約には、自由を拡充し、社会の改良を図ること、善良なる立憲政体の確立に尽力すること、一致協同して党の目的を達することなどが掲げられ、また規則には、東京に中央本部を設け地方に地方部を置くこと、入党・脱党の手続きは、本人住所もしくは寄留地の地方部で行なうことなどが定められた（『自由党史』上、岩波文庫、一九五七年、七九頁以下）。自由党の基本理論は、愛国社以来の人民主権論であり、なによりも民選の議会にこだわり、一院制議会こそが真の立憲政体にふさわしいとするフランスのルソー主義の系譜に属する立場であった。

結党直後の自由党は、取締当局から集会条例違反に問われるなど、かならずしも順調なすべり出しではなかったが、八二（明治一五）年に入ると、本部役員による大規模な全国遊説が展開され、全国各地に自由党地方部が次々に設立されることになった。常議員の末広重恭は、朝野新聞の論説で、その盛況ぶりについて次のように述べている。

昨年ヲ経過シテ今年ニ至リ、東京府下ヲ始メ地方ニ及ブマデ同志ヲ連合シテ地方部ヲ設立センコトヲ請フモノ続々相接シ、而シテ姓名ヲ同盟簿ニ列スル者、日ニ月ニ其ノ数ヲ増加シ北海ノ北、西海ノ西ニ至ルマデ我ガ自由党アラザルハ無ク、全国ヲ通計スルニ地方部ヲ置クモノ三十余ケ所ニシテ、党員ノ多キ五万人ヲ以テ数フルニ至ル。亦盛ンナリト謂フ可シ」（六月一三日付）。

実際、北海道の函館から九州の熊本まで、自由党地方部が設置された地域は、確認できるだけでも三二にのぼり、「自由党上毛部規則」「自由党下総地方部党則」「自由党東京地方部盟約」といった地方部規則が発見されている。自由党の支持基盤は、約半年あまりで全国各地に広がり、その組織化は、急速な進展をみせたのである（拙著『明治自由党の研究』上巻、慶應通信、一九八七年、五頁以下）。

ところで、自由党に加わらなかった自由民権派の人々の多くは、翌一五年四月一六日に大隈重信を総理として結党した立憲改進党に参画した。すなわち慶應義塾系の東洋議政会の矢野文雄、藤田茂吉、犬養毅、尾崎行雄、鷗渡会の小野梓、高田早苗、嚶鳴社の沼間守一、肥塚龍、さらには前島密、河野敏鎌らの人々である。自由党がフランス流の人民主権論の立場をとり、士族、豪農層を中心に地方に党勢を拡大したのに対し、改進党はイギリス流の立憲主義、二院制議会採用の立場をとり、豪商、ジャーナリストなど都市知識人の支持を集め、とくに都市部において党勢を拡大することになった。

このように八一（明治一四）年から八二（明治一五）年にかけて、自由民権陣営は、自由党と立憲改進党という二つの政党を誕生させ、運動は、この二つの政党によって担われることになったのである。

明治政府と自由党

しかし、自由党ならびに立憲改進党の急拡大は、長くは続かなかった。明治政府が、八二（明治一五）年六月三日、突然、太政官第一七号布告をもって改正集会条例を布告し、それまで合法であった自由党地方部を非合法化する措置を採ったからである。もとより自由党は、同条例の適用を必死で回避しようとするが、これに対抗する有効な方法も手段もなく、結局は、それまでに設置した三〇あまりの自由党地方部すべてを失うことになり、はやくも同党組織の根幹は、この時点で大きく揺らぐことになったのである。

そして、それから数カ月後の同年九月、自由党は、弱体化した党組織の立て直しをはかるいとまもなく、党内では板垣外遊に異論をとなえた旧国友会系の馬場辰猪、末広重恭、大石正巳らと板垣以下の党幹部との間で激しい対立が生じた。改進党はこの内紛をとらえ自由党幹部を批判し、一方、自由党は、党内引き締めのためこれに激しく応戦し、自由民権陣営は、大きく分裂することになった。

ところが、このような深刻な事態にもかかわらず、自由党執行部は何一つ対応策を示すことができず、この間、政府の言論弾圧は厳しくなるばかりであった。宮武外骨『明治演説史』によると、政談演説会がもっとも盛んに行われたのは、八二（明治一五）年の一八一七回だが、翌八三年には一〇三七回に減少し、さらに八四年には六八一回に激減している。

そしてこの間、みのがすことができないのは、自由党の有力者が次々と集会条例による政談演説禁止処分を受け、政治活動の実際上の手段を失っていったという事実である。当時、政談演説禁止処分をうけた民権家は、断片的な記録から判明するだけでもかなりの数にのぼる。たとえば、福島の岡野知荘は八二（明治一五）年八月二九日から全国で一年間、岩手の伊藤金次郎は同年九月一日から全国で一年間、高知の大石正巳は同年一二月二四日から全国で一年間、福岡の川上音次郎は八三年二月二日から滋賀県で一年間、高知の馬場辰猪は同年四月一二日から東京府で六か月間、同じく高知の奥宮健之は同年七月から東京府で六か月間、栃木の新井章吾は同年九月から全国で一年間、静岡の湊省太郎は同年九月二四日から静岡県で一年間、同じく静岡の鈴木音高は同年一〇月二六日から全国で一年間、自由党常議員の大井憲太郎は八四年一月二四日から千葉県で一年間、それぞれ演説禁止の処分を受けている（「福住分署文書」兵庫県警察本部蔵）。

5　急進派の登場と挫折

急進派の誕生

厳しい言論弾圧の結果、一部民権家のなかには、言論による政治改革をあきらめ、直接行動によって政府の転覆をめざす急進グループが形成され、板垣の外遊中の一八八二（明治一五）年一一月に福島事件、さらに翌八三年三月には高田事件が勃発することになった。さらに八四（明治一七）年には、加波山事件、飯田事件、名古屋事件などの諸事件が頻発し、自由党急進派と明治政府の対立は頂点に達することになったのである。[10]

自由党急進派のとった行動を、計画性のない無謀なものであったとか、幼稚な幻想だったと批判することは、簡単である。多数の大衆の支持を集める努力を怠り、少数の仲間うちだけで急進主義に走ったことは、むしろ民権運動の自殺行為であったとする見方もあるだろう。しかし、わずか十数年前に徳川政権が自分たちの目前で倒壊するのを体験し、巨大な権力も、矛盾に満ちたものであれば、意外に簡単に崩壊することを知っていた民権家たちの立場からすれば、それはけっして無謀でも自殺行為でもなかったにちがいない。板垣退助が監修した『自由党史』は、この点に言及して、

自由党の少壮は熱血の岔湧するを自制する能はず、所謂非常手段を講じ、単為孤行して狂名を当世に甘んぜんとす。徒らに成敗の跡を見て志士の行動を議する莫れ。（下、一八頁）

と述べ、彼らに対する安易な批判を戒めている。

自由党急進派の人々が言論による政治改革をあきらめ、挙兵方針を固めた時期については、若干の時間的差異があるが、加波山事件で死刑となった富松正安の場合、すでに一八八三（明治一六年）末の段階でその意志を固めていたようである。

関戸覚蔵『東陲民権史』には、同年一二月六日に開催された政談演説会の席上、富松が「今日は道理の戦場にあらず。言論を以て格闘するも寸効を奏せず。寧ろ血雨を注ぎて専制政府を倒すの径庭たるを知れ」（養勇館、一九〇三年、三五四頁）との演説をおこなったことが記されており、石川諒一『加波激挙録』にも、「正安壇に登り、卓を叩いて論じて曰。大勢今や蹙らんとす。この時に際して言論を事とす。豈終に迂愚の譏を免がるゝを得んや。若かず奮躍剣によって専制政府を倒さんにはと。怒髪天に朝して目眦裂けなんとす。聴者感激、且泣き、且つ奮ふ」（稲葉誠太郎『加波山事件関係資料集』三一書房、一九七〇年、七〇四頁）とあって、彼がこの時、「剣によって専制政府を倒さん」と絶叫していたことが伝えられている。

ところで、静岡事件の中心人物鈴木音高は、「国事犯罪申立書」の中で[11]、

自由党の会議其期に迫る、以て中野二郎三郎、及音高の両名其撰に当り、二月中旬、彼の重任を負ひて出京し鋭意奔走、（略）幸に社会気運の形向を視察するに、当時人心概ね政府を怨望し、事あらば奮て起たんとするの気象を含有することを亮知し得たり。加之のみならず茨城県人富松正安、仙波兵庫の両人を得、又仙波兵庫の斡旋を以て群馬県高崎の人深井卓爾、伊賀我何人の同盟連絡を得、猶其四人の同盟者数十名も、与に事に当りて勃興するの盟約を整へ……

コラム　国事犯

皇室対する罪・内乱罪・外患罪など、高度の政治犯罪は、一括して国事犯と呼ばれる。明治初年に制定された新律綱領・改定律例にはこれらの犯罪についての規定を欠き、明治一五年刑法において初めて成文化された。また刑法と同時に施行された治罪法によって国事犯専門の特別裁判所として新たに高等法院が設置され、自由党福島事件や高田事件の裁判は、ここで行われた。しかし高等法院が言い渡した判決は、いずれも軽い判決で、明治政府の期待を大きく裏切るものであったため、政府は一八八三（明治一六）年一二月治罪法を改正し（太政官第四九号布告）、国事犯の裁判は、高等法院以外の一般裁判所でも扱えるように制度を改変した。以来、高等法院での国事犯事件の裁判は一件もなく、同院は事実上、開店休業状態となった。また、政府は事件の処理に際し、被告を国事犯として扱うことを回避し、できる限り破廉恥罪で処断する方針をとった。福島事件の河野広中がそうであったように、国事犯扱いすると被告が英雄化する恐れがあったからである。加波山事件、群馬事件、名古屋事件、静岡事件の被告がいずれも、強盗、殺人などの破廉恥罪で処断されたのは、このためである。

と述べ、八四年春、自由党臨時大会出席のために上京した際、富松正安らと内乱陰謀の謀議をおこなった事実を供述している。富松は、この頃になると、もっぱら挙兵による政治改革に意欲を燃やし、鈴木音高をはじめ自由党急進派の人々との連携をはかるなど、具体的な準備行動をとりつつあったのである。

加波山事件

しかしその後の事態は、大規模な挙兵論者の富松や、鈴木音高の思う通りには進展しなかった。その後まもなく富松は、福島と栃木の青年急進派によって結成された加波山事件グループのリーダーにまつり上げられ、挙兵主義というよりもむしろ暗殺主義の色彩の強い立場にくみすることになったからである。

一八八四（明治一七）年九月、自由党急進派の富松正安、河野広躰ら一六名が、内乱陰謀の目的をもって茨城県真壁郡加波山に蜂起し、山麓に近い下妻警察署町屋分署を襲撃するとともに、長岡畷で警戒中の警察官隊と衝突するという事件が発生した。いわゆる加波山事件である。この事件は、爆弾が使用され、双方に死傷者を出したことや、富松ら七名に死刑が言い渡されたことで知られているが、事件の勃発は、全国同時多発の「一般的大動乱」を考えていた自由党急進派の人々にも大きな衝撃を与えた。偶然が重なったとはいえ、加波山事件関係者の単独蜂起はまったく予想外の行動であったし、「一般的大動乱」の構想を根底から突き崩しかねない出来事であったからである。この点について、静岡事件関係者の小池勇は次のように述べている。

既にして加波山の徒が種々なる事情に迫られ、期に先て事を発し、忽ちにして敗れたるを聞き深く其第一着を誤まるを慨嘆せり。(村上貢編著『自由党激化事件と小池勇』風媒社、一九七六年、一二頁以下)。

大規模な挙兵を考えていた急進派の立場からすれば、加波山事件関係者の独断専行は、小池勇ならずとも「慨嘆」せざるをえないものがあったのである。

飯田事件

一八八四(明治一七)年春、村松愛蔵を中心とする愛知県田原の恒心社と長野県飯田の愛国正理社の同志が共謀し、明治政府転覆の計画をたて、事前に発覚、内乱罪で処断されたのが飯田事件である。事件は、明治政府の厳しい言論弾圧により窮地においこまれていた『愛岐日報』主筆の村松が同郷の同志八木重治、川澄徳次らと謀り、明治政府弾劾の檄文五万部を秘密出版・配布する計画をたてたことにはじまる。

ところがこの檄文配布計画は、警察の警戒が厳重なことと、資金集めが難航したために容易に進展しなかった。村松らが、それまでの檄文配布の計画を放棄し、兵力をもって明治政府の打倒をめざす方針に転換したのは、八四年一一月八日のことであった。この日、謀議がおこなわれた村松愛蔵方の会合の模様について、参加者の一人伊藤平四郎は、次のように供述している。

問　其日如何なる事を謀議したるか。

答　今日の政府は課税を厳にし、民の疾苦を顧みざるより、埼玉県の如き暴動の起る所以ならんや。今日はより人民の困苦に迫りたる日なれば、志士は黙視すべき時にあらず。依て兵を挙げて政府に迫まらんと謀議したる事に候。

問　兵を挙ぐるに付ての計画はなかりしや。

答　有之候。川澄徳次は信州へ行き、柳沢と気脈を通じ兵を募り、又愛蔵は本籍なる田原村に行て兵を募り、江川甚太郎は本籍なる三河国碧海郡高棚村に赴き兵を募り、八木重治は名古屋区に残り居る事と相談纏り候。（「長野県国事犯村松愛蔵等ニ関スル一件書類」法務図書館蔵）

要するに、「埼玉県の如き暴動」すなわち秩父事件の勃発を機に、挙兵の準備のため、同志が分担して信州、田原、三河などに出掛け「兵を募」ることになったというのである。

しかし募兵は、結局、十分な成果をおさめることができず、一一月一三日、名古屋にもどった村松らは、再度、挙兵問題を協議し、兵員の不足、秩父事件の鎮静化、静岡事件関係者との連携が不十分なことなどを理由に、「挙兵の義」をしばらく見合わせることになった。すなわち村松らは即時挙兵の方針を転換し、当面は、各方面より「屈強の士」を募ることに全力をつくし、将来の挙兵にそなえることになったのである。

飯田事件の関係者が、名古屋、静岡事件関係者らと連携をすすめ、「挙兵」を「約」するのは、それからまもなくのことである。

名古屋事件

これよりさき、一八八三（明治一六）年末、明治政府に批判的な山内徳三郎、久野幸太郎を中心とする民権家グループと大島渚を中心とする博徒系グループが結合、実力で政府を転覆させる計画を企て、軍資金目当ての強盗を重ねるとともに、名古屋近郊の平田橋付近で巡査二名を殺害し、名古屋重罪裁判所において強盗ならびに殺人の罪で処断されるという事件が発生した。名古屋事件である。この事件は当初、「国事の改良」すなわち内乱の準備のためにもっぱら集団強盗を働くことが中心となっていたが、八四年秋頃になると、大規模な蜂起をめざして、他の事件関係者との連携が模索され、彼らも、いわゆる「一般的大動乱」計画に加わることになった。

名古屋事件は、国事犯事件ではなく、強盗殺人事件として処断されたため、彼らの政治行動を示す記録は、ほとんど残っていない。しかし、近年発見された「湊省太郎訊問調書」には、次のような記述がある。[12]

私が同年〔八四年〕十一月に該地〔名古屋〕へ赴きたれば、宮本、広瀬、村上も居り、村松愛蔵、八木重治、江川甚太郎と謀り、尾張派、三河派も、信州飯田桜井平吉へ面会の為め参り居る川澄徳次が帰るを待つて合併し、事を挙げんとする内、村松愛蔵等捕縛に相成たり。

また「湊省太郎上申書」にも、次の記述がみえる。[13]

（略）十一月上旬浜松に至れり。（略）夫より名古屋に着し、前記村松、祖父江の外、八木重治、江川甚太郎その他の人々に付て、計画謀議なし居り、尤も広瀬重雄は九月の頃、宮本鏡太郎は村上左一郎と共に十月の末、名古屋に来り居るを以て、衆相合して一となり……（以下略）。

これらの資料をみると、やはり広瀬、湊、村上らの静岡事件関係者、村松、八木、江川らの飯田事件関係者、そして祖父江らの名古屋事件関係者の三者は、挙兵の共同謀議をおこなっていたこと、そして彼らは信州出張中の川澄の帰りを待って「合併」し、「事を挙げん」と決意していたこと、しかし、まもなく飯田事件が発覚し（一二月三日）、村松愛蔵らが「捕縛」され、計画は水泡に帰したこと等々がわかる。

飯田事件発覚後まもない一二月一四日、富田勘兵衛ら名古屋事件グループ六名による知多郡長草村戸長役場強盗事件をきっかけに、メンバーの一人皆川源左衛門が挙動不審のかどで逮捕され、名古屋事件の全容もまた、未然に発覚することになった。皆川の自供から事件が単なる強盗事件ではなく、内乱陰謀事件であることを知った名古屋警察署は、急遽、事件関係者全員の逮捕に乗り出したのである。

静岡事件

一八八四（明治一七）年初頭、鈴木音高、湊省太郎らの静岡地方の自由党員グループが、中野二郎三郎、山田八十太郎らの浜松地方の自由党員グループと結び、明治政府打倒の大規模な挙兵を計画し、他方その軍資金集めの強盗を静岡周辺でおこない、東京重罪裁判所において強盗罪で処断された事件が静岡事件である。伊藤痴遊が「この連中の計画は、全国の党員と款を通じて、所在一時に蜂起して、目的を遂げようといふのであつた。鈴木は、関東各地を跋渉して、或は群馬の宮部一派、或は茨城の富松一派と、幾度か秘密会を続けて、しきりに事件の進捗を図つた」(『伊藤痴遊全集』第九巻、平凡社、一九二九年、二九一頁)と述べているように、彼らの計画は、あくまでも自由党急進派の連携による「一般的大動乱」、すなわち広域蜂起をめざすところに、その特徴があった。

たとえば静岡事件関係者の小池勇は、「意見上申書」のなかで、次のように述べている。[14]

その十一月初旬に及び、広瀬重雄が再び名古屋に来りしを幸ひに、同人が下宿に至り、相伴ふて村松が寓を訪ひ、階上に於てほぼ意中を明かし、以て挙兵のことを約し、数月を期して相起り、戮力協心必大事を成さんことを談ぜり。

これは、八四年一一月初旬、静岡事件関係者の小池と広瀬が、飯田事件の中心人物の村松愛蔵方を訪れた際の様子を述べたものだが、これによって彼らが「挙兵のことを約し」「大事を成さんこと」を相談していたことが判明する。

しかし、すでに述べたように、八四年末までに加波山、飯田、名古屋の各事件があいついで発覚し、その上、八五年一一月には大井憲太郎らによる大阪事件も未然に発覚し、彼らの一斉蜂起の構想は、次々と崩れていくことになった。そしてこの間、自由党急進派グループのなかで、静岡事件関係者だけが逮捕をまぬがれ、彼らだけがあとに残されることになったのである。静岡事件関係者の動きが八四年末の段階でいったん停止するのは、このためである。

小池勇は、その自叙伝のなかで、この間の事情について、次のように述べている。

加波山・名古屋の徒、既に事を誤まって同志の過半を失ひ、予等の計画全然齟齬して、急に事を挙くる能はず。良しや事を起すも、其効無きことを思ひ、深く爪牙を秘し、隠に社会の動静を察する中、大坂事件又々起り、国事探偵頗る厳にして、自由に運動することを得ず（略）。（村上前掲『自由党激化事件と小池勇』一二一頁以下）。

しかし、八五年秋頃になると、あくまで挙兵方針を捨てない鈴木音高の方針とは別に、湊省太郎をはじめ一部同志のなかに、小人数でも実行可能な高官暗殺の方針を採ろうとする動きが生まれ、翌八六年以降、さらに多くの関係者がこの暗殺主義の立場に同調することになった。この立場に積極的に同調した宮本鏡太郎は、この計画について次のように供述している。[15]

秋風が吹く頃に至り、府下数十ケ所放火し、皇居近傍にも火を放てば、大臣方が皆内閣に出頭せらるべし。その時、山田が第一等の大なるダイナマートを投じ、一同破裂し、自分も共に死亡するの心組に有之。

文中、「秋風が吹く頃」とあるのは八六年秋、「山田」とあるのは浜松の民権家山田八十太郎を指している。東京府下各所を放火して騒乱状態をつくり、内閣大臣をダイナマイトで襲い、みずからも玉砕するという右の戦法は、まさにテロリズムそのものだが、八六年五月頃までの間に、静岡事件関係者の多くは、そのような立場に傾斜しつつあったのである。しかし、このような高官暗殺計画も、かねてから内偵中の警視庁の探索により、結局は未然に発覚した。事件関係者の一斉検挙は、八六年六月一二日、東京ならびに静岡地方においてはじまり、逮捕者は、一〇〇名をこえたといわれている。
こうして八六（明治一九）年六月、静岡事件の発覚により、自由党急進派の武闘は終わった。明治政府は力づくで完全勝利を収め、他方、民権派は以後しばらくの間、沈黙を余儀なくされたのである。

6　政党の崩壊

自由党の解党

ところで、自由党は、加波山事件事件勃発から約一か月後の一八八四（明治一七）年一〇月二九日、大阪太融寺で開催された党大会において解党を決議した。自由党が結党後なぜ三年しかもたなかったのか。その原因は何であったのであろうか。大日方純夫は、この点に関する旧来の諸説を整理して、およそ次のような要約をしている[16]。

……一八八三年から八四年にかけて、自由党内に解党を志向する土佐派と、大井憲太郎を中心とした急進派との分裂対抗関係が生じ、次第に急進派の勢力が増大する中で、土佐派は統制の強化をはかりつつ、加波山事件の発生を直接的契機として解党を決定し、革命の課題をなげすてる。

要するに、自由党内には、解党を志向する「土佐派」と大井憲太郎らの「急進派」の対立があり、加波山事件を契機として、そのような路線対立が決定的となり、それが自由党の解党を導いた、というのである。確かに当時の自由党には、政治路線をめぐる対立があり、「土佐派」対「反土佐派」の対立ばかりでなく、種々様々な対立があったことは明白である。江村栄一は、「自由民権革命と激化事件」(歴史学研究第五三五号、一九八四年一一月、一二頁以下)と題する論文において、自由党を「平和革命派」「広域蜂起派」「決死派」の三派に分類し、これを整理する試みをしているが、細部の当否はともかく、このような試みによって、党内諸潮流の実情が明らかとなりつつあることは、歓迎すべき状況といわねばならない。しかし、いくら党内諸潮流の実情が明らかとなり、政治路線上の相違・対立点が明確になったからといって、それが自由党解党の直接的原因であったかどうかは、別問題である。元来、いかなる政党にも路線対立や派閥抗争はつきものであって、むしろ、そのような対立、抗争が存在することはきわめて自然な現象であるからである。

現在、国立公文書館が所蔵する「自明治十五年至同十七年機密探偵書」[17]と題する文書によれば、自由党解党の直接的契機は、まったく別のところにあったようである。すなわち、この文書によって明らかとなる事実は、①八二(明治一五)年六月、欧州から帰朝した板垣退助は、その直後、自由党解党の方針を表明したこと、②しかし、その真意は、「十万円の党資金募集計画」の実現にあり、文字どおりの解党論ではなかったこと、③したがって自由党の存続は、まさにこの計画の成否にかかっていたにもかかわらず、その成果はわずか「二万余円」にすぎず、それは惨憺たる結果に終わったこと、④そのため、板垣は、明治一七年秋季大会直前の役員会の席上、この「十万円の党資金募集計画」の失敗を党員の「違約」と攻撃し、ついに自由党を解党に導いたこと、などである。板垣が「十万円の党資金募集計画」にいかに執念を燃やしていたか、そしてまた、その失敗にいかに失望したかは、党員を前にした次のごとき、彼自身の発言からも明らかである。[18]

予、総理ノ任ヲ持シテヨリ以来、追々計画セシコトアリシモ、……地方諸君カ約ヲ違ヘテ行ハサセナイト云フベシ。既ニ前会ニ於テ度々総理ノ任ヲ解カレンコトヲ望ミタレトモ、今度ハ必ラス拾万円金ヲ寄セルカラト云フテ予ヲ止メ、而シテ、其拾万円ガ如何ニト思ヘハ、案ノ如クニテ四万円ニ下リ、コレコソ違ハセヌト云フテ、終ニ其地方ニ帰リシニ、又違約シ……総計僅カ壱万余円ナレバ、迚モ計画セシコトヲ遂クル能ハズ。凡ソ天下ノ大事ニ任ジ、国家ノ改革ヲモナサントスル者ガ、些少ノ事故ヲ言ヒ立テテ、決約ヲ履行セザル故、乍遺憾、我党モ弥々今日ハ解散セネバナラヌ場合トナレリ。

要するに、自由党解党問題と密接不可分の関係にあったのは、党内対立の問題などではなく、まさしく「十万円の党資金募集計画」の成否であり、この計画の失敗が自由党の解党を導くことになったのである。すなわち自由党は、政治路線上の対立の問題よりも、むしろ「十万円の党資金募集計画」の失敗という党財政上の理由から、その解党を断行したとわねばならないのである。

立憲改進党の停滞

当初、東京を中心に新聞記者、代言人、学校教員など知識人の支持を集め、やがて地方に党勢を拡張、とくに府県会議員に対し大きな影響を及ぼした立憲改進党も、あいつぐ政府の弾圧に加え、自由党と対立関係を深めたこともあって、党勢は衰退した。立憲改進党の場合、自由党のように一部党員が急進的な行動に走ることはなかったが、八四（明治一七）年十月に党員名簿廃止問題が起こり、さらに進んで解党の是非をめぐる争いが勃発した。すなわち党内は、解党を主張する藤田高之・河野敏鎌・前島密・牟田口元学らと、解党に反対する沼間守一・島田一郎・箕浦勝人・犬養毅・尾崎行雄らの間で激しい抗争が生じ、党中央を二分する争いとなったのである。しかし、小野梓・岡山兼吉・高田早苗ら鷗渡会グループは、いずれの立場にも与しようとしなかった。彼らは解党反対であったにもかかわらず、解党に反対する沼間らの立場に同調せず、党首大隈重信を説得して解党を阻止し、あわせて党分裂の危機をも回避しようとしていたからである（大日方純夫『自由民権運動と立憲改進党』早稲田大学出版部、一九九一年、二七一〜二七二頁）。

しかし、一二月一二日、大隈は、小野に解党の意思を伝えた。大隈重信を説得して解党を回避しようとしていた小野の努力はあっけなく水泡に帰したのである。

こうして、立憲改進党執行部は、大隈の解党の意思をうけ、そろって解党論に傾斜するが、沼間・箕浦ら解党反対派の主張は、あいかわらず強硬だった。

一二月一七日、解党反対派の強烈な反撃に苦慮した解党派ならびに党首大隈重信をはじめとする党執行部の人々は、ついに「解党」をあきらめ、一斉に「脱党」をすることになったのであった。こうして立憲改進党は、あっけなく解党に踏み切った自由党の場合とは異なり、党組織だけは解党反対派の人々によって維持され、国会開設を経て、日清戦争後の一八九六（明治二九）年三月まで続くことになる。

7　おわりに

一八七四（明治七）年にはじまる自由民権運動は、全国各地に無数の政社を生みだし、さらにそれらを全国的規模で結集し、やがては、長期的政治目標のもとに政党を誕生させた巨大な政治運動だった。この運動を明治政府との対抗関係でながめれば、自由民権派の敗北は明らかだが、この運動によって生まれた政党が、以後も衰退・復活を繰り返しながら継続し、後世のわが国政党政治に与えた影響を考えるならば、この運動の意義は決して小さくない。大日方純夫が指摘するように、「誕生した政党は、以後の国内政治配置の原初的形態を形成し、近代日本史を貫流する政治諸勢力の源流」（『自由民権運動と立憲改進党』早稲田大学出版部、一九九一年、五一頁）となったからである。

しかしながら、自由民権運動の理念や精神が色濃く投影していたのは、長くみても第四議会の頃までであった。これを過ぎると、政党は議会の権限強化をめざすよりも、政治参画、政権獲得の道を模索するようになり、政治理念よりも政治的実利が優先されるようになったのであった。自由民権時代の理想主義が息を吹き返し、再び民衆による民主化運動が盛り上がるのには、それから一九年を経過した大正デモクラシーの時代の到来を待たなければならなかったのである。

注

（1）　森山誠一「愛国社創立大会の出席者について――『自由党史』の誤述」金沢経済大学論集第二一巻二・三

合併号（一九八七年）。

（2）（3）「公会決議録」庄司吉之助編『日本政社政党発達史』（御茶の水書房、一九五九年）一〇一頁以下。

（4）『福沢諭吉書簡集　第二巻』（岩波書店、二〇〇一年）三四〇頁。

（5）森山誠一「国会期成同盟の研究（1）——国会期成同盟結成大会の事実経過とその史的意義の再検討（上）」金沢経済大学経済研究所年報六号（一九八六年）。

（6）（7）森山誠一「集会条例後の愛国社——再興愛国社の終局と自由党への道」金沢経済大学論集第二六巻一・二合併号（一九九二年）。

（8）『明治文化全集』雑史編に収録されている「国会開設論者密議探聞書」は、国会期成同盟第二回大会を探索したスパイ報告書で、大会の経緯を知る上で必見の資料であるが、「四九番」の発言は、杉田定一ではなく、植木枝盛の可能性が高い（家永三郎『植木枝盛研究』（岩波書店、一九六〇年）一九〇～一九一頁）。

（9）板垣退助「自由党創立に係る実歴」太陽第六巻一号（一九〇〇年）。

（10）本節の各事件についての記述は、寺崎修「立国原理の喪失と官民軋轢」朝日百科日本の歴史別冊一一号（一九九五年）の記述を踏襲している。

（11）～（15）手塚豊・寺崎修「自由党静岡事件に関する新資料——鈴木音高外八名国事ニ関スル供述書」法学研究第五五巻二号（一九八二年）。

（16）安在邦夫・大日方純夫・阿部恒久「自由民権運動における政党の位置と活動」歴史評論三八〇号（一九八一年）。

（17）（18）「自明治十五年至同十七年機密探偵書」国立公文書館蔵。

第4章　朝鮮改革運動

都倉　武之

1　はじめに(1)

「朝鮮改革運動」とは一般に、一八八四（明治一七）年に朝鮮で発生した甲申事変の前後、朝鮮の清国からの独立と近代化を促す目的で日本の民間勢力が朝鮮開化派を支援した政治運動を指す。しかし戦後の研究においては、七六年の日朝修好条規締結から一九一〇年日韓併合までの道のりを日本による一貫した植民地化の動きとして一直線に結んで描写する傾向があって、限定的に自由民権派の一部の動き（とくに大阪事件）を指す言葉としてのみ使用されることが多いようである。

朝鮮の改革を日本にとって不可避の課題と捉え、これを直接間接に促す政治運動は、官民が相互補完的に行ったものであり、時間的にも幅があって、より多くの側面をもっていた。その過程で「改革」の語は、朝鮮の文明化や真の独立を意味する語から、タテマエや体面上の文言としてまで、状況や立場によって様々に読み替えられ、日本による保護国化、そして併合を着地点とするのである。本章では、「改革」という語に注意しながら、狭義の朝鮮改革運動を中心としつつ、明治初年の日朝関係から日韓併合に至る、日本の対朝鮮政策の蛇行した道のりを概観してみたい。

2 「征韓」から「改革」へ

近代日本の朝鮮問題

ペリー来航により開国した日本は、以後西欧諸国のアジア進出を警戒し、近代化の道を猛進していく。世界の中の東アジアという意識に目覚めた日本には、旧態依然たる近隣諸国の政治体制は日本の独立維持の阻害要因と映るようになる。つまり、清国や朝鮮が西欧諸国に侵略されたとき、そこを足がかりとして日本の独立が危険にさらされると考えたのである。当時においてそれは、ごく自然な発想であった。とりわけ、日本の喉元に突きつけられたナイフにたとえられる朝鮮半島は、最も近接した地理的関係から日本が最も動向を注視する対象であった。

一四世紀より朝鮮半島を支配していた李朝（李氏朝鮮）は、中国を世界の中心とする中華思想に基づく華夷秩序に身を置き、代々の中国王朝を宗主国と仰ぎ「属邦」として冊封された儒教国であった。冊封は、宗主国による朝貢国への直接の内政干渉を意味せず、儀礼の守られている限り緊張関係が必要以上に生じることのない安価な安全保障体制だったのである[(2)]。しかし、外来民族の征服によって中国の明朝が倒れ清朝が成立すると、李朝は朝貢を維持しつつも儒教の正当な継承者は自国であるという小中華思想を抱くという二重構造を生じていた。

一方で、李朝自体にあっては内政の政治腐敗が深刻であった。支配層である両班《ヤンバン》（貴族階級）は肥大化して人民の六割を占め、激しい党派対立を演じていた。官僚は汚職によって私財蓄積を常態化し、地方行政は崩壊、農民層は疲弊し、民乱の頻発を生んでいた。国政は国王の外戚一族が権力を独占する「勢道政治」が行われていた。

日本が明治維新を迎えた当時、朝鮮の政治は、幼少な国王高宗《コジョン》に代わってその父興宣大院君《フンソンテウオングン》が摂政として実権を握っていた。大院君は安東金氏《アンドンキム》による勢道政治を改め、税制改革、腐敗した両班儒生の巣窟となっていた書院の撤廃などの内政改革を行って中央集権の強化を図ったが、通商とキリスト教保護を求め来航し始めていた西欧諸国の商船には、「衛正斥邪」（正学＝儒教を衛り、邪学＝キリスト教を斥ける）を掲げて鎖国攘夷を強行していく。国内のキリスト教徒を弾圧してフランス人宣教師や信者数千人を処刑、これをきっかけにフランス艦隊と衝突（丙寅洋擾）、またアメリカ商船シャーマン号を焼き払ったことをきっかけとしてアメリカ艦隊とも衝突した（辛未洋擾）。しかし「隠れた王国《ハミット・キングダム》」と呼ばれていた朝鮮は西欧諸国にまだ重視されておらず、絶壁と遠浅の海に囲まれた地形も手伝って仏・米艦隊は撤退、大院君はこの結果に自信を深めていく。

独立に対する西欧列強の脅威への覚醒が遅れていた朝鮮半島の空白を埋めるべく、李朝を近代国際法秩序に引き込むことは、日本の安全保障上、とくに「朝鮮問題」と呼ばれ、当面の政治課題となっていく。その危機感は明治初年において必ずしも鋭敏なリアリティーの下に描かれていたとはいえず、具体的な方策もほとんど白紙であった。これに直接のきっかけを与えることとなるのは日朝交渉における朝鮮側の「非礼」であった。

征韓論の擡頭

江戸時代、李朝と徳川幕府は、「朝鮮国王」と「日本国大君」（徳川将軍）の間の対等な関係として交隣外交を行い、相互に通信使を派遣して信頼関係を構築していたが、幕末には交流が中断していた。明治政府は一八六九年一月、新政府の樹立を伝達する日本の国書を李朝政府に届けたが、あくまで従来の交隣関係の維持に固執する朝鮮側は、書式が従来と異なることや宗主国である清朝の皇帝のみが使用できるとされた「皇」や「勅」の文字が使用されていることなどを理由に反発し、受け取りを拒絶した。以後国交を回復するための交渉が重ねられたが、日本には中華の徳が及ばず、洋夷（西洋の野蛮人）に屈したとみなされ、関係は悪化の一途をたどっていく。

日本国内では一連の朝鮮側の対応が「非礼」であるとして問罪が叫ばれ、即時武力行使も辞さないとする強硬論を含めた「征韓論」が擡頭し始める。七三年一〇月にはいわゆる「征韓論政変」（明治六年政変）が発生、この事件は一般に「征韓」の実行を巡って政府が分裂し、内治優先を主張する大久保利通らに対して、西郷隆盛ら征韓派が敗れた事件と考えられている。

征韓論擡頭には日本国内の事情もみえ隠れする。すなわち、下級武士を主体とする集団であった明治新政府が、安全保障の問題を安易に外征論に転じる傾向があったことや、士族特権の剝奪によって職を失っていた不平士族に役割を与えて抑えることが、新政府を安定させるために急務であったことなどがそれである。つまり、征韓論に「征韓」それ自体や征韓後の具体的な構想があったわけではなく、未だ政権基盤が不安定で転覆の危機と隣り合わせであった新政府にとって、征韓は内向きな「目的」に発するものでしかなく、朝鮮は兵を送る対象として漠然と把握されていたのである。

さらに、征韓論の思想的背景には、幕末日本で広範に人心を捉え維新の原動力ともなった国学や水戸学の存在もある。これらは、日本の国力や歴史を他に秀でたものと強調する側面があり、神功皇后三韓征伐伝承をうけた「日鮮同祖論」も相まって、朝鮮を民族的に格下にみる風潮を生んでいた。征韓を主張して政府を突き上げる不平士族や民間にこのような見方が広く浸透していたことも、征韓論擡頭の大きな要因の一つであった。

日朝修好条規体制

一八七三年一二月、朝鮮では行き過ぎた排外政策を非難された大院君が権力の座を追われ、代わって国王親政が宣言されると国王の后閔妃《ミンビ》（明成皇后《ミョンソンファンフ》）とその一族である驪興《リョフン》閔氏が政治の実権を握る勢道政治の時代となった。閔氏政権は、日本の台湾出兵断行（七四年五月）以後、清国の勧告によって徐々に外交態度を軟化させていき、一方の日本は朝鮮に、開国と清国からの独立を要求する方針を明瞭にしていく。

依然として停滞している朝鮮側との国交交渉に風穴を開けたい日本は七五年九月、黒船来航によって日本が開国させられた砲艦外交の「故智」にならい、軍艦を派遣して示威行動を実行した。この行動は朝鮮側に砲撃を誘発、日本が応戦して江華島の砲台を占拠する事態となった（江華島事件）。この事件処理にあたって日本では征韓論も再燃するが、財政や士族の動向に不安定要素も多いため、翌年二月、日朝修好条規（江華島条約）を締結してこれを平和裡に解決する。

日朝修好条規は、日本が西欧諸国に結ばされたものと同様の不平等条約となっていたが、第一款に「朝鮮国ハ自主ノ邦ニシテ日本国ト平等ノ権ヲ保有セリ」と定めて清国と朝鮮の間の宗属関係を否定していた。さらに釜山ほか二港の開港による日本人の往来通商や日本人の居住、公使館開設などを定め、朝鮮の開国を規定した。これにより朝鮮は近代国際法秩序に第一歩を踏み込むこととなったのである。

この条約は日本にとって朝鮮を近代化に導くための「手段」であったが、他方国内に向けては、征韓論にことよせてくすぶっていた不平士族の反政府運動の糸口をつむという内向きな「目的」を有していたといえる。明治政府の対外方針は以後も、先行する国内の反政府勢力の強硬論との板挟みの中で決定されていく困難を毎度強いられたのであった。

その後一〇年間で、朝鮮は米、英、独、伊、露などとの間に修好通商条約を締結していく。日本は、通商の拡大を求めると共に、七三年、七六年の遣清使節派遣で清国から得ていた朝鮮内政への不干渉の言質を楯に、朝鮮と清国の宗属関係を完全に断ち切り、近代国際法秩序の中で独立の実体を備えさせるという「目的」のため、朝鮮国内で改革を志向する勢力を支援して内政改革を促していくこととなる。

3　朝鮮改革論の展開

朝鮮国内における開化派の登場

日朝修好条規に基づき、一八七七年にまず釜山が開港された。その後は元山（七九年）、仁川（八〇年）と大幅に遅れたものの、日本人商人は居留地での貿易を徐々に開始していった。首都である漢城（ソウル）への公使館設置による正式な外交関係樹立も遅延し、その実現は八三年まで待たなければならない。

この間、日本人居留民と朝鮮人との間で小さないさかいが絶えなかったため、明治政府は融和策として、仏教を通じた精神面での感化や警戒心の解放を図り、七七年九月東本願寺（真宗大谷派）の僧侶を朝鮮に派遣している。李朝は長く仏教を弾圧していたが、この方策は徐々に功を奏し朝鮮人の心も捉えていく。

東本願寺の布教所を訪れる朝鮮人の中に開化派と呼ばれる官僚グループを形成する若者たちがいた。金玉均《キムオクキュン》と朴泳孝《パクヨンヒョ》である。彼らは、世界情勢に通じる学者らから功利的な実学思想を学び、近代的改革を目指す開化思想を獲得しており、強力に近代化を推進する隣国日本に強い関心を抱くようになる。二人は国王への謁見を許された別入侍の地位を利用して国王にも開化思想を入説して徐々に信頼を得、宮中にも一勢力を形成するようになっていく。徐光範《ソガンボム》、洪英植《ホンヨンシク》などの青年も加わった開化派に、さらに清国への依存によって国を維持する志向の強かった閔妃一族の閔泳《ミンヨン》翊《イク》や、金弘集《キムホンジプ》、金允植《キムユンシク》、魚允中《ヲユンジュン》などの高級官僚からなるグループ（穏健開化派）も加わって勢力を拡大していく。

金玉均らは朝鮮において近代化政策を推進するため、直接日本を見聞しようと、七九年九月に、まず開化思想を共有する僧侶・李東仁《イドンイン》を日本に送って情報収集を試みる。続いて八一年一二月には、金玉均と徐光範が日本に渡り、見聞を深めていく。

一方、閔氏政権も八〇年六月、金弘集を正使とする修信使一行を日本に派遣、八一年五月には「紳士遊覧団」と称する総勢六二人の日本視察団を送り、近代化の現場を視察させている。同時に、清国への領選使や留学生派遣も行われた。また、同年には外交を担当する官庁として統裡機務衙門を設置するなど、清国の洋務運動を参考にした機構改革が行われる。このように閔氏政権は、限定的ながら日本も参考にしつつ近代化を受容していくかにみえた。しかし、朝鮮国内には儒者を中心に近代化の機運に反対する運動も高まりをみせるようになる。

壬午事変

開国以降近代化に向かいかけた朝鮮に、再び火種がくすぶり始めていた。前述の紳士遊覧団は、来日の際、駐日清国公使館員が記した意見書「朝鮮策略」をもち帰った。この意見書は「親中国」「結日本」「連美国」を掲げ、清国、日本、アメリカ（美国）の三国と朝鮮の連帯によって南下を目論むロシアに対抗することを主張し、開化派に大きな影響を与えたといわれる。しかし意見書の内容や近代化機運に反対する儒者たちは、辛巳斥邪上疏と呼ばれる激しい開国反対運動を行った。開港場では日本人商人が米や豆などの生活必需品を投機的に買い付けたため、朝鮮国内の食糧不足や米価の騰貴を発生させて反日気運を高め、日本人が襲撃される事件も発生した。

これらの火種が発火するきっかけとなるのは、日本が直接支援していた軍制改革であった。一八八二年七月、国庫の枯渇により俸給を長らく受け取っていなかった旧式軍隊の兵士が、大院君を担いで反乱を起こす。これが壬午事変（大院君の乱）である。政治腐敗の原因と目された重臣が殺され、閔氏政権は崩壊に追い込まれた。大院君は政務を旧に復し、統理機務衙門も直ちに廃止された。一方、反乱の矛先は優遇されていた新式軍隊・別技軍を指導する日本に向けられ、貧民や浮浪民も加わって日本公使館を襲撃、日本人軍事教官や公使館員数名が殺害された。花房義質公使は公使館と重要書類に火をかけて待避し、海上漂流中に英船に救助される状態であった。

逃れた閔妃一族はこの時、宗主国たる清国に援助を要請、李鴻章率いる清国軍は争乱を鎮圧し、大院君を天津に拉致して幽閉、閔氏政権を復活させた。日本は花房公使を全権として談判を行い、賠償金五〇万円、公使館保護の駐兵、謝罪を兼ねた修信使の派遣、被害者への補償などを含む済《さい》物浦《もっぽ》条約を締結した（同年八月）。

この事件により、閔氏政権内部は完全に分裂する。一時的に対日融和的態度をみせていた国王や閔妃一族は清国への依存一辺倒となり事大党（守旧派）を形成、これに穏健開化派も合流した。金玉均ら急進的な開化派はとくに独立党（日本党）と呼ばれるようになり、政権内では少数派として孤立を深めていく。結果として日朝修好条規の第一款は完全に空文化されてしまい、清国は宗属関係の強化を図るようになっていく。閔氏政権は清国軍の朝鮮駐留を許し、大院君が廃した統理機務衙門を清国に倣って統理交渉通商事務衙門（外衙門）と統理軍国事務衙門（内衙門）に分割、双方とも清国の推薦する顧問に監督させ、内政外交共に清国への依存を強める。日本が作り上げてきた日清韓関係は、ここにもろくも崩壊したのである。日本は国力不足の認識から、清国との全面対立を回避し、以後急速な軍備拡大を図ることとなる。

福沢諭吉の啓蒙活動

壬午事変後、明治政府による朝鮮内政改革策が行き詰まると、日本ではもっぱら民間で改革論が盛り上がりをみせる。とりわけ福沢諭吉は最も影響力のある形で朝鮮問題を論じた人物の一人である。福沢は、来日した開化派と接触して以降、朝鮮国内に近代化の胎動があることを知って関心を深めていき、徐々に発言を活発化させていく。

福沢の啓蒙思想の根本は、儒教主義と封建制度の因習を打破して、科学実証主義に基づく実学と国民の独立精神を宣布したことに集約できる。『文明論之概略』の中で、これら文明の精神を

「手段」として、国家の独立を維持することが当面の「目的」であると定め、国民全体が文明の道に進むことが独立を全うする唯一の手段であると説いていた。福沢にとって儒教主義から抜けられず、独立の精神を欠く朝鮮の状況は、二〇年前の日本そのものであり、自らが取り組んだ課題の再来と映ったのである。

当初彼は、西洋諸国が武力を背景として東洋に迫るさまを「火の蔓延」にたとえ、「東洋諸国、殊に我近隣なる支那、朝鮮等の遅鈍にしてその勢に当ること能わざるは木造板屋の火に耐えざるものに等し」として、「武以て之を保護し、文以て之を誘導し、速に我例に倣て近時の文明に入らしめざるべからず。或は止むを得ざるの場合に於ては、力を以てその進歩を脅迫するも可なり(3)」という強硬論を述べていた。自国の独立維持のために武力をもって「脅迫」してでも進歩に誘導することが、朝鮮文明化の現実的筋書きと考えていたのである。

しかし、八二年に金玉均と出会い、朝鮮国内に近代化を推進する信頼に足る勢力が存在することを確信した福沢は、前言を撤回し、彼らを援助して文明の必要性を朝鮮人自身に「発明」(主体的に気付かせる)させることが日本の役割であると強調するようになる。

福沢はこういう。「朝鮮の人民決して野蛮なるに非ず、高尚の文思なきに非ず」。しかし「数百年の沈睡」に慣れた眼ではまだ文明の方向性がよくみえず、方向に迷うもののようである。今その眼ではっきりみえるようにするには「威を以て嚇すべからず、利を以て啗《くら》わしむべからず、唯その人心の非を正して自から発明せしむるの一法あるのみ(4)」。福沢は、金玉均ら開化派を通じて朝鮮人が独立の必要性を「発明」し、文明主義に移行することに期待をもつようになったのである。

八二年一〇月、閔氏政権は壬午事変の謝罪を兼ねた修信使として、朴泳孝を正使とし、金玉均・徐光範らの同行する一行を日本に送る。この時福沢は、朝鮮人の「発明」に効果的ないくつかの「手段」を与えている。改革資金と新聞発行計画、洋学校設立計画であった。まず改革資金は井上馨外務卿との協力で一七万円の借款を手配し、修信使の必要経費と、日本への賠償金の一部に充てられ、残りが教育事業の資金とされた。新聞発行のためには、職人を集め、活字や印刷機が用意された。これらは、福沢の経験、すなわち彼の創立した慶応義塾の経営と彼の主宰する日刊新聞『時事新報』の発行に基づくものであることはいうまでもない。この資金の使途について監督するために福沢門下生の牛場卓蔵、高橋正信、井上角五郎らが渡韓した。

自由党の朝鮮改革計画

数カ月国を空けて帰国した修信使の独立党メンバーを待っていたのは、清国に依存する守旧色を一層強めた閔氏政権による左遷の憂き目であった。事大党の支配する政府を前に、福沢の勧めによる近代化構想は全く水泡に帰してしまい、牛場・高橋は朝鮮人留学生を引き連れて帰国してしまう。一人留まった井上は独自に事大党にも信頼を勝ち得て李朝政府に雇われ、新聞発行を実現に導くこととなる(一八八三年一一月創刊の『漢城旬報』)。この新聞は実質的に朝鮮初の近代新聞と称されるもので、官報の役割を担うと共に、国際事情や科学知識にも紙面を割く啓蒙的役割を負った。福沢の提案した啓蒙策は、わずかに新聞発行だけが実現をみたのであった。

なお、井上はさらに福沢の指示に基づいて、従来卑しい文字として下級階層や女性・子供にのみ用いられていたハングルと、知識層の文書に用いられていた漢文を混合して用いる文体を朝鮮の学者たちと研究し、これを用いた新聞を発行して、啓蒙思想の幅広い普及に尽力している（八六年一月創刊の『漢城周報』）。ハングルと漢字の混用は以後急速に普及していくこととなる。

国内で勢力を失った独立党の金玉均は、近代化推進に必要な費用を日本で調達しようと考え、八三年六月再来日する。前回日本を離れる際、井上外務卿が大規模な借款を約束していたことから、これを頼みとして三〇〇万円の借款を依頼するものであった。

ところが日本政府の方針は、あくまで清国との対立回避を主眼とし、朝鮮政府の近代化支援による独立の機運醸成をも並行的に行おうとする消極政策に修正され、急進的な改革を図る独立党は日本政府からも敬遠されるようになっていた。

行き場を失った金玉均は福沢に相談、福沢は深く信頼していた後藤象二郎に対応を一任した。土佐藩出身で明治維新の立役者の一人である後藤は征韓論政変で下野し、当時は自由党幹部として民権運動に連なっていた。彼は一〇〇万円の借款を引き受け、さらに朝鮮国王の委任状を得て自ら朝鮮政府顧問として渡韓し、近代改革を断行する計画を金玉均と共に密かに練ったといわれている。金と後藤の密約の詳細は定かでないが、金玉均は国王の国政委任状の用意のために帰国し、後藤は自由党の有志と、密かに資金準備のほか、義勇軍の編成、フランス公使館を通じたフランス艦隊の借用などを画策していたという(5)。計画の全体像は後藤だけが把握し、自由党総理たる板垣も一部のみを承知していたにすぎない。

甲申事変と独立党の壊滅

朝鮮国内では事大党と独立党の対立が激化していく。形勢不利な独立党にとって勢力挽回の機会到来となったのが一八八四年八月、清国の朝貢国であった越南（ベトナム）の領有を巡る清仏戦争であった。清国軍はこれに兵力を割かれたため、朝鮮駐留軍を大幅に削減したのである。これをみて日本政府は独立党の冷遇を一転して積極支援に転換する。独立党はこの変化を察知して日本公使館に急接近し、公使館の警備兵による援護を前提とするクーデターによって独立党政権を樹立しようと計画する。竹添進一郎公使は日本政府の追認が得られると見込み、独断でこのクーデター計画を支持し、同年一二月、金玉均らは閔氏政権転覆の武力クーデターを実行する。これが甲申事変（金玉均の乱）である。

郵政総局（朝鮮初の近代郵便局）の開局祝賀パーティーの夜、独立党メンバーが事大党の重臣を次々に暗殺、竹添公使は国王の警備要請に従う形で公使館の警備兵を使ってこれを援護した。その結果事大党は一掃され、独立党の新政権が発足、大胆な改革方針が発表された。その「新政綱」は、清国への朝貢廃止、人民平等と人材登用、政治・行政の浄化と制度の整備、税制改革、宮中改革、軍事・警察制度の整備などを掲げたものであった[6]。

しかし、間もなく袁世凱の指揮する清国軍が介入し、政権は文字通り三日天下で倒れたばかりでなく、独立党の多くが殺害され、暴徒と化した朝鮮人と清国兵は日本公使館を襲撃し、在留民間日本人約三〇名が壮絶な暴行の上に殺害された。竹添公使と在留日本人一行は敗走し、生き残った独立党の幹部、金玉均・朴泳孝・徐光範らは日本亡命に追い込まれた。

甲申事変の報に日本の国民世論は沸騰した。翌年一月には旧自由党左派を中心に三千人が集結した示威行動が行われて対清開戦を叫び、義勇兵編成の動きもみられた。これに対して政府は終始抑制的に行動し、国民はこれを弱腰と非難した。しかし事変に関する情報は、外務省の統制下

コラム　「脱亜論」をどう読むか？

福沢諭吉の対朝鮮政策論は「脱亜論」と表現されることが多い。「脱亜論」とは、福沢が主宰する新聞『時事新報』が一八八五年三月一六日に掲載した二二〇〇字余りの社説の題名であり、その内容は以下のようなものである。

日本が西洋文明に移行した一方で、近所に位置する清国と朝鮮は儒教主義の固陋を依然として守り、西洋文明の東漸に独立を維持できるとは思えない。日本の明治維新の如き大事業をもって人心の一新を図らない限り、その国土は世界文明諸国に分割されるだろう。そうなったならば日本は隣国の文明開化を待って共にアジアを興す猶予はない。むしろ西洋国と進退を共にして清国朝鮮との接し方も「正に西洋人が之に接するの風に従って処分す可きのみ」。

そして「悪友を親しむ者は共に悪名を免かる可らず、我は心に於て亜細亜東方の悪友を謝絶するものなり」と結ぶ。

福沢は『時事新報』にしばしば意図的に強烈な言葉を用いて、読者を強く誘導する世論のバランサーを自認していたことが知られており、それは時に同紙を入手していた李朝政府や清朝政府、さらに同紙を日本の高級紙と認識していた西洋諸国をも対象としていた形跡がある。この社説の掲載は甲申事変から三か月を経過し、日朝間の漢城条約締結を経て、日清間の談判のため、伊藤全権大使が出発しようとしていた時に当たる。朝鮮における独立党の存在を前提としてきた福沢の朝鮮支援策が、事変によって今や完全に失敗に終わったことに対する「敗北宣言」が「脱亜論」である（坂野潤治）と解釈する通説に加え、対清開戦もやむを得ないと考えていた福沢の立場から、清国に日本の強硬姿勢を示すポーズとしての外交的効果をも十分意識していたと考えるべきだろう。

時事論であるにもかかわらず、書かれた状況を捨象し、「処分」という言葉を「侵略」と読み替え、この「脱亜論」こそ福沢が朝鮮を見捨てて大陸膨張論の先鞭を付けた重要な画期であるとする見解は全く当たらない。しかし、掲載当時もその後数十年も全く話題にならなかったこの社説は、戦後突如として福沢の主張を代表する論説に加えられてしまったのである。

におかれて新聞は検閲され、日本公使の事変関与は伏せられた。

事変の結果、独立党は壊滅し、朝鮮国内に事大党と清国の駐留軍が残った。井上外務卿は自ら全権大使として朝鮮に出向き、事変責任論を回避して日本人に対する暴行についての朝鮮側の謝罪、賠償等を定める漢城条約を締結した（八五年一月）。さらに、伊藤博文宮内卿が全権大使として清国に赴き、日清両国軍の朝鮮からの四カ月以内の撤兵、内乱等で朝鮮に出兵する際の出兵相互通知等を定める天津条約を締結した（同年四月）。

同年一一月、日本では大阪事件が発生する。旧自由党左派が朝鮮に壮士を派遣して事大党の閣僚を除き、日本に亡命した独立党幹部を政権に据えて独立を実現し、返す刀で日本に立憲政体を打ち立てようと計画していたことが実行直前に露顕したもので、爆弾を携えて長崎より渡韓しようとするところを一斉に検挙されたのである。この計画は、不発に終わった後藤象二郎の計画の流れを汲むものである。首謀者大井憲太郎はじめ関係者は裁判において朗々と朝鮮改革の論理を説いた。その「意思」は「同情相憐み艱難相救ふの意思に出づる」もので、その「目的」は「朝鮮の独立安全を望むの好意に出で」るもので、その「行為」は「国を取るものにあらずして彼れの国を強めてヤル者」「身を朝鮮人の位地に置き其国力を増す者」と述べ、標的は通常の戦争のごとく国や人民ではなく、朝鮮の「一部分の奸党」に対するものであると強調した[7]。国民は彼らを「国士」ともち上げ、その義侠心を賞賛した。しかし、その実体は資金集めに窮して強盗を行い、内部分裂で資金がもち逃げされるといったお粗末なものであった。

一〇年前、征韓論に翻弄された不平士族が、民権派と名を変え再び朝鮮に矛先を向けたのがこの事件であったともいえ、その論理は一見緻密さを増しているようであるが、実現性の乏しさや朝鮮に主眼がないことなどで共通しており、発想として大差ないものであったことは否めない。

4　日清戦争と甲午改革

天津条約体制

独立党の壊滅によって朝鮮の自主改革が暗礁に乗り上げる一方で、英露の覇権争いがいよいよ東アジアを本舞台とするようになった。天津条約締結直後の一八八五年四月、イギリスがロシア南下への対抗策として清韓の宗属関係を利用し清国に許可を得た上で、朝鮮の巨文島を占拠したのである（巨文島事件）。イギリスはインド、ロシアはウラジオストックをそれぞれ守るため、アフガン戦争（七八～八一年）を経て、遂に朝鮮に目を付けたのである。

その一方で、李朝政府では国王の周辺で、清国の内政干渉を忌避し逆にロシアの保護の下に入る秘密協定を結ぶ動きが二度にわたって発覚（露韓密約事件）、宮中の政治性によって国家意思が一元化されない李朝政府の問題が如実に露顕した。

軍事力において依然清国が優位であることを認識していた日本は、日清協調によって朝鮮問題解決を図る方向に動く。朝鮮がロシアの影響下に置かれるよりはましと考え、方便として朝鮮における清国の勢力を認める選択をしたのである。天津条約の翌月、井上外務卿は「朝鮮弁法八ヶ条」において日清共同の朝鮮内政改革案を提示した。清国の主導で朝鮮の改革を行い、ロシアの勢力浸透を阻止しようとするものであった。その内容は、宮中の非政治化や日清両国に信頼のある金弘集・金允植・魚允中ら穏健開化派に実権を与えることなどからなり、日本との協議という留保が加えられて、清国による完全な支配をも一応牽制したものであった。

李鴻章はこの提案を拒否し、壬午事変後幽閉していた閔妃一族の政敵大院君を帰国させ、閔氏政権のロシア接近を牽制、さらに袁世凱を朝鮮に常駐させ、清国の影響力を強化する。旧来の宗属関係の体裁を維持しつつ、その関係を名として国際法秩序における事実上の植民国へと朝鮮の位置づけを実質的に変化させていくしたたかな政策であった。

朝鮮国内においては、清国を盟主とする中立国化論や、清国の干渉強化を牽制するための自主改革の動きが存在したが、果を挙げられなかった。日本は結局、清国の実質的支配下での朝鮮を是認して協調路線をとり、安定した関係を維持、一方で軍備拡張に専念していくこととなった。

九〇年三月、山県有朋首相は内閣に示した意見書「外交政略論」のなかで、日本の国土の「主権線」だけではなく、この領土の防衛に密接な関係を有する隣接地域を「利益線」とし、「我邦利益線ノ焦点ハ実ニ朝鮮ニ在リ」として、利益線が欧米諸国に侵略された場合、日本の独立維持が困難であるとの認識から、朝鮮の中立化と日清英独による永久中立の保証によるロシア牽制を主張した(8)。翌年にはロシアの軍事輸送路となるシベリア鉄道の敷設が開始され、ロシア南下の脅威はいよいよ急迫のものとなっていく。

憲法発布、国会開設と、内政に大きな変化が訪れた日本は、かたや軍備拡張を着実に進め、最新鋭の巡航艦の完成によって、清国への軍事的劣勢を克服しつつあった。清国との協調路線を変更することが可能な状況になっていくのである。

同時に日本には、朝鮮が自力で近代化し、独立を維持することが困難なのではないかという認識も広がりつつあった。日本は一貫して朝鮮の「独立」を前提に掲げその方向性を具体的に明言しなかったが、確実に日本の保護下での独立、すなわち保護国化へとシフトしていた。ホンネ（朝鮮の自力での独立維持困難）とタテマエ（朝鮮の完全独立）が分離をはじめ、遂にそれは再び合致することがなかった。

日清戦争の勃発

一八九四年三月、金玉均暗殺事件が発生した。閔氏政権は日本に亡命した直後から金玉均に刺客を送って執拗に殺害を企てていたが、清国と通謀して遂に上海におびき出し、国王の任命した朝鮮人刺客の手で殺害する計画を成功させたのである。遺体は清国の軍艦によって朝鮮に運ばれ残虐な陵辱が加えられ、共に移送された犯人は重職を授けられた。日本の世論は、国際法に反する清国の行動と、文明国にはほど遠い閔氏政権の行動を改めて目の当たりにし激昂する。

さらに朝鮮の内情を明らかにしたのが東学党の乱（甲午農民戦争）である。東学とはキリスト教（西学）に対抗して六〇年に崔済愚《チエジエウ》が創始した民衆宗教で、儒教・仏教・道教を混した現世利益的教義と西学排斥の思想が、農民運動の精神的支柱となっていた。

九四年二月、全羅道古阜郡で地方官の腐敗に対抗して発生した農民反乱は、東学の指導者全琫準《チヨンボンジユン》が「保国安民」の決起を呼びかけたことから、全羅道の農民数千人が結集する大規模な反乱に発展した。五月には全羅道の首府で李王家発祥地である全州を占領するに至る。

閔氏政権は打つ手が無く、袁世凱に清国軍の出動を依頼した。清国の干渉強化を牽制していた閔氏政権であるが、政権維持には代えられなかったのである。六月六日、天津条約に基づき清国は朝鮮出兵を日本に通知、翌日にはこれに対抗するため日本による派兵が清国に通知された。しかし六月一〇日には農民軍による弊政改革要求を受け入れた「全州和約」が成立したため、閔氏政権は日清両軍に撤兵を要求した。

日本は、長年の懸案たる朝鮮問題が再び先送りされることを嫌い、決着を付ける機会は今しかないとみていた。「我はなるたけ被動者たるの位置を執り、毎《つね》に清国をして主動者たらしむべし」(9)という方針の下、拒否されることを前提に日清共同での朝鮮内政改革実施を提案、これを清国が拒否すると、日本の大鳥圭介公使は清国軍の三倍に達した兵力を背景として単独で李朝政府に内政改革を要求した。七月二三日、日本軍は王宮を占拠、閔妃一族の政敵大院君を担ぎ出し、穏健開化派と新開化派からなる新政権を誕生させるクーデターを断行した。新開化派とは、少数ながら旧開化派を継承しようとしていた勢力で、兪吉濬《ユギルチユン》、尹致昊《ユンチホ》ら少壮官僚がこれを構成していた。七月二五日、李朝政府は日本の圧力の下、清国からの独立を宣言、清国軍の駆逐を日本に要請した。日本海軍はこの日、豊島沖で清国軍を攻撃して交戦状態に入り、陸軍も二七日牙山で開戦した。八月一日、日本は正式に宣戦布告を行い、ここに日清戦争が開戦したのである。

甲午改革の断行と挫折

日清開戦の一方で開始された朝鮮の内政改革が甲午改革(甲午更賑)である。まず日本主導で政体の大改革が行われ、内閣制を採用して穏健開化派の金弘集を総理とする組閣が行われた。また、立法機関として軍国機務処が設置され、新開化派を中心とする人材が配された。軍国機務処は、宮中の非政治化、行政機構の確立と地方自治制の導入、財政改革、人民の平等、留学生派遣などの文化政策をはじめ二〇八件にわたる改革事業を議決していく(10)(第一次甲午改革)。

しかし、これらの改革案は、当然日本の支援を背景として決定されていたから、官僚の多数がこれに従わず、権力を奪われた国王や閔妃一族も権力の奪還を優先して様々な妨害工作を行い、政府内での新たな党派対立が激化していく。また、大院君も改革の意思を全く欠いていた。一旦解散していた農民軍はこの政情を、日本と結託した新開化派が「改革」の名の下に国を誤らせていると受け止め、「斥倭斥化」(日本を斥け開化を斥ける)を掲げて再蜂起する事態となった。こうして最初の改革は間もなく暗礁に乗り上げる。

日本は一八九四年八月、将来にわたる目標として「朝鮮ヲ名義上独立国ト公認スルモ、帝国ヨリ間接ニ直接ニ永遠若クハ或ル長時間其独立ヲ保護扶持シ、他ノ侮ヲ禦クノ労ヲ取ル事」とする大まかな方針を閣議決定し(11)、この停滞を打開すべく、大鳥に代えて内務大臣の井上馨を公使として派遣(同年一〇月)、顧問同様の立場で国政改革の指導を開始する。

井上は「改革要項二十ヶ条」を提示、その内容は、宮中の非政治化、近代的法治国家体制の創出と日本人顧問官による監督、借款供与と利権獲得による朝鮮の日本への経済的従属、の三つに集約でき、それぞれ着手されるとともに(12)、大院君が排除された。間もなく第二次金弘集内閣が成立すると、亡命していた旧開化派の朴泳孝と徐光範も入閣したほか、諸派閥から人材が採用される挙国一致の体制が取られた。農民軍も間もなく鎮圧され、翌九五年一月には、高宗が歴代国王を祀る宗廟で独立誓告式を行い、「洪範十四条」と呼ばれる内政改革項目を読み上げて改革を内外にアピールし、改革が実現に向け動き出した(第二次甲午改革)。

一方、日清戦争は日本の完勝に終わり、三月下関条約が締結され講和が成立した。これにより、日本は朝鮮から清国の勢力を排除し、二億両《テール》の賠償金と遼東半島、台湾を獲得することとなったのであるが、講和の六日後の三国干渉により、遼東半島の放棄に追い込まれた。ロシアが南下の意思を露骨に示したものであったが、李朝政府はこれをみると、ロシアに急速に接近する。日本主導の内政改革の継続は、ロシアへの警戒から中断を余儀なくされる。朝鮮問題でロシアと対峙する余力の残っていなかった日本政府は、またしても不干渉方針に転じざるを得なくなった。六月、第二次金弘集内閣が崩壊して甲午改革は挫折、井上公使は帰国の途についた。七月、高宗はここまでの改革を否定し、再び親政を宣言した。日本主導による二度の改革はこうして完全に失敗するのである。

李朝政府のロシア接近

一八九五年八月に成立した第三次金弘集内閣では、親露派が多数を占めるようになっていた閔氏勢力が実権を奪還し、開化派勢力の一掃が進められた。九月に井上公使に代わって着任した三浦梧楼公使は、この危機的状況を打開しようと日本守備隊や民間日本人、朝鮮人とも共謀して政変を実行する。これが、同年一〇月の閔妃暗殺事件（乙未事変）である。閔妃が殺害され、再び大院君を担ぐ開化派による第四次金弘集内閣が成立した。

事件は日本政府が全く関知しない暴挙であった。三浦公使は召喚され関係者と共に訴追された。しかし日本の世論は彼らを「国士」ともち上げ、英雄に仕立て、関係者は証拠不十分などを理由に全員無罪・免訴となった。

翌月には親露派・親米派による第四次金弘集内閣転覆クーデターが勃発するも失敗に終わるが（春生門事件）、九六年二月には、ロシア公使が首謀者となり、「日本が国王の廃位を企てている」

と国王父子をそそのかしてロシア公使館に遷座させる政変が発生した（露館播遷）。高宗は閣僚五大臣を逆賊として捕殺するよう命じたため、金弘集・魚允中ら開化派閣僚は惨殺、兪吉濬らも日本亡命に追い込まれた。日本にとって、これまでの政策が全て水泡に帰し、甲申事変後の朝鮮と同様の状況に陥ったのである。

一方で強まったのは高宗の独裁的権力であった。一年後王宮に戻った高宗は、九七年一〇月皇帝即位式を行い、さらに国号を大韓帝国と改称した。高宗の親政は党派争いを助長したばかりで、国内の統合を阻害する要因として作用する。

絶え間なく構想が続く朝鮮の内情に、日本人には朝鮮を政治的に侮るだけでなく、民族的に格下に蔑む傾向が一掃強まるようになる。征韓論以来、大阪事件（八五年）、防穀令事件（九二年）、玄洋社や黒竜会の活動、李鴻章狙撃事件（九五年）、そして閔妃暗殺（九五年）と、朝鮮を巡って日本に生じた強硬論と行動は、常に民間において先行し、その暴走は状況を悪化させる方向に働いた。陸奥宗光は、日清戦争における国民世論について「我が国古来特種の愛国心」は、「諸事往々主観的判断のみに出で、毫も客観的考察を容れず。唯々内を主として外を顧みず。進んで止まることを知らざる形勢なりし」と、分析し「徒に愛国心を存してこれを用いるの道を精思せざるものは、往々国家の大計と相容れざる場合あり」[13]と厳に戒めていた。

日清戦争による「改革」のチャンスは霧消し、日本は遂にロシアとの直接対決の道をたどっていく。

5 「併合」への道

日露戦争から保護国化

以後の情勢は、日露戦争から韓国の保護国化、そして併合へと急展開を遂げていく。
一九〇〇年六月、清国で大規模な排外運動が発生し、鎮圧のため西欧諸国と共に日本は共同出兵した（義和団事件、北清事変）。ところが、ロシア軍だけは鎮圧後も引き揚げず、満州（現在の中国東北部）を軍事占領する。

日本国内ではこれに対して、韓国における日本と、満州に対するロシアの立場を、それぞれ承認する満韓交換論に立って日露協商を目指すか、ロシア牽制のため日英同盟を結ぶかが議論され、〇二年一月、日英同盟が締結される。一方ロシアは、清国との間で満州還付に合意したにもかかわらず撤兵せず、さらに韓国進出の気配をみせた。

〇三年八月から日露間交渉が行われたが交渉は決裂、清国は中立を保持、韓国は実力をもって支配下に置く、という方針の下、日本は〇四年二月の日露開戦を迎えた。

日露戦争において日本は勝利を収めていくが、戦力消耗は激しく、アメリカの講和斡旋により、〇五年八月からのポーツマス講和会議にこぎ着けた。講和条約は、日本の韓国における政治的・軍事的・経済的優越権の承認、日本の対韓指導・監理・保護の措置を妨げないこと、遼東半島の租借権を日本に譲ること、長春旅順間の鉄道権益を日本に譲ること、南樺太の割譲などを規定した。

郵便はがき

料金受取人払

京都北局
承　　認
80

差出有効期限
2008年3月31日
まで〈切手不要〉

6038789

026

京都市北区上賀茂岩ヶ垣内町71

法律文化社
読者カード係　行

ご購読ありがとうございます。今後の企画・読者ニーズの参考，および刊行物等のご案内に利用させていただきます。なお，ご記入いただいた情報のうち、個人情報に該当する項目は上記の目的以外には使用いたしません。

お名前（ふりがな）	年　齢
ご住所　　〒	
ご職業または学校名	
ご購読の新聞・雑誌名	
関心のある分野（複数回答可） 法律　政治　経済　経営　社会　福祉　歴史　哲学　教育	

愛読者カード

◆書　名

◆お買上げの書店名と所在地

◆本書ご購読の動機

□広告をみて（媒体名：　　　　　　）□書評をみて（媒体紙誌：　　　　　　）
□小社のホームページをみて　□書店のホームページをみて
□出版案内・チラシをみて　□教科書として（学校名：　　　　　　）
□店頭でみて　□知人の紹介　□その他（　　　　　　）

◆本書についてのご感想

内容：□良い　□普通　□悪い　　価格：□高い　□普通　□安い

その他ご自由にお書きください。

◆今後どのような書籍をご希望ですか（著者・ジャンル・テーマなど）。

＊ご希望の方には図書目録送付や新刊・改訂情報などをお知らせするメールニュースの配信を行っています。

図書目録（希望する・希望しない）

メールニュース配信（希望する・希望しない）

〔メールアドレス：　　　　　　　　　　〕

韓国との間では、日露開戦直後の〇四年二月、日韓議定書によって戦争に必要な便宜と土地の提供、施政改善につき日本の忠告を容れることを規定、同年八月第一次日韓協約では、日本人の財政・外交顧問を置くことなどを定めた。そして〇五年一一月、第二次日韓協約（乙巳保護条約）で韓国の外交権を剝奪し、統監府を設置して、韓国を保護国化したのである。

そして併合へ

日本は韓国の独立を前提に、統監府による独占的な保護の下で、近代国家としての体制とインフラの整備を進めていく。しかし、一九〇七年六月、オランダのハーグで開催中の万国平和会議に高宗が密使を派遣して保護条約の無効を訴えようとしたハーグ密使事件が発生、伊藤博文統監は高宗に譲位を迫り、七月の第三次日韓協約では、司法権、官吏任免権など内政も日本の管轄下に置き、さらに秘密取極書で韓国軍隊を解散させた。司法制度・教育・金融・殖産興業などの「自治育成政策」が実施されていたこの時点で伊藤統監は、併合を得策とせず、保護国路線の維持を目指していた。その一方、親日政権である李完用《イワンヨン》内閣を成立させ、東学教徒の指導者李容九《イヨング》、宋秉畯《ソンビョンジュン》による民間団体である一進会を育成したが、各地では儒者を指導者とする反日義兵による抵抗運動が頻発した。

間島問題を巡る米露との交渉などを契機として日本の保護国路線は転換され、〇九年七月、政府は「適当ノ時期ニ於テ韓国ノ併合ヲ断行スルコト」、それまでは「充分ノ保護ノ実権ヲ収メ努メテ実力ノ扶植ヲ図ルベキコト」を閣議決定する。(14) その目的として、「韓半島ニ於ケル我実力ヲ確立シ、併セテ韓国ト諸外国トノ条約関係ヲ消滅セシムル」ことや、「皇室ヲシテ名実共ニ全然政権ニ関係セザラシメ、以テ韓人ノ異図ノ根本ヲ絶ツコト」が挙げられた。〇九年一〇月、併合に消極的であった伊藤博文前統監の暗殺を経て、一〇年六月には「併合後ノ韓国ニ対スル施政方針」が決定された。

一九一〇年八月二二日、「両国間ノ特殊ニシテ親密ナル関係ヲ顧ヒ、相互ノ幸福ヲ増進シ東洋ノ平和ヲ永久ニ確保セムコトヲ欲シ、此ノ目的ヲ達セムカ為」として韓国併合条約が調印され、八月二九日に発表された。ここに韓国という国号は消滅し、日本の領土に編入されたのである。

回想としての「改革運動」

併合という終着点によって、日本はドイツやフランスよりも広い領土を有する近代国家となった。驕慢の心を生じたことも間違いない。そして、この複雑な「改革」を巡る政治過程に関与したことは、一種の手柄話として記憶の再

コラム　「京城」という地名

李朝は、建国の二年後の一三九四年に今日のソウルの地・漢陽に遷都、翌年これを漢城と改称した。以後一九一〇年に至るまでこの地に首都がおかれ、制度上の正式名は「漢城」であった。しかし公式文書であっても慣用的に様々な呼称が混用されていた。開国以降の朝鮮は、各国との条約において自国の首都を「漢陽京城」と表記することが最も多く、これを欧文では「Hangyang（Seoul）」としており、「京城」は「ソウル」と読む固有名詞であるという。[16]

韓国併合に当たって日本は「京城《けいじょう》」を正式名とし、国際的には引き続き「Seoul」と呼ばれた。米軍統治下の四六年九月に「ソウル特別市」となって、今日に至っている。

「京城」は、「みやこ」を指す一般名詞から日本が勝手に作った差別用語であるとする見解が流布し、使用が忌避されたことから、日本の歴史書の表記は今なお混乱しているが、右のようにこの呼称は歴史的に李朝に存在し、対外的に用いられていたものなのである。

なお、中国では今日までソウルを「漢城」と呼んできたが、二〇〇五年一〇月、ソウル市の申し入れを容れて「首爾《ショウエル》」という表記に変更した。

構築が行われ、虚実取り混ぜに氾濫した。

征韓論者が顕彰され、大陸浪人は武勇伝を語り、新聞には対韓交渉に関係した古老の旧懐談が連載される。一〇年前に没した福沢諭吉も功労者の一人にあげられた。同様の話は際限がない。また、儒教主義を克服して近代化した日本と、度重なる「改革」の機会を逸した朝鮮とを比較して、後者は「文明程度」が同じではないと蔑み「日本臣民たる韓人」として内地の日本人とは区別され、差別を受けた。明治以降の日本の成功と一体を為す、文明主義の陥穽をここにみることが出来る。

そしてこの価値観は、一九四五年八月一五日を境として、再び大逆転することとなる。「改革」への関与は糾弾の対象に転落したのである。一〇年八月と四五年八月の二つの分岐点が、近代日朝関係史を描写する上で、大きな懸隔を生じさせることとなっていることは、十分留意されなければならない。

福沢諭吉は最晩年の一八九八年の時点で朝鮮問題が「今日の有様に及びたる始末」を振り返り、その「失策」は「二個の原因」に帰するほか無いと述べている。それは、日本人が「義侠心に熱した」ことと「文明主義に熱した」ことであるという。義侠心なるものは国と国との関係において「効用」の無いものであるにもかかわらず「小を助けて大を挫くの爽快なりとして非常に熱したる」結果は、壬午・甲申・甲午・乙未における「我義侠に対する報酬」であると。そして「文明主義」は「自国の経験を其儘に只管他を導て同じ道を行かしめんと勉めたる」「失策」であり、その結果は「彼等をしてます〳〵日本を厭ふの考を起さしめたるに過ぎざるのみ」。そして彼が至った結論は結局朝鮮が国際的に置かれている状況を「次第に自から悟らしむるに在るのみ」、すなわち彼らに「発明」させるという十数年前の結論であった[15]。福沢の反省は、日本がこの後も引き続き踏むことになる轍を的確に説明して余りあるものであるといえるのではなかろうか。

6　おわりに

「朝鮮改革」を名とした日本の対朝鮮政策は、このように実に蛇行した経過を経て韓国併合という終着点を迎えたのであって、決して直線的に導かれた結論ではなかった。ある者は義侠的精神をもって内政改革と真の独立を「改革」の言葉に込め、ある者は「改革」にかこつけて領土拡大を意図した。「改革」という最大公約数的な語彙によって、朝鮮への施策は結果的に併合へと収斂されていったのである。それは日本自身が国際法秩序の中での生き残りを模索する過程と表裏をなす、相対的な選択であった。

その結果もたらされたのは、日本自身の一層の困難であったといわねばなるまい。日本は西欧諸国に伍する「一等国」となったが、他方「主権線」をさらにロシアに接近させ、新たに満州における大陸問題が生まれ、また自らを東アジアの民族運動の矢面に押し出し、自身の立場を逆に追いつめる結果となったのである。

注

(1)　本章では歴史用語として「朝鮮」という呼称を用いるが、朝鮮半島を指す言葉として当時から「韓」の字も用いられていたことから、適宜「韓」という呼称も混用する。また、一八九七年に「大朝鮮国」は国号を

「大韓帝国」と改めるので、以後の時期は「韓国」の呼称を用いる。
(2) 茂木敏夫「中華帝国の『近代』的再編と日本」『岩波講座近代日本と植民地一　植民地帝国日本』(岩波書店、一九九二年)一二四頁。
(3) 「時事小言」岩谷十郎・西川俊作編『福沢諭吉著作集　第八巻』(慶應義塾大学出版会、二〇〇三年)一三六頁。
(4) 「牛場卓造君朝鮮に行く」岩谷十郎・西川俊作編『福沢諭吉著作集　第八巻』(慶應義塾大学出版会、二〇〇三年)二四二～二四三頁。
(5) 『自由党史　下巻』(岩波書店、一九五八年)一二四頁以下。
(6) 井上角五郎先生伝記編纂会『井上角五郎先生伝』(一九四三年)五八～五九頁。
(7) 平野義太郎『馬城大井憲太郎』(風媒社、一九三八年)一五〇頁。
(8) 大山梓編『山県有朋意見書』(原書房、一九六六年)一九六頁以下。
(9) 陸奥宗光『蹇蹇録』(岩波書店、一九八三年)二六頁。
(10) 森山茂徳『日韓併合』(吉川弘文館、一九九二年)四七頁以下。
(11) 外務省編『日本外交文書　明治期第二七巻第一冊』(日本国際連合協会、一九四九年)六四八頁以下。
(12) 森山・前掲書(注10)五三頁以下。
(13) 陸奥・前掲書(注9)一八〇～一八一頁。
(14) 「朝鮮政策確定ノ件」市川正明編『韓国併合史料3』(原書房、一九七八年)一二五四頁以下。
(15) 「対韓の方針」『福沢諭吉全集　第一六巻』(岩波書店、一九六一年)三二六～三二九頁。
(16) 原田環「近代朝鮮における首都名の表記について」『朝鮮の開国と近代化』(渓水社、一九九七年)三三七頁以下。

第Ⅱ部　民主主義の消長

第5章　大正デモクラシーと普通選挙運動

吉田　博司

1　はじめに

大正期は明治期とくらべて、飛躍的に民衆の政治的影響力が増大した。それは政府の地位を左右するほどの示威運動として、また、国民代表機関である議会の権力伸長ひいては政党内閣時代の到来として、あるいは普通選挙運動およびその成功にともなう無産政党（社会主義政党）の結成として展開した。これを大正デモクラシーという。

この民衆の政治的台頭は、明治期からそのエネルギーをたくわえてきたものであり、大正デモクラシーの時代区分において、一九〇五年の日露講和条約反対運動にさかのぼる議論が多い。日露戦争という近代戦争が、兵役、税金、国債といった国民的負担に依存せざるをえなかったことが、国民を政治的に覚醒させた一因であったことは否めない(1)。

本章は、日露戦争後から無産政党結成の時期にかけての民衆運動と政治過程、およびその間の代表的オピニオンリーダーの政治思想と役割を検討することにより、大正デモクラシーの歴史的意義と問題を再確認するものである。

2　第一次憲政擁護運動

桂園時代と大正政変

日露戦争後から大正初頭までの政局は、藩閥官僚勢力の代表である桂太郎（長州閥、陸軍大将）と、議会最大勢力政友会（総裁西園寺公望）との妥協による政権交替劇であった。いわゆる桂園時代である。

一八九〇年の議会開設後も、明治維新の立役者であった長州、薩摩両藩出身の藩閥官僚は、内閣組織の際政党に干与させない大権内閣主義のイデオロギー（超然主義ともいう）をもって政権を独占しつづけたが（隈板内閣を例外として）、桂園時代はそのイデオロギーが弱体化しつつあったといえる。桂園時代の終末に展開した「閥族打破、憲政擁護」をスローガンとする第一次憲政擁護運動は、まさしく明治の閥族支配への正面からの挑戦であった。

第二次西園寺内閣は一九一二年一二月五日総辞職した。原因は陸軍二個師団増設をめぐる閣内対立であり、増設要求を拒まれた上原勇作陸軍大臣が辞職したまま、その後任が得られなかったことにある。一二月一七日、大命は桂太郎（当時、内大臣兼侍従長）に降下した。これを機に桂内閣打倒の運動は都下から全国に拡がり、議会を民衆が取り巻く騒擾のうちに、翌年二月一一日、桂内閣は総辞職に追い込まれた。これを大正政変という。

護憲運動の背景

この政変をもたらした第一次憲政擁護運動の背景として考えられるのは、まず、日露戦争以降醸成されてきた国民の政治的覚醒である。戦後国民は税負担の軽減を求めており、西園寺内閣の財政整理方針はその要求に適うものであった。ところが、陸軍は相変わらず強兵政策を主張し、内閣を瓦解に導いてしまった（当時、軍部大臣資格者は現役の大・中将に限定されており、軍部は大臣候補を推薦しないことにより内閣を崩壊させることができた）。軍国の重圧から解放されたい大正新時代に、なおも軍部は立ちはだかったのである。しかも、長州軍閥の巨頭であり、かつて日露戦争で見返りのない負担を強いた桂が、陸軍を迎えることもなく、宮中から優詔という天皇の権威をかりて三度目の内閣組織に乗り出したのである。[2]「閥族打破」は、こうした状況下の国民にはうってつけのスローガンであった。

つぎに、同じく軍国の負担にあえいできた経済界の政治的覚醒である。戦後、商業会議所は戦時下特別税の廃止を訴えてきたから、西園寺内閣を増師反対の立場から強く支持していた。[3]また、慶應義塾系のサロン交詢社に集う財界人、新聞人、代議士は「憲政擁護」のスローガンと運動資金を提供し、第一次憲政擁護運動の推進役をつとめた。そこで計画された憲政擁護会（第一回、一二月一九日、歌舞伎座）[4]を皮切りに、翌年二月までの間、桂の議会停止策への反発もあって、全国各地で大会が開催されていった。

第三に、藩閥官僚との妥協ではもはや満足できない政党人の権力志向の昂まりである。運動の先頭に立ち、各地を演説行脚した尾崎行雄（政友会）、犬養毅（国民党）は民衆に英雄として迎えられ、「憲政の神様」の異名を奉られた。かれらには、政友会鎮静化のために西園寺総裁に下さ

コラム　尾崎行雄の桂内閣弾劾演説

一九一三年二月五日、議会停会明けの日、内閣不信任動議が成立した後、尾崎行雄は、桂の非立憲的政治手法を厳しく責め立てる名演説をした。

「其論点たるや、第一は身内府に在り、内大臣兼侍従長の職を辱りして居りながら、総理大臣と為るに当っても、優詔を拝し、又其後も、海軍大臣の留任等に就て、頻りに優詔を煩し奉りたると云ふことは、宮中府中の区別を紊ると云ふのが、非難の第一点であります。……

彼等は玉座を以て胸壁と為し、詔勅を以て弾丸に代へて政敵を倒さんとするものではないか。」

立憲政治は責任政治であり、責任を問われない君主の政治利用は立憲政治の根本精神に反する。しかし、桂だけでなく、伊藤博文もかつて議会の反対を乗り切るために詔・勅語を利用した。これでは立憲政治の本来の機能（議会が政府責任を質すこと）は働かない。

桂は懲りずに三たび西園寺への優詔を奉請し政友会を抑えようとしたが失敗するのである。

れた勅諚も神通力を発揮できなかった。

第四に、桂が桂園時代に終止符を打ち、自らの新党（立憲同志会、一三年一月二〇日覚書発表、二月七日発会式）によって政局を打開しようとしたことが、かつての盟友政友会を決定的に離反させ、多くの党員を奪われた国民党の敵意をかきたてたことである。官僚の手になる政党結成が護憲運動を逆に盛り上げたのは歴史的皮肉といえよう。

最後に、多くの民衆を大会へ、示威運動へと参加せしめた都市化という因子である。新聞、雑誌の普及ということだけでなく、マスの心理も見逃せない。都市の大衆は失われた連帯感情に飢えており、なんらかの連帯の契機が到れば、すすんでその輪の中に入っていったと思われる。その横溢する感情が、交番や新聞社の焼き打ちという狼藉をも働かせたのであろう。

政党政治化

第一次護憲運動は、しかし、完全な閥族打破も政党内閣樹立も実現できなかった。桂内閣に代り成立した山本権兵衛内閣は、いわば中間内閣である。首相は薩摩閥の海軍大将であり、政友会は与党としてこれを助けた。山本内閣は憲政運用において政党を重視することを明らかにし、軍部大臣現役制を改革した（軍部大臣資格を予備・後備の大・中将にまで拡げた）。この点、かつての超然内閣とは性格を異にしており、政党政治化は進んだといえる。

このあと、大隈内閣（大隈は党外、与党は立憲同志会）は政党政治化をさらに進めたが、寺内超然内閣（寺内正毅は長閥の陸軍大将）の成立でその流れは休止する。しかし、原敬、高橋是清を首班とする政友会内閣が続き、加藤友三郎（海軍大将）、山本権兵衛、清浦奎吾（山県有明系官僚）を首班とする非政党内閣がその後続くという風に、政党政治化の波が押したり押し返されたりしたあげく、ついに官僚内閣の堤防を突き崩す第二次護憲運動が興される。

3　普通選挙運動と第二次護憲運動

普通選挙期成同盟会

大正期は民衆の政治的台頭の時代であるが、それを象徴するのが普通選挙運動である。普選は広く国民に有力で合法的な政治参加を保障するからである。

普選運動ははやく、明治三〇年代にはじまるが、それは知識人・ジャーナリスト、政界人、社会主義者からなる一部の勢力の啓蒙運動にとどまり、大正期のような一般市民、学生、労働者を巻き込む大衆社会運動にまで発展しなかった。

一八九七年七月、信州松本に中村太八郎、木下尚江ら地元の少数インテリが普選運動の小さな旗上げをした。普通選挙期成同盟会である。二年後、彼等の組織づくりは東京に波及し、一〇月二日、ジャーナリスト、政界人ら三〇余名により、普通選挙期成同盟会が組織された。翌年早々、この二つの同盟会は貴衆両院に請願書を提出し、本格的な普選運動の出発点を刻むのである。[5]同盟会（東京）の趣意書は、愛国憂世の立場から、普選による富豪政治の打破、社会騒擾の予防、金権政治の一掃を主張するナショナリズムに満ちた内容であった。[6]

まもなく、片山潜、安部磯雄ら社会主義者、万朝報、二六新報の記者も入会し、同盟会の啓蒙活動は活発化した。こうして、一九〇二年二月には、中村弥六らにより普選案ははじめて衆議院に提出され、一一年三月には、松本君平らの普選案は衆議院を通過するまでになった。ただし、貴族院では満場一致により否決された。衆議院側はこの事態を見越していたらしく、熱意をもって普選案を通過させたわけではなかった。[7]

この年五月二九日、同盟会は当局からの圧迫を受け、解散を余儀なくされる。前年の大逆事件により、社会主義者への弾圧が強化された余波である。この事件に関与したとして死刑判決を受けた幸徳秋水は、同盟会創設時の会員であった。

運動の展開

明治末の大逆事件は社会主義の「冬の時代」をもたらしたが、普選運動は立ち消えたわけではなかった。東洋経済新報は普選論を主張しつづけ、大正の新参雑誌第三帝国は普選請願運動を読者に呼びかけた。一四年一月には、中村太八郎、山路愛山（明治社会主義者）、片山潜らにより同盟会は再興される（普通選挙同盟会と改称）。しかし、こうした第一次護憲運動後のデモクラシー風潮に乗った活動は、いざ実践という段階では官憲の圧迫をうけ思うように運動を展開できなかった。社会主義者が加わっていたからである。

普選運動が本格的に大正デモクラシーの波に乗って展開するのは、一八年九月成立した原敬政友会内閣の時代になってからである。名目だけの存在と化していた同盟会は、一九年のはじめ、中村太八郎、松本君平、河野広中らの古強者に、石橋湛山（東洋経済新報記者）、西岡竹次郎（青年社会運動家）等の新勢力を加え、同年以降の運動の大衆化に先鞭をつける。すなわち、西岡の影響下にあった普通選挙促進同盟会が、東京帝大新人会をはじめとする都下の学生団体と連携し、二月一一日、日比谷で示威運動を挙行したのに続いて、三月一日、普選同盟会は日比谷公園における国民大会を主催した。ここに一万（数万ともいう）の民衆が参集し続いて整然としたデモを成功させたのである。

一方、京都や大阪では、労働組合友愛会により、普選要求の講演会や大会が盛んに開催されていた[8]。

この民間の普選熱に議会、政府はどう対応したであろうか。このとき、原内閣下の第四一議会では、選挙権資格拡張（直接国税一〇円以上から同三円以上へ）が実現されたにとどまり、野党の間にも少数議員をのぞき普選案提出の動きはなかった。野党が普選案を提出するのは翌年の第四二議会からである。この間、普選同盟会をはじめとする各団体の連合組織「全国普選連合会」が結成されるなど、民間の普選運動はさらに全国で盛り上がっていったからである。院内の普選派は、この院外の圧力を背景に、普選反対の原内閣に迫ろうとした。すなわち、普選派代議士一七二名は芝公園に一大懇心会を開き、全国普選連合会の参加を得て民衆を大示威運動に参加させた[9]。

しかし、普選三派（憲政会、国民党、院内実行会）の足並みがそろわないこともあり、原内閣は解散によってこの議案提出に対抗した。その理由は、選挙法は改正したばかりであり、また提案説明にいう階級制度打破は現在の社会に脅威を与える、というものであった。

解散による与党勝利は、院外の運動に少なからぬ影響を与えた。労働組合の一部は議会否認のイデオロギーに吸引され、戦列を離れたのである。しかし、この後も全国普選連合会をはじめとする諸団体は忍耐強く運動を継続し、院内普選派も統一案に向けて努力した。第四五議会には、憲政会が「独立の生計」条項を削り、統一案が成立、提出された。

このとき院外では、全国普選デーと銘打った国民大会がたてつづけに開催され、全国各地もこれに呼応した。そして翌年、第四六議会中には、一〇万人の大行列といわれた大示威運動が普選連合会の指揮の下に挙行される。

しかし、ようやく政府が普選案に取り組む姿勢を表明するのは、第二次山本内閣にいたってからである。その背景には、思想悪化や存郷軍人の要求などがあり、内閣には普選積極派の犬養毅、後藤新平らが列していた。ところが、普選内容・実施期に関する閣内調整がもたつく間に虎之門事件（摂政宮狙撃事件）が起き、内閣は総辞職してしまう。

運動の背景

普選運動が勃興した背景には、第一次大戦下のデモクラシー風潮があった。ドイツのオートクラシー（専制政治）に対する英米側のデモクラシーの戦いという大戦の名分が、日英同盟を口実に参戦した日本の言論界にも影響を与えたということである。そのなかで、はじめて本格的な政党内閣（原政友会内閣）が誕生し、デモクラシー風潮を煽ったといえよう。平民宰相ともてはやされた原は、衆議院議員として首相になった最初の人物である。

つぎに、大戦期の資本主義の発展とその矛盾の露呈である。物価高騰と成金の出現は社会的不満を増大させ、米騒動のような国民的騒擾事件をひき起こした。国民は生活上、否応なしに政治的発言力を求めざるをえなくなっていた。(10)

背景の三は、普選運動を大きな運動として展開せしめた十分な組織、団体がこの間簇生していたことである。なかでも労働組合は大戦景気もあって著しく発展し、その活動の足かせともなっていた治安警察法の改正を目ざし、普選獲得に積極的に乗り出した。

また、学生も、デモクラシー風潮とロシア革命（一七年）の影響をうけ、競って団体を結成した。東大の新人会、京大の労学会、早稲田の民人同盟会はその先駆として普選・労働運動に関わっていった。

第四に、知識人、ジャーナリストが普選のための啓蒙運動に熱心に取組んだことである。東大の吉野作造は、普選派政治家今井嘉幸らと黎明会を結成し（一八年一二月）、講演活動をした。また、一九年のパリ講和会議を機に日本の改造の必要を痛感した長島隆二、中野正剛、永井柳太郎、馬場恒吾ら一群の政界人、ジャーナリストは、普選を第一目標とする改造連盟を結成し（八月）、出版、演説、政界との連携につとめた。(11)

最後に、数多くの演説会、大会、示威運動にすすんで参加していった民衆の存在である。はためく大旗と楽隊に先導されるデモ隊、警官隊との対峙と喧騒、高唱される普選歌。都市の民衆はこれらにたやすく共鳴し、連帯の血を沸かせたのである。(12)

第二次護憲運動と普選の成立

二四年一月一日、内閣組織の大命は清浦奎吾に降下した。東京、大阪の各新聞社代表は、清浦に普選即行を申し入れ、清浦はこれに対し十分研究してみると答えた。(13)しかし、三度も政権にすどおりされた政党は、巻き返しを図り、第二次護憲運動を起こすことになる。すなわち、政友会、憲政会、革新倶楽部は、政党内閣制の確立、特権勢力の専横阻止を綱領として掲げ、清浦内閣打倒の共同戦線をはったのである。院外団は第二次憲政擁護会を発足させ、新聞記者団もこれに加担することになった。

ところが、政友会の清浦支持派床次竹次郎ら約半数は脱党し、政友本党を結成した。政友会総裁高橋是清は、この内紛から逆に強い決意を抱くにいたり、自らの特権階級（子爵、貴族院議員）の地位を棄て、総選挙に出馬した。

清浦は議会解散による打開を試みたが、選挙は護憲三派の勝利に終り、第一党の憲政会の総裁加藤高明を首班とする護憲三派内閣が生まれた。この三派はあらかじめ普選導入をとりきめていたから、ここに普選法はようやく二五年三月成立することになった。ただ、選挙権は男子二五歳以上に付与されることになったが、被選挙権は枢密院の諮詢により男子三〇歳以上に据え置かれた。また、この法律の欠格者事項（「貧困に依り生活の為め公私の救助を受け又は扶助を受くる者」）により、失業労働者等は失権者になることになった。(14)

さらに問題なのは、枢密院の諮詢において治安維持法の同時制定が条件づけられたことである。共産党運動への取締りは以前からの政府の課題であったが、ここに普選法と抱きあわせの形で治安維持法も成立したのである。国体（天皇統治）と私有財産制度を否定する政治活動を厳しく罰するこの法は、自由主義者（たとえば美濃部達吉）からも批判を浴びた。実際、その効果は、二八年の共産党員大検挙と労働農民党解散命令で如実に示されることになる。

4　浮田和民の立憲政治論

倫理的立憲主義

大正期は、学者・学生が象牙の塔を出て、デモクラシーのための啓蒙活動や普選運動に積極的に関わった時代であった。その中で、浮田和民（一八六〇〜一九四六）は、大正デモクラシーのチャムピオンといわれた吉野作造や大山郁夫とくらべると地味な存在ではあるが、日露戦争後から両者の論壇登場までの間、独自の立憲政治論を当時の代表的綜合雑誌太陽を中心に主張しつづけた先駆的役割は評価されねばならない。吉野、大山はクリスチャンの大先輩でもある浮田の自由思想に、若い頃、親和感をもって接していた。

早稲田大学教授であった浮田は、一九〇九年一月、太陽の主幹も兼ねることになった。浮田はさっそく「太陽の読者に告ぐ」という挨拶文を同誌（一五巻二号、〇九年二月）に寄せ、誌上での社会教育の任務は、内部に向かっての立憲思想の普及、外部に対する倫理的帝国主義実現を期すことである旨をのべた。この浮田の立憲思想は、第一次護憲運動のときのスローガン「閥族打破」のような、特定の政治勢力そのものの批判に力点を置くものではなかった。閥族はすでに衰退の途にあると認識していたし、もともと宗教・倫理の専門家（熊本バンド出身、同志社卒業の浮田の経歴は牧師に始まる）であった浮田の関心は、倫理・道徳ひろく精神に注がれていた。近い将来、藩閥官僚に代わり立憲政治を担わねばならない国民、政党・議会勢力の政治意識や倫理道徳を問題にしたのである。

示威運動批判

日露講和反対運動、第一次護憲運動では暴徒化した民衆が交番、新聞社の焼き打ちの挙に出たが、海軍瀆職問題（シーメンス事件）の責任を追及する山本内閣糾弾運動も民衆が議会をとりかこむ騒擾をひきおこした。浮田は「時局は国民に何を訓ゆる乎」（太陽二〇巻四号、一四年四月）の中で、こうした示威運動を厳しく批判した。それによれば、このような群集運動が起きるのは、真正な輿論が微弱な微候である。国中に真の輿論なるものがないから、一方に政府は民意を無視して専制を施し、他方に不平の徒は群衆を為して政府を威嚇しようとするのである。群集を集め、特に議会を威嚇しようとする者は、二重に憲政破壊の罪悪を犯す者である。平生輿論を発揮せず、総選挙の際無頓着に悪辣な代議士を選挙させたことが第一の罪、人心激昂の際群集を召集して国民の代表者を侮辱するのが第二の罪である。

浮田はこうして、立憲治下の国民は平素政治思想を養成し、輿論を喚起して国民多数の意志を議会に代表せしめるべきだと説く（この時の議会は山本内閣の与党政友会が多数を占め、野党提出の内閣弾劾決議案は否決された—吉田）。そして、それを阻害する選挙区の腐敗を廓清するためには、選挙権を拡張し、選挙取締を厳重にする改革が必要だと訴えたのである。

政党政治観

桂園時代は、政友会が藩閥官僚と妥協して権力に与かり、勢力を増大させた時代であった。しかし、浮田は政党が権力に与かることそれ自体が立憲政治の発展であるとはみなさなかった。むしろ、それにともなう議会・政党の腐敗を問題にしたのである。その腐敗とは、国会議員が歳費以上の利益を得ることができ、候補者が莫大な金銭を抛って選挙を争うようになったことである。浮田は政友会のような大政党の形成は、したがって「進化」であるが「進歩」ではないという。政党がその基礎を広くし、国民の意志に基づき「公共の利益」を図ることが進歩の物差しだというのである（「総選挙の進化」太陽一八巻六号、一二年五月）。

浮田は、第一次護憲運動で桂内閣が倒れ、政友会が山本権兵衛（薩閥）と手を組んだ経緯を見て、あらためて政党の倫理性の欠如を痛感した。浮田はいう。政治家が進退度を失い、政党の順逆もほとんど見分け難くなったのは、今の政党員が政党内閣をあせり、政権を得ることのみを目がけているからだ、と。いきおい、浮田は、「政党内閣を組織するということは立憲政治の本義ではない」と、政党政治への気運に水をさすような主張をあえてしたのである（「立憲政治の根本義」太陽一九巻五号、一三年四月）。

このような政党に厳しい倫理優位の立憲政治論は、政党政治化に逆行する寺内超然内閣の誕生に際し、その擁護の論ともなってあらわれた。「我が政局の将来に就て」（太陽二二巻一四号、一六年一二月）によれば、現時のいわゆる超然内閣は非立憲内閣なりという議論には、その前提に二個の誤謬が含まれている。一つは、政党内閣は即ち立憲内閣なりという理論上の誤謬である。超然内閣といえども、真に民意輿論を尊重し、憲法の条件に循って国民的政策を施すならば政党内閣と同じく立憲内閣でありうる。つぎに、超然内閣は政党に関係がない故に非立憲内閣だというが、それは誤りで、いわゆる超然内閣は実際は貴族院に多数党を持ち、衆議院においても少数ながら政党の味方を有している。

しかし、浮田は憲政の将来の帰趨を見失っていたわけではなく、同時に、藩閥が衰え、元老が凋落しようとする今日、これにとって代って帝国の将来を支配するものは善にも悪にも政党の外はないと断じている。

大正期に浮田が吉野や大山のような人気を博さなかった理由は、あまりにその倫理的要請が国民にも政党にも厳しく、当座の政党内閣の正当性にネガティッブな姿勢を示したからであろう。また、倫理優位の憲政論は、のちの昭和維新思想のような反政党政治のイデオロギーを利する側面を有していたことも否めない[15]。

5　吉野作造の民本主義論

憲政有終の美

浮田につづいて大正期の論壇に登場し、大正デモクラシーの寵児となったのが吉野作造（一八七八〜一九三三）である。吉野は東京帝大の政治史の教授であったが、学生時代には本郷教会機関誌新人の編輯にあたっており、もともと民衆の啓蒙に熱心であった。大学普及運動を主唱し、一九一八年末には、デモクラシー宣伝の講演活動のため他の大学人と黎明会を結成した。のち、無産政党運動の理論的先導役もつとめた。

吉野がその名を一躍高めた論文は、「憲政の本義を説いて其有終の美を済すの途を論ず」（以下「憲政の本義」、中央公論三一年一号、一六年一月〈『選集』2〉）である。[16] この論文が発表されたときは第一次世界大戦の真只中であり、同志会を与党とする大隈内閣の時代であった。政友会を与党とした山本内閣同様、政党は内閣の基礎となっても首班を党内から出せない政党政治化状況にあった。超然主義は弱体化していたが、政党内閣は確立していなかった。吉野のこの論文は、この状況を打破し、政党内閣を確立するための理論と方途を提供したところに意義があった。浮田の憲政論が国民・政党側のモラルに主眼を置いたのに対し、吉野のそれは、政党政治というシステムに主眼を置いた。吉野もしばらく前までは、国民の教養と政党のモラルは政党内閣を許容するだけの水準に達していないと判断していた。しかし、欧米留学後の日本は、議会と選挙区の腐敗（大隈内閣も議員買収と選挙干渉で揺れた）は相変らずであったが、第一次護憲運動を経たあとの民衆の政治的影響力と政党政治への気運は無視しがたく高まっていた。時代はこうした状況に応え、憲政有終の美を済す道筋を示す新思想を求めていたのである。

民本主義

政党内閣を否定する超然主義は、天皇主権と天皇の官吏任免大権を盾としていたが、吉野はこの憲法規定上の盾に正面からぶつかろうとはしなかった。吉野は天皇主権と対立する国民主権を含意するとして民主主義の概念を用いず、「民本主義」という新概念によって、この超然主義の盾を無力化しようとしたのである。すなわち、「憲政の本義」(前出)によれば、洋語のデモクラシーの概念には、法理上、国家の主権は人民にあるという意味と、国家の主権の活動の基本的目標は政治上人民に在るべきという意味がある。従来この二つの意味を含むデモクラシーは「民主主義」と訳されてきたが、第二の意味に用いるときは「民本主義」と訳し、第一の意味に用いるときは「民主主義」と訳すのが適当である。民主主義は君主国体が明白な日本ではうけいれられないが、民本主義は民主国・君主国に関係なく、近代各国憲法の共通精神である。すなわち、民本主義とは、法律の理論上主権者が何人に在るかを問わず、その主権を行用するにあたって、主権者は一般民衆の利福並に意嚮を重んずることを方針とすべきだという主義である。

吉野はこうして主権問題を切り離すことによって、天皇主権にかかわらず、「一般民衆の為め」の、「一般民衆の意嚮による」憲政運用を正当化した。そして一般民衆の意嚮による憲政のシステムとして、代議政治さらには責任内閣・議院内閣政治の正当性を主張した。代議政治は民衆の意嚮を反映するシステムとして、議院内閣政治は政府の活動を国民の意嚮を背景とした議会が監督するシステムとして正当化されたのである。また、このシステムが有効に機能するためには選挙権拡張・普通選挙が不可避であり、二大政党制が望ましいとされた。

吉野のこの論文は理念的であり(立憲制の普遍精神に拠っていたから)、システム重視の現実主義でもある。この現実主義的思惟は、大臣任免大権を盾とした議院内閣否定論に対しても強い反駁力を示した。大臣を任免する大権は、議院内閣では制限されてしまうという敵の論理に対し、吉野は二つの現実論で対抗した。一つは、現実にはこの大権行使は元老、君側の臣の意見により制限されており、それより議会の多数による制限の方がよいということ、もう一つは、少数の暗室政治は弊害をともなうということ、である。

吉野のシステム重視の憲政論はしかし、議会、選挙区の倫理問題を等閑視していたわけではない。この論文でも、議員買収や選挙区腐敗は、それぞれ議院内閣政治による政府監督、普選導入によって解決できると主張している。

民衆の超然主義

高橋政友会内閣の崩壊後、貴族院を基盤にした加藤友三郎内閣が成立すると、憲政常道（一政党失脚のあと他党がこれに代わり内閣を組織する慣習）を主張する立場から、これを超然内閣とする批判が起きた。吉野はこの「憲政逆転」論には与しなかった。吉野によれば、憲政常道の道徳的根拠は、政党が民衆の代表であるということにあるが、現今の政党は民意に根拠していない。すなわち、今の政界は民衆の無知に乗じて不正の投票を集め、民衆の良心と真の自由の判断とに何等の連絡のない代議士を集めてこれに政党のレッテルを貼っているにすぎない、と（「最近政変批判」中央公論三七年七号、一二年七月〈『選集』4〉）。

吉野の民本主義の基本システムである民衆による議会監督は、原内閣下の選挙権拡張のあともいぜんとして機能不全に陥っていた。吉野はこの機能改善のために、政党の地盤政策を厳しく批判し、民衆の政党への「超然主義」を主張することになる。

翻って今日の我国政党の遣口を見よ。政党は利権の提供に依り地方の良民を駆って続々自党に加入せしめて居るではないか。之を称して彼等が我等の地盤と云ふ。地盤とは即ち、地方良民に対する政党の横暴なる奴隷的駆使の別名に他ならぬではないか。地盤なるが故に、中央幹部の儘に動く。所謂公認候補の制に依て選挙投票の自由は地方良民より奪はるる。果して然らば何処に民衆の道義的判断の発動はあるか。……河川改修・学校の新設等公共の仮面を被れる国帑の濫費は、謂はば贈賄である。政党幹部の指定する公認候補は、取りも直さず、粗末な不正品の提供である。

（「新政党に対する吾人の態度」中央公論三七年一〇号、一二年九月〈『選集』4〉）。

吉野はこうして、市民には政党加入を戒め、市民はあらゆる政党に対して絶対に「超然的態度」を維持すべき義務があると説いたのである。

民衆の政党への超然主義の要請は、当時の国民の政治意識を考えれば理解できなくはない。しかし、政治はつねに国家的利益の判断を課題とするわけではなく、部分（地方的であれ、階級・職業的であれ）の利害の調整を背負っている。国民は一枚岩ではなく、近代化は社会構造を多元化し、利害対立を促進する。政党はその利害表明の受け皿でもあるから、「各政党に対しては国民は常に公平な審判官でなければならぬ」（「普通選挙主張の論理的根拠に関する一考察」国家学会雑誌三四巻一二号、二〇年一二月〈『選集』2〉）という吉野の超然主義論は非現実的政論に堕するおそれがある。

吉野は当時すでに、既成政党のブルジョア性と、それに対抗する労働者階級という強い利害表明勢力の登場を認識していたものの、政治はあくまで全体のものであり、政治の主体は部分（階級）であってはならず、国家という有機体組織でなければならないと考えていたのである。

予輩は今日の政治が資本家の手に依って運用せらるるを痛苦となし、一日も早く之を一般民衆の手に回収せんことを熱望する一人である。併しながら一般民衆の手に回収すると云ふ事は資本家と云ふ階級から移して、之を例へば労働者と云ふ階級の手に収むることではない。……具体的の問題としては、多数を占むる労働者が有機体に於て特に優勝の地位を占むるべきは言ふまでもなく、唯少数なる資本階級も十分な発言を有する其有機体組織に最高の権威を認めようとするのである。

（「労働運動に於ける政治否認説を排す」中央公論三四年九号、一九年八月〈『選集』10〉）。

このように、労働者階級という部分の政治主張が有機体組織という全体の政治の下位に服さねばならないとされたが、では、この政治において労働者（広くは無産者）階級と政党との関係はいかにあるべきだと吉野は考えたのであろうか。

労働（無産）者階級の超然主義

吉野はやはり、労働（無産）者階級にも政党への超然的態度を求めた。

無産階級に取て政党運動は無用ではない。併し無産階級の民衆一般は自ら進んで政党を組織してはいけない。政党はどこまでも自家階級中の政治専門家に任かすべきである。……故なくブルジョア政党に籠絡せられざるの総明を維持しつつ場合に依ては之と結ぶこともあるべき位の自由の態度を失はず以て絶へず無産政党を緊張せしむることが必要である。

（「無産政党問題に対する吾人の態度」中央公論四〇年一一号、二五年一〇月〈『選集』10〉）。

では、このように無産階級の超然的態度により「緊張」を強いられる無産政党の議会活動はいかにあるべきか、といえば、吉野はここでも「国利民福」の増進を目指すべきであって、階級的立場の宣伝は適当ではないと説くのである(「無産党議員に対する国民の期待」中央公論四三年四号、二八年四月〈『選集』10〉)。

無産階級の超然的態度の主張から、当然、無産政党の地盤政策も批判された。金に代えるに宣伝をもって地盤を作るのも「民衆の聡明」を蔽い、その盲目的追随を強いる点は同じだというのである(「我が国無産政党の辿るべき途」中央公論四二年一号、二七年一月〈『選集』2〉)。

吉野の無産政党論は、階級の部分的利益を有機的国家の下位に置くがゆえに、階級の政治的組織と自己主張の力を弱めるものであった。しかし、それゆえに政治における対立要素の共存が認められた。この、権力の階級への一元化に対抗する理論が、吉野の議会制民主主義へのコミットメントを支えていたと思われる。ただ、吉野は、政治を国利民福というような一枚岩的価値のみの実現の場ではなく、多元的価値や利害の葛藤のアリーナとして見つめ、その上にいかに国民と政党との積極的で合理的な関係を築くべきかという民主主義論は提示しえなかった[17]。

6 大山郁夫とリベラリズムの失墜

政治的機会均等主義

欧米留学から帰朝し、早稲田大学教授に就任した大山郁夫(一八八〇~一九五五)が論壇に登場し、注目を浴びるようになった時期は、吉野が活躍しはじめた時期とほぼ重なる。大山ははじめ、政党内閣の確立と選挙権拡張・普選導入を主張していたが、やがて社会主義へと傾倒していき、大正末には当時の最左翼とされた労働農民党の「輝ける委員長」に就任した。その過程で大山の議会制民主主義へのコミットメントは摩耗し、マルクス・レーニン主義との親和性が明らかになるにいたり、そのリベラリズムは失墜した。民本主義の目的として社会主義（的政策）を認めながらも、最後まで議会制民主主義を擁護した吉野と対照的である。

大山が知識人にもてはやされたのは、浮田の倫理的憲政論、吉野のシステム的憲政論に比し、哲学的滋味のある華麗な憲政論を展開したからであろう。たとえば、浮田は大衆のモッブ性に嫌悪感を露わにしたが、大山は「何とスパイアリングな響きを齎らす言葉であらう」という表現をもって「街頭の群集」の歴史的意義を高調した（「街頭の群集」新小説二一年二巻、一九一六年二月〈『著作集』第一巻〉）[18]。ここで大山は、街頭の群集の勢力を無視しては、近世の文化国家は国政を運転できなくなったとし、自由の要求こそ「近世の民衆運動の発動機」だとのべている。しかし、大山は手放しで街頭の群集を讃美したわけではなく、その威力を発揮するためには選挙権の拡張と政治的啓発・訓練が必要だといっている。そして大山は、この参政権（政治的自由と大山は呼ぶ）がデモクラシーの本質であるという考えから、以降の憲政論を主張していく。その代表が「政治的機会均等主義」（新小説二一年第三巻、一六年三月〈『著作集』第一巻〉）である。

これによれば、現今の政治的デモクラシーの要求は、参政権行使上の機会均等主義である。現代のデモクラシーの結果、社会的立法により、財産上の自由が法律を以て局限される傾向がある。「所謂自由主義の破壊」は政治上の自由すなわち参政権行使上の機会均等主義の実現の結果である。現代のデモクラシーは絶対的に社会生活の各方面に自由を確立しようとしているのではない。

大山のこの政治的自由（参政権行使）優位のデモクラシー論は、翌年発表された「デモクラシーの政治哲学的意義」（大学評論一巻七・一〇・一一号、一七年七・一〇・一一月〈『著作集』第二巻〉）

でも主張されている。すなわち、ポリティカル・リバティーこそは最近世においては、シヴィル・リバティーを圧してずんずん進歩発達し、なお今後も益々「その深さ及び広さ」において増大する形勢を示している、と。

憲政におけるポリティカル・リバティを強調する大山の論理は、浮田の倫理的憲政論が寺内超然内閣を是認する論理を内包していたことと比べ、超然内閣のような官僚政権への強い反発力をもつという意義がある。一方、多数支配が少数の権利をどこまで制限できるのかという政治権力からの自由については、大山は無頓着であったといえる。ここに後に大山が社会主義に傾倒する因子があるというのが問題なのではない。少数の権利に無頓着であることは、少数が自己の権利を守るために必要な政治的自由（発言権）にも無頓着になる危険性をも孕んでいるのではないかということが問題なのである。

政党政治論

「憲政治下の政党と国民」（新日本五巻一〇号、一五年一〇月〈『著作集』第一巻〉）は、同志会を与党とする大隈内閣の時代にあって、漸次政党内閣に近づきつつあるという状況認識の下に、政党の意義を確認した論文である。大山はここで、平和的革命による政権争奪を目指す団体として、多数の意見を集めて一つにする機関として、高度に発達した国民の監督の下では国家的善をなしうる組織として、最後に、立憲国家において確立された「事実上の大制度」として政党を肯定し、政党政治の確立を待望している。

しかし、民衆は議会を通して勢力を伸長してきたという大山の評価がやがて裏切られる状況が生まれると、政党の正当性に疑問と不信が表明されるようになる。第一段階は、大隈内閣後、予想していた政党内閣ではなく、寺内超然内閣が成立したときである。これに強い不満をもった大山は、議会勢力側の責任を厳しく責めた。「代議政治に伴ふ罪悪」(選挙干渉、議員買収)、立法における「無能無為無識」が政党内閣成立を阻害しているというのである(「輿論政治の将来」新小説二二年一号、一七年一月〈『著作集』第一巻〉)。しかし、このときはまだ、議会・政党が民意を代表しえないゆえの不信用の原因は、選挙資格の制限や貴族院といった制度にあるとされていた。

第二段階は、原政友会内閣が成立したものの、その政策と態度は資本家階級のものであると判断したときである。ことに原内閣が普選案を拒否しつづけたことは、そのブルジョア性を強く大山に印象づけた。大山はこの頃から、ブルジョア文化に対する民衆文化の創造ということを主張しはじめる。かつて藩閥官僚に対抗する一枚岩としての民衆、その代表としての政党という認識概念はここに是正されねばならなくなったのである。また、単なる選挙制度の改革より一層根本的な議会の改造の方途が模索されねばならない。「議会に対する非難とその改造の方向」(雄弁一一巻七号、二〇年七月〈『著作集』第三巻〉)は、原内閣が普選問題で議会を解散し、総選挙で大勝利を収めた事態をうけて、議会改造の方途を資本主義そのものの否定に求めた論文である。これによれば、議会が真に国民を代表しないのは、資本主義的社会組織に固有な貨幣の力をもって資本階級が政党(幹部)を支配し、議会を支配するからであり、民衆の利益を擁護する機関として改造するには、資本主義否認の主張に議会改造論を結びつけるべきだという。

無産政党論

二四年六月、普選断行を綱領に掲げた護憲三派内閣が成立すると、無産政党結成の気運は高まった。その準備組織としての政治研究会に大山も加わった。そして精力的に無産政党結成に向けて論陣を張ることになる。その第一段階では、無産階級運動が直接（経済）行動から政党行動に転換すべきことを訴えた（「無産階級政党の社会進化上における意義」改造六巻一二号、一二四年一二月〈『著作集』第六巻〉）。ここにおいて大山は、政党行動の意義は、議会進出により他階級、一般大衆に訴えること、将来の政治支配（大山は資本制後も社会統制という政治はなくならないと考えていた）の訓練になることだとしている。

普選法が成立すると、大山は本格的な無産政党論を展開し、実践運動に関わっていった。まず、不十分な普選法、厳しい治安維持法、資力の欠亡という条件の下での政党結成の前途への楽観を戒め、「階級意識の増進」と「政治教育」を訴える（「新政治意識の発生と無産政党の前途」中央公論四〇年五号、一二五年五月〈『著作集』第六巻〉）。そして、この階級意識の理論を、「無産階級の人類史的使命を科学的不可抗の論理を以て確立した」マルクシズムに求めたのである（「無産階級運動の理論と実際」大衆一巻一号、一二六年三月〈『著作集』第七巻〉）。

無産政党が「人類史的使命」を意識した無産階級によって担われねばならないとすると、その組織の在り方もそれによって規定されねばならない。まず、無産政党は一であらねばなるまい（「科学的不可抗の論理」は一なのだから）。しかし当時の無産政党は現実には分裂していった。すなわち単一無産政党労働農民党が一二六年三月に船出したものの、まもなく三党に分解してしまった。大山はそのうちの労働農民党の中央委員長に就任し、他の無産政党を相手に理論武装しなければならなくなった。「無産政党論」(『社会問題講座』一三巻、新潮社、二七年六月〈『著作集』第七巻〉)がそれである。

これによれば、無産政党は無産階級の階級的政党であるが、構成要素は無産大衆・プロレタリアートの他に中間的・過渡的階級を含んでよい。問題は「真の意味に於ける無産階級意識」、「社会を××」する任務への意識、無産階級の歴史的使命への意識に基礎づけられた実践にかかっている。この意識を進展させるのが戦闘的インテリゲンツィアの役割である。こうした政治的闘争の「前衛」としての政党は、労農大衆及び一般大衆の現実的諸要求に迎合、追随してはならず、使命本筋から外れてはならない。大山はこうして、政党と政党外の指導・命令関係、さらには党内の指導者と党員の指導関係というブハーリンの指針を提示してみせた。

大山が社会民衆党をはじめとする他の無産政党を「エセ無産政党」と呼んで排したのは、これら諸党が組合的妥協に堕し、資本制の根底的否定(これこそ大山にとって「歴史的使命」であった)を目指さないと認識したからである。

大山はマルクス・レーニン主義に辿りついたが、資本制後の無階級社会にも政治(社会的統制)が必要であるとの考えをもちつづけた。だが、その政治は議会制民主主義と同質のものではありえなかったであろう。資本主義復活のイデオロギーはもちろん抑圧されるであろうし、異なった社会主義イデオロギーへの寛容の欠如から見ても、真の複数政党制が認められるとは思われない。大山はかつて、議会が民衆の意思を代表する政治が実現すれば、その「多数の圧制」は「本質的に忍び易い」と弁じたが(前出「議会に対する批判とその改造の方向」)、たとえ民衆の権力にせよ、それを批判したり、現実の利害対立を自由に表明して政治に反映せしめる権利とその制度的支柱

（複数政党制）が認められなければ、それは耐え難い多数の圧制となるのである。

大山思想のより基底的な問題はしかし、「街頭の群集」といい、無産階級といい、ある一つの社会的存在に歴史的正義の幻影を見出し、それに権力を一元的に担わせようとしたナイーヴさにあったように思われる。

7　おわりに

大正デモクラシーは、官僚内閣に終止符を打つことに成功した。また、普選法の成立により議会制の基盤も格段に拡がった。しかし、国民と政党・議会の信頼関係あるいは合理的結びつきには問題が残されていた。

昭和のはじめ、政党・代議政体への幻滅が生じたのは、公然たる権力争い、露わな利害対立、赤裸な党派性、多数決制が、日本文化に根ざす集団主義的倫理に合わなかったのだという指摘がある。[19] 吉野には政治を利害の葛藤のアリーナとして肯定的に見つめる視点が弱く、大山は権力の一元化を追及したが、その背景にはこのような伝統的倫理観があったかもしれない。政党政治が制度的に保障されていない時代、こうした倫理観に訴えて議会政治を攻撃する左右の勢力につけいるすきを見せない政党側のモラル確立が必要であった。現実には、党利党略に耽る政党は、政党政治否認のイデオロギーに力を与えてしまうのである。

注

（1）「一五億円余の戦費を負担し一二万弱の戦没廃疾の兵士を出し、戦争という形をとった政治にかつてなく深くまきこまれた民衆が、国政に対する発言権を要求しはじめるのは当然であった」（松尾尊兊『大正デモクラシー』（岩波書店、一九七四年）一四頁）。
（2）賠償金のない日露講和条約締結への怨嗟・失望・不満に満ちた国民の声（新聞投書）を垣間見るには、信夫清三郎『大正デモクラシー史　合冊本』（日本評論社、一九六八年）一三頁以下参照。
（3）東京商業会議所会頭、政友会代議士中野武営は、一九一二年一一月の緊急総会で増師反対を主張し、西園寺内閣後援の決議を求めた（弁味準之輔『日本政党史論　第三巻』（東京大学出版会、一九六七年）一一〇～一一一頁）。
（4）「三千の聴衆を集めたこの大会で『閥族政治を根絶し、憲政を擁護せんことを期す』との決議が採沢された」（信夫前掲書（注2）一九七頁）。
（5）普選期成同盟会の歴史と活動については、松尾尊兊『普通選挙制度成立史』（岩波書店、一九八九年）一六頁以下に主として依拠し、伊藤隆『大正期革新派の成立』（塙書房、一九七八年）「五　普通選挙期成同盟会」を参照した。
（6）伊藤・前掲書（注5）一三五頁。
（7）松尾・前掲書（注5）九四頁参照。
（8）信夫・前掲書（注2）五〇二頁。
（9）水野石渓『普選運動血涙史』（文王社、一九二五年）一三四頁以下。一九二〇から一九二三年初頭までの普選運動史は主として同書に依拠した。
（10）友愛会会長鈴木文治は、米騒動は無産階級の自卑心を一掃し、力強い自信力を与えた、とその意義を指摘している（信夫・前掲書（注2）四八九頁）。
（11）伊藤・前掲書（注5）「六　改造同盟」参照。
（12）これらの情景を生き生きと描いているのが水野・前掲書（注9）である。

(13) 信夫・前掲書(注2)八九九頁。

(14) 松尾・前掲書(注5)三二八~三二九頁。

(15) 浮田の憲政論の問題点はその帝国主義的イデオロギーにあるという批判がある。内における立憲主義による挙国体制によって外への帝国主義的侵略を企図する帝国主義ブルジョアジーのイデオロギーだというのである(たとえば、栄沢幸二『大正デモクラシー期の政治思想』(研文出版、一九八一年)「浮田和民の思想的特質」を参照)。しかし、浮田の「倫理的帝国主義」はナショナリズムに立脚しているが、軍事的侵略を非としており、のちの吉野作造の国際的デモクラシーに継受される主張であったのではないか。浮田の倫理的帝国主義についての詳細な研究、姜克實『浮田和民の思想史的研究――倫理的帝国主義の形成』(不二出版、二〇〇三年)を参照。

(16) 本文で依拠した吉野の雑誌論文はすべて、『吉野作造選集　全一五巻』(岩波書店、一九九五~一九九七年)所収のものであり、本文に『選集』と略し所収された巻を示した。

(17) T・ナジタは、国民はすべての政治組織とのつながりを断つべきだという吉野の道徳的理想主義と、同じく理想主義に立ちながら「政治表現の回路としての組織の重要性を肯定した」L・T・ホブハウスの政治的態度を比較している(B・S・シルバーマン/T・ナジタ/P・ドウス(宮本盛太郎・関静雄・大塚健洋編訳)『アメリカ人の吉野作造論』(風行社、一九九二年)七八、八〇頁)。

(18) 本文で依拠した大山の雑誌論文、単行本はすべて『大山郁夫著作集　全七巻』(岩波書店、一九八七~一九八八年)所収のものであり、本文に『著作集』と略し所収された巻を示した。

(19) Duus, P., *Ōyama Ikuo and the Search for Democracy* in Morley, J. W. ed., *Dilemmas of Growth in Pre War Japan*, Princeton, 1971, pp. 423-424.

第6章　国体明徴運動

吉田　博司

1　はじめに

一九三五（昭和一〇）年第六七帝国議会において、美濃部達吉（一八七三—一九四六）の憲法学説が国体を破壊するという非難を受け、美濃部が貴族院で異例の弁明演説に立つと、波紋は議会外に拡がり、在郷軍人会や国家主義団体の美濃部学説排撃の運動は激しく展開するにいたった。岡田内閣は議会内外ことに軍部の圧力によって、美濃部の行政・司法処分を迫られ、二度にわたる国体明徴の声明を余儀なくされた。一憲法学説が権力によって禁圧されたのである。

この事件は、問題の対象となった美濃部学説の法理論的基礎が天皇を国家機関と位置づける、いわゆる〝天皇機関説〟にあったところから、天皇機関説事件と一般に呼ばれているが、また、この天皇機関説排撃の運動は、国体を明徴ならしめるという精神運動の一環として行われたことから、国体明徴運動と呼ばれている。

天皇機関説は学界の主流をなし、美濃部は当時、高等文官試験委員、貴族院勅選議員であった。どういう時流の変動が美濃部を逆境に追い込むような精神運動（政治運動でもあったのだが）をもたらしたのであろうか。また、この運動はどのような歴史的意味をもっていたのであろうか。その検討のまえに、美濃部学説が国体に反するとして、はじめて一般雑誌で問題にされ、美濃部がこれに反論した論争を考察しておく。天皇機関説という憲法学説の思想的意義をあらかじめ確認しておきたいからである。

2　上杉・美濃部論争

国体に関する異説

一九一二（明治四五）年、綜合雑誌として名高かった太陽において、上杉慎吉（一八七八〜一九二九）は東京帝国大学の同僚美濃部（上杉は憲法学講座、美濃部は行政法講座を担当していた）の『憲法講話』（同年刊）の所説を、「国体に関する異説」と題して二点を中心に論難した（太陽一八巻八号、一二年六月）。

これによれば、大日本帝国は万世一系の天皇がこれを統治する。天皇は統治者で被治者は臣民である。主権はひとり天皇に属し、臣民はこれに服従する。主客の分義は確定して紊れることはない。これを帝国国体の解説とする。しかし、美濃部博士は天皇を統治権の主体に非ずとし、国家という意志を具有する活動体にして法律上の人格が統治権を有するという。そして国家の実体は多数人結合の団体であるとする。これは日本人民は一つの団体を形成して統治権を有するということで、わが国を民主国とするものである。

これに対する美濃部の反論（「上杉博士の『国体に関する異説』を読む」同誌同巻一〇号、同年七月）

は、自分は帝国が古来常に君主国であり、天皇国を統治するの原則は万世にわたり動かすべからざることを切論している、団体的人格者である国家が統治権を有すると解するのは大多数の国法学者の公論である、国家という団体が統治権の主体であるというのは上杉博士のいうように「人民が統治権の主体なり」というのではない、というものであった。

美濃部はことに、国家という団体が人民そのものではないという弁解に努めた。国家が一の団体であるというのは、君主も国会も一般臣民も皆共同目的をもって相結合し、その全体をもって組織的な統一体をなしている、と。あるいは、国家をもって団体なりとするのは、国家はあたかも一個人のごとく、君主はあたかもその頭脳の如き地位に在り、有司百官はあたかもその手足耳目のごとく、人民はあたかも人体を組織する細胞のごときものであるとするのだ、と。

国家法人説と民主主義

統治権の主体は団体としての国家であるというのは、わが国を民主国とするものだという上杉の論難は、美濃部が国家団体は人民そのものではないと反論したように、国家団体説の本質を衝いていなかった。国家を法律的に人格とみなして統治権の主体とすると同時に、国家人格の社会的実体を有機体あるいは団体とする説——国家の二側面理論——は国家法人説の父C・F・V・ゲルバーからG・イエリネックに継受されたものであるが[1]、彼等の観念する有機体あるいは団体としての国家は、一九世紀ドイツ特有の国家意識である、国民とは異った独自の偉大さ・精神力・超時代的国民統合の表現としての国家を意味していた[2]。そしてこのような国家観は、自然法的・社会契約説的国家観に対抗して形成されたものであった[3]。しかし、それにもかかわらず、上杉が国家法人説・団体説を「人民主権の説」を述べていると見るべきだと敢えて断じたのは、[4]この説が国家という社会権力装置をもはや君主に任せず、国民にも関わらせようとする「倫理・政治的契機」から形成されたことに、[5]反民主的気質から反発していたからであろう（上杉は前掲論文で国家法人説の歴史的形成にも論及している）。

ゲルバーの国家観、権力観を見てみよう。

国家権力は、人格として考えられる精神的有機体の意思力である。国家権力は、人工的・機械的な多数意思の総和ではなく、自己意識的国民の精神的全体力である。[6]

国家権力は君主行為に現実化されるのであるが、他の機関——議会が君主機関の機能が現行法の規範に従い、国民の合意に留意して生ずるように作用する。[7]

美濃部は国家団体の本質をゲルバーのような表現ではなく共同目的による組織的統一体（イエリネックに倣ったもの）あるいは比喩としての有機体と表現して上杉の論難に対抗しているが、人民を有機体の細胞に喩えたのは、ゲルバーのいう「自己意識的国民」という本来の国家法人説の国民観からすると不適当であった。

天皇機関説

「国体に関する異説」におけるもう一つの論難は、天皇機関説に向けられていた。上杉はつぎのように問いつめる。

統治権の主体は日本国民の団体であるとすると、天皇はいかなる存在の余地を有するのか。美濃部博士が言うには、天皇はこの団体の機関である。また機関とは「団体の為めに働く所の人」である。団体に属する各個人もまた団体の機関であるが、多くの場合にはその中から特に役員を選んでその役員が殊に多く団体の為めに働くものである。すなわち、天皇は国家の機関である、団体の役員である、団体は人民全体である、天皇はこのために働くところの「使用人」として存在するというのが、実に美濃部博士の所説である。

美濃部は「使用人」という非学術用語による論難に「呆然」としながらも、つぎのように自説を擁護した（前出「上杉博士の『団体に関する異説』を読む」）。

君主が国家の機関であるというのは、あたかも人間の頭脳が人間の機関であるというのと同様の意味において言うのである。人間の頭脳はその人間の内部に存し人間の活動力を構成するもので、決して他人に使用されるものではないと同様に、団体の機関もまた団体の内に存し団体の活動力を構成するもので機関と団体とは決して別人ではない。

美濃部はさらに、法律上権利を有するということはその権利がその人の利益になることを表わすのだから、君主が統治権（美濃部は統治権を統治する権利と解する—吉田）の主体であるとすることは、統治権が君主の御一身の利益のためにあるということを意味することになり、わが古来の歴史と現在の政体に反することになる、と応酬した。

国家機関と君主地位

上杉のような専門家がなぜ、美濃部が呆然とするような非学術用語「使用人」をもって天皇機関説の非を主張したのであろうか。U・ヘーフェリンによれば、統治権を国家主体に属せしめ、従来は国家権力の体現としてあった君主を、憲法においてのみ考えられる他の国家機関と並べて一の国家機関に低落させたこの主権的国家人格の考えは、立憲主義の政治姿勢に由来し、国家法人説の底礎者、W・E・アルプレヒトは、この説の中に、君主は君主を超えた全体福利という理念の下に作用すべきだという思想の「法学的装い」を見出していた(8)。

国家法人説における機関という君主の位置づけは、立憲主義下の君主地位の低落、全体福利という絶対理念の下における君主の相対化を意味していたのである。「使用人」という低い身分を示す用語によって、この機関という法学的概念の解釈に充てたのは、学術的には不適当としかいいようがない。しかし、上杉は超越的理念による天皇の相対化を排する伝統的尊皇思想の系譜につながっており、君主地位の低落と相対化を意味する機関概念に強い不満を示すために、あえてそのような用語を使ったと思われる(9)。

明治憲法が制定され、立憲主義が導入された以上、天皇大権の抑制と他機関（ことに議会）の権力参与は認めざるをえない。国家法人説はその基本的教義であり、美濃部はそれを受容して当然と考えた。しかし、上杉のような、立憲主義による天皇の相対化を認めたがらない国体思想は根強く存続していた。逆にいえば、主権的国家人格の正統性を支えていた一九世紀ドイツの「独自の偉大さ」という国家観はなかった。伊藤博文らが築いた明治憲法体制は、統治権力の正統性を万世一系の天皇に求めるとともに、統治権力の行使組織を立憲制に求めた二重構造を成していたといえよう。ここにおいて、天皇は統治権力の正統性の源泉としての主権者であるとともに、立憲統治機構の中の統治権の総攬者としては最高機関と見るべきである。

上杉は天皇主権という根幹を強調するあまり、立憲主義的根幹を軽視し、究極的には否定する憲法解釈を展開した[10]。美濃部は立憲主義的根幹とその教義である国家法人説の普遍性を強調するあまり、天皇主権という歴史的根幹を十分に評価することなく、統治機構における権力発動の源（統治権の総攬者）としての最高機関という天皇の国法上の位置づけだけしかできなかった。

論争後やがて、明治憲法体制の立憲的基礎の中核である議会制が、内外の国家的課題を処理しえない無能力な存在として信用を喪失していくのと反比例的に、天皇主権という歴史的根幹への国民感情が肥大化し、立憲的根幹を圧迫するような時代がやってくる。

3 運動の展開

天皇機関説事件前史

上杉・美濃部論争には、憲法学者ら数人が加わったが、社会的には国民新聞が上杉に加担する記事を載せたぐらいで大きな問題とはならなかった、美濃部は政界の一部から圧力があったとみえ、文部省の中学教員検定試験委員からはずされたものの、その後憲法学第二講座を担当するようになり、また高等文官試験委員を兼ね、一九三二年には貴族院議員に勅選された。論争時以降の大正デモクラシーの高揚と政党内閣時代の到来は、美濃部の議会主義的憲法学説の順風となったといえよう。

上杉は論争後、元老山県有明系の官僚、軍人、学者らと結び、国体擁護団体「桐花会」を結成し、政党内閣反対論を主唱していく。上杉学説は、出講することになった陸軍大学をとおして陸軍将校に影響を与えるが、美濃部とくらべると優位な活動舞台に立つことはなかった[11]。

しかし、昭和にはいると政治状況はその風向きを変えていった。資本主義経済のゆきづまり、共産主義革命思想の問題、大陸権益の危機と日中紛争など、国家存続の安定的環境が損なわれていった。そして、議会政治はこの国難を解決する統治・外交能力を発揮しえず、政党は政治倫理的理由で信用を失っていったのである。ここに国家主義的革新運動が台頭し、既存の政治体制に対し暴力も辞さない圧力をかけるようになった。

三二年五月、政友会内閣の首相犬養毅は、昭和維新を唱える軍人のクーデター（五・一五事件）で暗殺された。これにより政党内閣は引導をわたされ、軍人を首班とする挙国一致内閣がとって代ることになる。美濃部はこのような国家主義的潮流の中で、それに抗する象徴的敵の一人として攻撃の矢面に立たされたのである。(12)

原理日本の活動

第六七議会で美濃部学説が問題になるまえ、そこで美濃部批判の先頭に立った菊池武夫（陸軍中将・男爵）と連携関係にあった原理日本（二五年一一月創刊）に拠る蓑田胸喜（国士舘専門学校教授）らの論客は、執拗に美濃部を追及していた。その理由の一つは、共産主義運動を取締るために制定された治安維持法とその改正法を、美濃部が自由主義的な立場から厳しく批判していたことにある。蓑田らは、大正から昭和にかけての共産主義運動の拡がりに強い危機感を抱き、三二年に司法官赤化事件が起こると他の国家主義団体と国体擁護連合会を結成しその責任追及に乗り出した。そして、「組織的国基破壊凶逆『共産』主義思想運動の温床発源地は大学殊に『帝国大学法文学部』であり、新聞雑誌はその二ノ丸三ノ丸また外郭に外ならぬ」（蓑田胸喜「『学術維新原理日本』自序」原理日本一〇巻一五号、三四年一月）という認識の下に、美濃部のほかにも末広厳太郎、滝川幸辰ら東西の帝大教授の責任を告発等の手段を用いて追及してきた。治安維持法を「世にも稀なる悪法である」とする美濃部は、「戦慄すべき逆心」の持主として深い敵意を向けられていたのである（蓑田胸喜「美濃部博士の『国体変革』思想に対する原理的綜合的批判」原理日本一一巻一号、三五年一月）。

第二の理由は、三〇年、浜口民政党内閣が海軍軍令部の反対を押し切って、ロンドン海軍軍縮条約を締結したとき、美濃部がこれを支持したことである。浜口首相は、対米七割という海軍補助艦の保有量比率を要求する軍令部の意見を無視し、ひいては天皇の統帥大権（憲法第一一条）を干犯したとの激しい非難を浴び、右翼青年に狙撃されたが、美濃部は兵力量の最終的決定権は内閣にあるという立憲主義的解釈をもって政府を援護した。

蓑田は「紙上艦隊が実在艦隊を撃沈したる戦場がロンドン会議であった」と国防不安を表明した（前出「『学術維新原理日本』自序」）。議会政治は国防を危くすると考えた蓑田らは、天皇大権を干犯したとして条約支持者美濃部を非難していたのである。

第三の理由は、原理日本同人は政党政治に反対する昭和維新思想の一派に属し、美濃部が憲政常道という政党政治の擁護論を憲法学説の中で主張していたことに不満であったことである。美濃部は、憲法に規定がなくとも憲法的慣習法として憲政常道がみとめられるようになれば、これを否認するのは非立憲だと主張しているが、これは天皇の官吏任免大権を否定する統治大権干犯だというのである（前出「美濃部博士の『国体変革』思想に対する原理的綜合的批判」）。

国家存続の安定基盤・国家の同一性の危機に極度に敏感であった原理日本同人は、万世一系の天皇という日本国家の同一性の象徴への帰一を宗教化していたといえよう。だから、この帰一への障害となると思われる思想、人物はことごとく敵意を向けられた。三四年二月の帝国議会では、商相中島久万吉が逆臣足利尊氏を讃美した文章を発表したと菊池武夫議員に非難され、辞職しているが、原理日本も同年二月号で、中島商相の処決、斉藤首相の逆臣奏請の責は免れないと主張している。このとき議会で美濃部と末広も問題にされたが、主役にされなかったので無事であった。しかし、この年一月、蓑田は自著『学術維新原理日本』(三三年刊)を美濃部に送りつけ、学術立会演説会を申し込んでいる。三月には原理日本「美濃部憲法抹殺号」が特集され、帝大仏教青年会館では美濃部憲法抹殺講演会が挙行された。翌年、ついに美濃部は反国体論の主役として、帝国議会の舞台に立たされることになる。

議会における美濃部批判

一九三五年一月、蓑田は「美濃部博士の『国体変革』思想に対する原理的綜合的批判」(前出)において、美濃部の自決、司法権発動を要請、また、国体擁護連合会は蓑田の起草した小冊子「美濃部達吉博士・末広厳太郎博士の国憲紊乱思想に就いて」を政府要人はじめ各方面に送付し、国法的社会的処置を求めるなど、反美濃部のキャンペーンを進めていたが、二月、貴族院議員菊池らに議会での本格的追及を託したのである。

二月一八日、貴族院本会議の質疑の中で美濃部批判の口火を切ったのは菊池男爵であった。[13] 菊池はまず、皇国の国体を破壊するような憲法解釈があるとして、美濃部の『憲法撮要』『憲法精義』、一木喜徳郎の『国法学』を挙げ、つづいて、憲法上統治権の主体が天皇にあるのではないということを公言する学者著者は司法上許されるのか、これは「緩慢なる謀叛」になり、明らかな「反逆」になるのではないかと国務大臣に迫った。

松田文相は、この問題は以前から議論が対立しており、学者の議論に委せて置くのが相応だと応じたが、菊池は収まらず、統治権の主体が国家であるという説はドイツの学問の輸入で、それを説くものは「学匪」だといい、さらに、議会は天皇の命に服しないという恐ろしいことが美濃部の著書に書いてあると追及した。

菊池に続き、三室戸敬光子爵、井上清純男爵が質疑に立ち、天皇機関説に対する政府の否認的見解をひきだそうとした。岡田啓介首相は、天皇は機関なりというのは用語が適当でないと答え、思想の間違いではないかというさらなる質問に、博士の著書は全体を通読すると国体の観念に誤りはない、学説に対しては学者に委せるより外はない、とつっぱねた。

岡田内閣は斉藤実前内閣と同様、五・一五事件後の非常時を乗り切るべき役割を担った挙国一致内閣、中間内閣で、国家主義的革新派（昭和維新陣営）からみれば、首相は元老西園寺公望を頂点とする自由主義的保守派（現状維持派）と目されていた。元老側は、美濃部攻撃の真のねらいは美濃部の師一木喜徳郎枢密院議長にあるとみており、岡田に対しては毅然とした態度を求めていく(14)。

しかし、議院内外の天皇機関説排撃熱はいっそう高まっていき、岡田内閣は対応に苦慮し、譲歩を重ねていくことになる。

一身上の弁明と波紋

謀反人あつかいされた美濃部はさっそく貴族院の壇上に立った。そこで、美濃部は、国家統治の大権が天皇に属することを否定すれば反逆思想であるが、自分はそれが日本憲法の最も重要な基本原則である、すなわち「君主主権主義」が日本憲法の最も根本的な原則であると説明している、と弁明し、さらに、天皇の統治大権と国家の統治権の区別（権能と権利の区別）を説き、統治の権利主体を団体としての国家とすること、天皇はその最高機関として国家の一切の権利を総攬するとみることの法学上の正当性・合理性を訴えた。

上杉との論争のときと異なり、君主主権主義という概念を用いているが、それはやはり統治権の正統性の根源としての本来の主権者（国家法人説では国家人格がその地位を認められる）として天皇を認めたわけではなく、統治権発動の源としての最高機関が天皇であることを意味したのであって、美濃部の基本思想が変ったわけではない。相変らず、天皇の「御一身の為」と「全国家の為」を峻別し、この論理上に統治権の主体は国家であるとする自説を擁護したのである。

しかし、天皇への帰一が宗教的にまで高調される時代にあって、天皇の私的性の認識を前面に出しての法学的主張は説得力をもつどころか、むしろ反発を招くにおわった。たとえば政友会の排撃派の筆頭山本悌二郎（皮肉なことに彼は、美濃部を勅選議員に推した犬養内閣の閣僚であった）は、弁明後、衆議院で質問に立ち、「国家の利害休戚」と「天皇の利害休戚」の一致、天皇と国家の「不分不離、不二一体」こそ国体の精華だとして美濃部説の非を論じた。

いずれにせよ弁明は、問題の波紋を議院内外に拡げたことは確かである。

まず、議会においては、菊池らが再び美濃部学説を取り上げた。議政壇上より美濃部が自説を

コラム　徳富蘇峰の機関説批判

美濃部の弁明に対し、各新聞は好意的態度で報道したが、明治啓蒙理性の若手論客として論壇にデビューし、その後保守的国民主義のオピニオンリーダーとして活躍を続けてきた徳富蘇峰（一八六三―一九五七）は、機関説に次のように反対した。

「記者は未だ美濃部博士の法政に対する著作を読まない。故に今茲に其の所説に付ては語らない。但だ世間が天皇機関説を公問題とするに際し、操觚者の一人として、其の所信だけは、明白にす可き義務があると信じる故に、敢えて一言する。記者は如何なる意味に於てするも、天皇機関説の味方ではない。苟も日本の国史を一頁にても読みたらんには、斯る意見に与することは、絶対に不可能だ。其の解釈は姑らく措き、第一天皇機関などと云う、其の言葉さえも、記者は之を口にすることを、日本臣民として、謹慎す可きものと信じている」（「日日だより」東京日日新聞一九三五年二月二七日）。

国法学上の機関は、国家人格に意思を供給する役割を担い、ことに直接機関とされる君主、議会は国家意思形成に不可決な重要性をもつ。反尊厳性の概念ではない。たとえば、上杉慎吉は、国家法人説受容時代、天皇の国法学上の地位を、一切の機関を設置し、一切の機関の国家意思を生ずる範囲を伸縮することができる最高の機関と説いていた。

蘇峰はしかし、美濃部の著作を読まず、日本臣民は天皇機関という言葉さえ口にするのを慎むべきだという。機関という言葉は、他の排撃論者もいう道具・手段といった意味もあるが、啓蒙理性の持主なら、ある言葉や概念を実体化し、その言霊《ことだま》にふりまわされるのではなく、批判的にその機能を検証せねばならない。しかし、天皇への帰一の精神が宗教的にまで高まる時代、批判的理性は弱体化していたのである。天皇の尊厳を貶める言霊（機関）は退治されねばならず、逆に天皇への帰一に与かる言霊（主体）は明徴にされねばならない。国体明徴運動は、統治権の主体の宣明で収束に向かうのである。

公に主張した以上、あいまいな首相答弁は内閣の国体明徴の政綱を放棄するものだと首相を責め、詔勅批判や統帥権独立否定など他の美濃部学説にも批判を拡げた。岡田は慎重な考慮という言質を与え、その場を切りぬけた。

貴族院では、菊池らの強硬派に引きづられる形で、国体の本義を明徴にすることを政府に求める「政教刷新に関する建議案」を決議するにいたり、衆議院でも、国体と相容れない言説への断固たる措置を求める「国体に関する決議案」が可決された。衆議院では二月の江藤源九郎議員(陸軍少尉)の美濃部批判を皮切りに、政友会有志が中心となり機関説排撃がすすめられてきたが、民政党、国民同盟はこれにやはり引きづられたといえる。閣外にあった政友会はこの問題で倒閣をねらったともいわれる所以である。

院外においても運動は活発になった。三、四月中にこの運動に立ち上った団体は東京五五、京都七、大阪六、以下各府県にわたり、合計一五一団体にのぼる。中央では「機関説撲滅同盟」が黒龍会の提唱により結成され、有志大会を開いたり、首相、内相等に学説禁止、公職追放を要請した。

なかでも在郷軍人会は四月には「大日本帝国憲法の解釈に関する見解」を作成、このパンフレットを各方面に配布した。

政府は議院内外のこうした事態の展開の中で、四月九日、美濃部の三著を発禁処分に付し(出版法第一九条、安寧秩序妨害)、全国大学長に国体明徴の訓示を通達した。しかし、この後も政友会は機関説排撃の声明を政府に迫りつづけ、陸海軍のつきあげもあって、八月三日、国体明徴の政府声明が出される。陸軍がこの問題で強硬な姿勢を示した背景に前年一〇月に陸軍省が頒布したパンフレット「国防の本義とその強化の提唱」を美濃部が手厳しく批判していたということがある。[15]

この声明は、統治権の主体が天皇にあるとはっきり宣明しておらず（「統治権が天皇に存せずして天皇は之を行使する為の機関なりと為すが如きは……」）、声明後の首相談話は機関説論者として批判されていた一木枢府議長、金森徳次郎法制局長官をかばい、進退を問わない姿勢を明らかにした。

これに不満であった帝国在郷軍人会は全国総会を開き、統治権の主体が天皇であること、機関説が天皇の尊厳の冒瀆にあたることを決意宣明し、首相に申し送った。（総会には陸相、海相も同席）。在郷軍人会、軍部、政友会は再声明を要求しつづけ、政府は第二次声明を出して最終的決着をはからざるをえなくなった（ただし、一木、金森の処分要求は斥けた）。この間、美濃部の司法処分も決着がついた（詔勅批判、機関説は改正出版法第二六条皇室の尊厳冒瀆に関する規定に触れるが、起訴猶予）。

再声明は、「統治権の主体が天皇にましますこと」「天皇機関説は神聖なる我国体に戻」ることを宣明した。運動は沈静化に向い、文部省は「教学刷新評議会」を設置し、日本精神作興の音頭をとった。しかし、翌年、天皇機関説排撃に代る、より過激な国体の顕現を目ざす政治運動が現れ、世間を震撼させた。現状維持派の覆滅を図った陸軍青年将校のクーデター、二・二六事件の勃発で岡田内閣は崩壊した。

4　国体明徴運動の精神史的背景

運動の主役

国体明徴運動は精神運動であり、また政治運動であった。その推進者は、日本主義、国家主義の団体、一部の議会勢力、帝国在郷軍人会、軍部ことに陸軍であり、これに政府、議会がひきづられ、新聞、国民はそれを見守った。しかし、国体を支持し、うけいれていた国民大衆も運動の主体ではないか、という同時代人の見方がある[16]。

E・フロムによれば、「どのような教義や思想も、その影響力は、それを受けとる人間の性格構造における心理的欲求にどの程度訴えるかによって左右される」、また「指導者の性格構造は、かれの主張を受けいれるひとびとの特殊な性格構造をより端的にはっきりあらわしていることが多い[17]」。そこで、国体明徴運動は、どのような当時の国民の社会的性格からする心理的欲求に訴えたのか、という基本問題を、運動の先頭に立った原理日本同人のパーソナリティ・イデオロギー関係を手がかりに検討してみたい。

依存的自我と君臣の大義

蓑田をはじめとする原理日本同人の美濃部批判は、凶逆、不忠、大逆、大権干犯といった言葉であふれている。いわく、理法による憲法解釈は大逆だと、いわく、憲政常道論は大権干犯だと、また、いわく、立憲君主制は君民同治の政体だというのは君主の大義を粉淆する凶逆意志の表明だと（前出「美濃部博士の『国体変革』思想に対する原理的綜合的批判」）。

かれらは、君臣の大義を強調し、国家における国民、その代表である議会・政党の政治的主体性を認めることに強い敵意を向けていた。こうした国民の服従倫理を謳うイデオロギーがどのようなパーソナリティ特性のあらわれであるのか、原理日本の代表的論客の一人三井甲之の次の一文から読み取ろう。三井は、政府に第二次声明を出させる圧力となった帝国在郷軍人会総会の決意宣明（「皇国統治権の主体ハ天皇ナリ此レ我カ国カ国体ノ精華ニシテ吾人ノ絶対信念ナリ」）の意義を以下のように敷衍する。

これ統治権の主体は、天皇にして、その客体たり対象たるものは国家にして、国家をその主体なりとする理論学説実行意志を排撃するのである。全日本国民は、言うまでもなく一人残らず、諸共に『臣民』である。……上御一人に仕えまつるのである。……かくの如く日本国民の生活規律は臣民の服従である。臣民各員はこの臣道をふみ行うことによってその自我を没してここに宗教的大観喜を得るのである。個体自我の投影としての仮説凝固体を神仏と名づけ、自ら神仏なりと僭称する自己神化教が政治的方面に活動の範囲を求むればデモクラシー民政主義となり、『中世以降の如き失墜』の余効を再燃せしむとするのである。……これは帰依信順恭敬礼拝の『他力教』又今日でいえば忠義臣道に対する名である。故に『他力教』は臣道宗教の心理学である。『自力更生』はセルフ・ヘルプ自助論の焼き直しであるばかりではなく、君国海嶽の洪恩を遺忘せるデモクラシー民政主義の半不随意的自白である。此の他力教に於いて、心理学理論として本願力というは実際に於いては天皇の統治意志にましまし……

（「軍人勅諭の深旨を畏みまつりて『臣道』の宗教を宣明す」原理日本一一巻八号、三五年一一月）。

ここにはっきりと、自我の主体性を回避する依存的自我ともいうべきパーソナリティが君臣の大義というイデオロギーを支えていることがわかる。天皇は依存対象だから統治権の主体でなければならなかったのである。文中「自力更生」は、斉藤内閣が国難打開のために打ち出した政策である。国難の時代こそ主体的政治理性が必要なのに、かれらは国家における自己責任を回避したのである。このような依存的自我がひろく当時の国民の社会的性格になっていたとすると、それが天皇への帰一のイデオロギーが強い歴史的力をもちえた精神的背景ということになる。

5　おわりに

主体的理性を放棄するのは、克服さるべき問題があまりに困難である状況の中である。Z・バルビューは、デモクラシーの発展は理性への確信を保障する社会的繁栄と不可分であるという。[18] 成功の社会では理性への自信が生まれるから、政治においても人は主体性を放棄しようとはしない。しかし、昭和を迎えた日本は、資本主義の挫折、社会的絆の破綻（共同体喪失）、国際紛争の中での孤立と不安といった困難の重畳に直面していた。主体的理性は重荷しか意味しないものになっていた。

思えば、国体思想が国民的レヴェルで深く浸透しはじめた明治時代も、列強対峙の中における開国と、新しい経済社会システムの導入による社会変動が、国民に理性と自立の重圧を負わせた時代であった。国体思想は、「閉じた社会」から「開かれた社会」（K・R・ポパーの概念）への移行にともなう近代日本のこの根源的負担と深く関わっていたと思われる。[19] しかし、明治国家体制は天皇への帰一という国体思想に圧倒されることなく、国民の主体的理性を要請する立憲制をもう一つの根幹として築かれた。大正期はこの根幹を逞しくしたと思われたが、昭和期には国体という根幹が肥大化し、立憲的自由は萎縮した。国体明徴運動は勝利し、近代日本の理性は敗北したのである。

注

（1）Vgl. Häfelin, U., *Die Rechtspersönlichkeit des Staates*, Tübingén, 1959, S. 132.
（2）Ellwein, T., *Das Erbe der Monarchie in deutschen Staatskrise*, München, 1954, S. 207f.
（3）Minear, R. H., *Japanese Tradition and Western Law*, Cambridge, Mass., 1970, p. 35.
（4）上杉慎吉『帝国憲法述義』（有斐閣、一九一四年）九三頁。
（5）Sander, F., *Staat und Recht*, Bd. 1, Leibzig, 1922, S. 177.
（6）Gerber, C. F. von, *Grundtüge eines Systems des Deutschen Staatsrechts*, 3Aufl., Leibzig, 1880, S. 19f.
（7）Ebenda, S. 232.
（8）Häfelin, a. a. O., S. 87f.
（9）明治期以前の尊皇論が、天命・徳・智を皇帝の上に置く禅譲放伐説を排撃してきた思想的事実については、中村元『東洋人の思惟方法3』（春秋社、一九六二年）一九七～二〇〇頁参照。
（10）「天皇が苟しくも帝国議会を置いていることが統治の目的を達するが為に不便であると見らるる時が来たならば憲法改正して之を廃止せらるるであらう。それが為に我日本帝国は不具の国家と為るものではない」（上杉・前掲書（注4）二八五～二八六頁）。
（11）「ところが、美濃部学説は国家をもって法人となし、天皇をもって国家機関となすわけであるから、上杉学説の影響を受けた中堅将校の立場からいえば、美濃部憲法は天皇を役所の小使と同じように見るものではないか、というふうに受け取られたわけである」（中村菊男『近代日本政治史の展開』（慶應義塾大学法学研究会、一九七〇年）二五二頁）。

(12) 国体明徴運動を政治史的な文脈において現状維持派と革新派の対立のあらわれと見る代表的文献として、司法省刑事局「所謂『天皇機関説』を契機とする国体明徴運動」思想研究資料特輯七二号（一九四〇年）、『現代史資料4——国家主義運動』（みすず書房、一九六三年）所収を参照。

(13) 本文中　以下の議会、政府、院外団体の言動と事件経過については、宮沢俊義『天皇機関説事件(上)』（有斐閣、一九七〇年）に依拠した。

(14) 升味準之輔『日本政党史論　第六巻』（東京大学出版会、一九八〇年）二三七頁以下。

(15) 石関敬三「国防国家観と国体明徴」早稲田大学社会科学研究所ファッシズム研究部会編『日本のファッシズム——形成期の研究』（早稲田大学出版部、一九七〇年）参照。

(16) 中島健三『昭和時代』（岩波書店、一九五七年）九一～九二頁、一〇四～一〇五頁参照。

(17) E・フロム（日高六郎訳）『自由からの逃走』（東京創元社、一九五一年）七四頁。

(18) Barbu, Z., *Democracy and Dictatorship*, London, 1956, pp. 21-22.

(19) 近代日本にとり国体とは何だったのかを、上杉慎吉の憲法・政治思想の検討をとおして追究した吉田博司『近代日本の政治精神』（芦書房、一九九三年）を参照。

第7章　公職追放と民主化

増田　弘

1　はじめに

公職追放（いわゆるパージ）は、ポツダム宣言第六項[1]に基づき、日本の非軍事化・民主化政策の一環として、日本の戦争政策に責任ある者や占領政策にとって好ましくない者を公職および重要な民間の職責から排除する措置を意味し、一九四六（昭和二一）年一月以降、日本が独立を回復する五二（同二七）年四月まで実施された。この公職追放は、新憲法の制定や農地改革、財閥解体、労働改革、教育改革などとともに、戦後の政治、経済、社会の諸改革面で大きな役割を果たした。

とりわけパージの場合、マッカーサー総司令部、正式には連合国最高司令官総司令部（GHQ／SCAP、ここではGHQと略称する）にとっては、日本の非軍事化・民主化の〝目的〟であると同時に、目的達成の〝手段〟としても格段の威力を発揮した。極論すれば、「もしアメリカの占領政策に逆らうならば、当事者のパージも辞さない」という恐喝の手段としても機能したのである。鳩山一郎や石橋湛山のパージがその端的な事例であった。

コラム　謎の多い軍人パージ

公職追放令によってパージされた日本人は約二一万人。このうち陸軍士官学校や海軍兵学校の卒業生など旧陸海軍職業軍人は一六万七千人に上り、全体の約八割（七九・四パーセント）を占める。ＧＨＱが日本政府に発した追放指令（A号のB項）に依拠して、少尉以上の士官すべては自動的にパージとなるはずであった。ところが実際には五千名前後と推定される軍人が公職追放に処せられず、あるいは一定期間、追放を猶予されたりした。

なぜか。第一は、数百万に及ぶ外地からの復員業務は、陸海軍部でなければ実施不可能であったからである。第二に、敗戦後の社会的混乱状況の中で衛生面が極度に悪化し、しかも医者不足であったため、多くの軍医に依存せねばならなかったからである。その結果、旧陸海軍省（のち第一、第二復員省を経て復興院復員部、厚生省社会援護局へと収斂）から将官、佐官、尉官クラスの行政官が二～三千名、また軍医・獣医や特殊技能をもった技官など一～二千名が各省庁および都道府県庁に配属された。ＧＳ文書によれば、一九四七年八月四日現在で、中央省庁に二〇七二名（復員部一一〇九、厚生省五九一、大蔵省二一一各名など）、また三五の地方県庁に七三五名、合計二七九九名の旧陸海軍将校が雇用されていた。彼らはその国家的業務により、一九四五年から四八年頃までパージを特別免除されていたのである。なお、その中の一部から、日本再軍備構想が生まれてくる。

これらは敗戦処理上の必要性に基づく、いわば正当なパージ実施延期であったが、他面、まったく不可解なパージ免除があった。それは日本政府内部ではなく、ＧＨＱ内部にあった。とくにＧ２（参謀第二部）部長のウイロビー少将がその管轄下の歴史課などに、太平洋戦争史編纂作業のためと称して、東條首相の秘書官や大本営参謀を勤めた服部卓四郎元陸軍大佐ら多数の有力な将校を匿っていたことである。その数はまだ正確に把握できていないが、服部らはソ連に関する機密情報などをＧ２に提供するなどしたとされる。そして服部自身、警察予備隊の発足直後にはウイロビーの強い推薦により初代の予備隊総監を目指したが、吉田首相やＧＳ（民政局）のホイットニー局長らの抵抗で挫折する経緯があった。こうしたパージの特別免除者たちが、のちの保安隊・警備隊を経て一九五四年の陸海空自衛隊誕生の際に、重要な役割を果したことは戦後秘史として明記される必要がある。

こうして占領期を通じてパージの嵐が吹き荒れ、総計約二一万人の旧軍人、政治家、官僚、経済人、言論人、地方の指導者などが公職を追われるにいたった。その家族などを加えれば一〇〇万以上もの日本人がその影響を受けたことになる。公職追放の烙印を押されると、直ちに公職の地位を失うばかりか、退職金、恩給、その他の諸手当をすべて失うこととなった。それどころか、政治家は政治活動を禁止され、経済人はかつて勤めた会社へ立ち寄ることはできなくなり、言論人は執筆活動をあきらめざるをえなくなった。実際上、社会的基盤を失って生活苦に陥るとの過酷な制裁を受けるわけであり、文字通り「格子なき牢獄」に押しやられるに等しい状況となった。ドイツのような禁固刑、市民権剥奪、罰金刑、重労働などの重刑はなかったが、パージになることは社会的に粛清されるも同然であったため、脛に傷ある者は、戦々恐々とした日々を送らざるをえなかったのである。

ではそもそもアメリカ側は日本の非軍事化・民主化のためにこのパージをどのように策定したのか、また民主化の手段としてパージをどのように日本に実施したのか。他方、日本側からのいわば主体的なパージはどうだったのか。そして最終的にパージは日本の民主化にどのように貢献したのか、つまり日本社会はこのパージで変わったのか変わらなかったのか。本章では以上のような観点から分析と考察を試みる。

2　公職追放の始動

ＧＨＱにおける公職追放の策定

オトソ気分も抜けきらない一九四六（昭和二一）年一月四日、ＧＨＱは日本政府に対して突如公職追放の実施を指令して日本側を驚愕させた。以降、日本国内ではパージ旋風が吹き荒れる。「言う事を聞かねばパージされるぞ」といった流言蜚語もあり、パージは〝泣く子も黙る占領軍〟の権威の象徴となった。

では公職追放はどのように形成されたのか。その主役はもちろんアメリカ政府および軍部であった。すなわち国務省、陸軍省、統合参謀本部（ＪＣＳ）などでは戦争末期の四四（同一九）年春頃から、対日戦の勝利を前提に、天皇および天皇制の処遇をどうするか、占領統治形態をどうするか、占領管理形態をどうするかが論議の中心となり、これの諸問題との関連で、パージに対する以下のような方針も具体化していく。第一に、天皇、枢密院、内閣、議会などの上部機関を廃止ないし停止して、天皇を含むすべての日本政府の官吏と組織の権威と責任を剥奪するが、警察や郵便等の通常の行政を円滑に機能させるために、内務、大蔵、法務、運輸などいくつかの中央省庁（外務省の機能は停止）や市県庁を存続させる。第二に、大政翼賛会をドイツのナチス党と同一視して、同会のほか、翼賛政治会、在郷軍人会、その他のテロ団体や国家主義団体を解散させる。第三に、日本の軍国主義的、超国家主義的勢力を根絶するとともに、平和主義的、民主主義的なリベラル勢力を育成し、国会の権限を強化する。このような目的を達成する手段として、公職追放が必要であるとの認識が強まっていくのである。

結局これらの検討結果が四五(同二〇)年九月六日附のSWNCC一五〇/四/A(「降伏後におけるアメリカの初期の対日方針」)の中に盛り込まれた。この文書は公職追放について、「大本営、参謀本部、軍令部の高級職員、その他の日本政府の陸海軍高級職員、超国家主義的かつ軍国主義的組織の指導者およびその他の軍国主義と侵略の積極的主唱者は、監禁され抑留される。積極的に軍国主義および好戦的国家主義を主唱した人物は、公職およびその他の公的または重要な私的責任から除去および排除される。超国家主義的ないし軍国主義的な社会・政治・職業ならびに商業上の団体および機関は解散され、禁止される」と規定していた。

またGHQとこれを統括する統合参謀本部(JCS)も公職追放を重視していた。マッカーサーは日本軍を駆逐してフィリピンのマニラに復帰した時点から、日本占領の実施方法を検討しており、その結果が「ブラックリスト作戦」と呼ばれる計画文書であった。ここでのパージ規定は前記のSWNCC一五〇/四/Aよりも詳細であった。一方のJCSも、別個に対日占領方針を固めつつあり、最終的に一一月三日、JCS一三八〇/一五(「初期の基本的指令」)という文書が東京に伝えられた。これはGHQ関係者が〝バイブル〟と呼んだ重要文書であり、ここでも詳細なパージ規定がなされていた。

以上のとおり、SWNCC一五〇/四/A、ブラックリスト作戦、JCS一三八〇/一五といった三つの政策文書からパージの概要が出来上ったのである。

SCAPN—五四八と五五〇文書

しかし日本の降伏以後、上記の文書に基づいた実施上のガイドラインを必要とした。そこでGHQが皇居お堀端の第一生命ビルに拠点を移した一〇月二日以後、民政局（GS）と民間諜報局（CIS）が中心となって、パージに該当する「好ましからざる組織と人物」の具体的枠組みに着手していく。その際の推進役がGS次長のケーディス大佐であった。彼はGHQ内のニューディーラーと呼ばれる勢力のリーダー格であった。総じてニューディーラーはポツダム宣言に沿った日本の改革に熱心であり、民主的かつ平和的な日本へと改造するためには、このパージ政策こそが強力なテコとなると信じたのである。

ケーディスらは小チームを作り、前記のJCS一三八〇／一五やSWNCC一五〇／四／A、またドイツでのパージ（非ナチス化政策と呼ばれた）を参考としながら、一一月初旬、SCAPIN—五四八と五五〇という二つの草案を起草した。前者「政党、政治結社、協会及びその他の団体の廃止に関する覚書」は、解散されるべき国家主義的・軍国主義的な秘密結社などの組織を、後者「好ましからざる人物の公職からの除去及び排除に関する覚書」は、追放されるべき戦犯、政府指導者、軍部指導者、超国家主義的・暴力主義的・秘密愛国的結社の主唱者などの人物を示していた。

しかしこのような厳しい公職追放案に対して、GHQ内部から批判が起こった。それは参謀部の職業軍人たちであり、とくに情報を担当する参謀第二部（G2）部長のウイロビー少将らが強硬に反対した。彼らは概してポツダム宣言に否定的であった。というのは、いずれアメリカはソ連と対立するのであるから、その場合に備えて、日本の旧陸海軍軍人ばかりか政治家や経済人など保守勢力を温存しなければならないと考えていた。そこで旧勢力を一網打尽にするようなパージの実施には徹底して反対した。

その結果、GS側は譲歩することを余儀なくされた。一二月初めに出来上がった修正案は、A項「戦争犯罪人」、B項「陸海軍職業軍人」、C項「超国家主義的、暴力主義的、秘密愛国的団体の有力者」、D項「大政翼賛会、翼賛政治会、大日本政治会の有力者」、E項「日本の膨張に関係した金融機関」、F項「占領地の行政長官」、G項「その他の軍国主義者および超国家主義者」となった。

以前は内閣各省庁の大臣から局長までをパージ該当としていたが、今回は陸海軍両省と軍需省のわずか三省だけの首脳となった。また以前は追放となる在職期間を「満州事変以降から太平洋戦争終了まで」としていたが、今回「盧溝橋事件以降から太平洋戦争終了まで」へと縮小された。ただしパージとなる職業軍人の位が、以前は「少佐以上」としていたが、今回は逆に「少尉以上」と拡大された。これはマーシャル参謀長が「日本の侵略に積極的であったのはむしろ若手将校だった」と主張したからであった。

しかもケーディスはドイツのパージ規定にはない〝G項〟を加えることに成功した。これは「その他の軍国主義者および超国家主義者」などと漠然とした内容であったが、それゆえ、追放に該当するかしないかシロ・クロが判明し難い中間のケースは、G項に該当させるといった利便さをもった。日本側からすれば、逆にこのG項が脅威となるのである。

ここにパージの概要が定まり、あとは日本政府へ指令を出すだけとなった。マッカーサーが正月中を避けるように指示したため、パージ指令は新年明けに出すことに決定した。

コラム　縁の下の力持ち、日系二世の役割

足掛け七年に及ぶ連合国の対日占領行政は、縁の下の力持ちとして占領行政を支えた日系二世の存在を抜きに論じることはできない。まず日系人に悲劇が生じたのは、日米開戦後の一九四二年二月、ルーズベルト大統領の行政命令九〇六六号からである。これによって太平洋沿岸の日本人はすべて退去を命令され、一一万二千人の日系人が砂漠の中の収容所（キャンプ）に移動させられた。

収容所に入れられた二世は、祖国アメリカへの忠誠を証明しなければならなかった。つまり戦争に参加して両親の祖国である日本と戦う以外になかった。アメリカ政府は当初日系二世を危険視して兵隊に取らなかったが、のち日系人の要望を認め、四四二部隊などがイタリア戦線で大活躍する。またミネソタ州ミネアポリス郊外のキャンプ・サベージ（のちフォート・スネリング）には二世兵だけが集められて、半年間、日本人捕虜の尋問や通信の盗聴など徹底的に日本語を特訓され、太平洋戦線へ陸軍兵として送り出されたのである。とくに日本で教育を受けた「帰米二世」の果たした役割が大きかった。米陸軍省は、「日系二世兵がいたお陰で、太平洋戦争は予定よりも一年早く決着した」と報告している。

占領開始以後、彼らはその語学力や人脈を買われて、ＡＴＩＳ（翻訳通訳部）に大半が配属された。日本側の膨大な出版物の検閲作業はほとんど彼らの仕事であった。ＣＩＣ（対敵諜報部隊）に配属され、スパイとして共産党や労働組合から情報を取る二世も多数いた。また塚原太郎のように、ＧＳの実力者ケーディス次長の片腕として、パージの情報収集などで大活躍した者もいる。彼は帰米二世で、帰米後に共産党員となった。キャンプから志願して陸軍に入り、太平洋戦線では陸軍情報部の対敵宣伝班に入り、日本軍に投降を呼びかけるビラの大半を作った。同班がＣＩＥ（民間情報教育局）となり、そこでの能力を評価されてＧＳに抜擢されたのであるが、冷戦後に逆コースが始まると、保守派のウイロビーに睨まれ、四九年に帰国後、赤狩りに巻き込まれて不遇の一生を終える。

概して日系人のほとんどの地位は低く、精々中尉止まりであったが、例外はジョン・アイソ（相磯）であり、彼はＣＩＳ（対敵諜報局）に勤務したのち47年に陸軍を退役した際に大佐であった。これが当時の二世の最高であった。なお彼はロサンゼルスで弁護士として活躍した。

四六（同二一）年一月四日、パージ指令がGHQから日本政府へ発せられた。パージの噂は流れていたとはいえ、想像以上の厳しい内容に政府部内は大騒ぎとなった。しかし占領軍当局からの厳命である以上、日本政府はこれに従うほかなく、英文の指令を日本文とする法令化作業を進め、二月に終了する。結局SCAPIN―五四八文書が勅令第一〇一号となり、SCAPIN―五五〇文書が勅令第一〇九号となった(2)。以降、パージが実施段階へと入っていく。

日本側の主体的公職追放

公職追放とは、占領したアメリカ側が占領された日本側を非軍事化・民主化するために実施する、いわば上からの強制的パージであった。では日本側が主体的に、いわば下から公職追放を実施することはなかったのか。つまり、自らの戦争への過程を内省した上で、戦争推進者に対する自己制裁を課すことはなかったのか。決してそうではなかった。ドイツにおける国民的規模での反ナチス運動といったレベルではなく、散発的ないし個別的レベルではあったものの、主体的なパージもあった。

まだ敗戦の衝撃が覚めやらぬ九月から一〇月、国内では戦争責任の追及が澎湃として沸き起こった。正確な情報を与えられず、大本営が発する連戦連勝の公報を信じて戦争へと駆り立てられ、多大な犠牲を強いられた一般大衆の側から、旧軍部および政治指導層に対する激しい怒りと不信が爆発したのも当然であった。東久邇首相の「一億総懺悔論」は内外から支持を得られず、国民から首相宛の数多くの書簡には、当時の食糧窮乏への訴えのほか、政財界上層部の総退陣、官僚打倒、官庁機構の改廃などを求める声が強かった。

このような騒然とした状況下から、国会内では一〇月三日、敗戦の責任を取るとの理由で池崎忠孝、蝋山政道など衆議院議員九名が議員辞職を願い出た。これは政界での初の自律的な公職辞職の動きであった。経済界でも、ＧＨＱ側の財閥解体の気運に刺激された面もあったが、三井・三菱・住友など有力財閥が自発的に幹部の総退陣を実行した。言論界では新聞業界がもっとも活発であった。朝日新聞社では従業員が戦時中における戦争肯定の論評を問題視し、同紙の編集方針に関与した部局長に圧力をかけて辞職へと追い込んだ。毎日新聞社でも同様の大量辞任が生じた。読売新聞社内でも戦争協力者を追放する動きが起こったが、正力松太郎社長がこれに反対して労働争議へと発展し、結局正力が戦争犯罪容疑で逮捕されたため、同社役員は辞任を余儀なくされた。教育界では東京大学や京都大学で戦争肯定派の教授が次々と辞職したほか、九州大学では教授会内に独自に公職追放審査会を設置して、戦時中に戦争を肯定し賛美していた教授に対する追放決議がなされ、当該教授は退職せざるをえなかった。キリスト教系の立教学院でも、軍国主義的かつ超国家主義的な教育を導いた教職員が罷免された(3)。

このように日本の各界で戦争遂行者や協調者への批判が高まり、関係者の辞職とか罷免といった形で処分が相次いだ。これは戦争責任問題に対する日本側の主体的な公職追放運動として評価されねばならないであろう。

しかし戦後日本の民主化を促進する担い手である政界の指導層は、全体的に戦争責任を負う意識が希薄であった。一一月二六日、敗戦後最初の第八九臨時帝国議会が召集されると、国会議員の戦争責任を追及する論戦となった。成立間もない自由党は、一二月一日の衆議院本会議に次のような「議員の戦争責任に関する決議案」を提出した。

「ポツダム宣言受諾以来、わが戦争責任については、深甚なる反省が加へられ、既に軍部、財界及び言論界は相継いで自粛の実を示すの秋、独り政界の恬として反省の実なきは真に遺憾に耐へず。国民を代表して範を天下に示すべき衆議院がこの際戦争責任を明確にせずして議案の審議を進むるが如きは断じて許すべからざることなり。大東亜戦争開始以来政府と表裏一体となりて戦時議会の指導に当れるものはこの際速にその責任を痛感して自ら進退を決すべし。右決議す。」

このように自由党は、戦争を開始した者の責任および政府に積極的に協力してきた者の責任は追及されねばならないという確固たる立場を示し、暗に戦争推進者や政府協力者の多い進歩党幹部の引責辞職を求める一方、自由党内には一人として戦争責任者はいない、と主張したのである。一種の選挙戦の様相を呈したともいえる。

社会党の立場もほぼ自由党と同じであったが、責任を取るべき者の範囲は、「満州事変以来の閣僚および内閣三長官、旧翼賛政治会、旧大日本政治会の党首、常任総務、翼賛政治体制協議会の発案者と首脳部、大政翼賛会や大日本翼賛壮年団の発案者と首脳部等」とし、これらの該当者は公民権を終身停止されるべきである、と提唱した。

これに対して国会で多数を占める進歩党は、同日に提出した「戦争責任に関する決議案」(略)の中に示されていたが、議員として等しく責任を感じるものの、同僚が同僚を排撃するやり方には賛成できないとし、戦争責任の取り方としては、自発的に引退する者、来るべき総選挙で国民の審判を待つ者など、「自粛、自戒」の方法は各人の自由に任せるべきであるとしていた。つまり、進歩党は戦争責任に関して積極的に何もしないとの方針を示したのである。

採択の結果、この進歩党提出の決議案が起立多数で可決され、自由党提出の決議案は否決された。ただ、過日、戦争責任を痛感して辞職願いを提出していた一〇名の代議士の辞職を許可したのみであった。同日、貴族院本会議でも戦争責任問題が論議されたが、具体的成果は何ら得られなかった(4)。

国民から政界、官界、財界の粛正を強く要望する声が上がったにもかかわらず、以上のように、政治指導層からは自発的な戦争責任を取る気運が見られず、主体的な民主化への動きや指導層の交替などは顕現化しなかった。幣原内閣としては、選挙制度を大幅に改革し、総選挙を通じて国民の批判を受けることによって、戦争責任問題を処理しようとの考え方であった。一二月一七日、政府は衆議院議員選挙法の改正を成立させると、翌一八日には衆議院を解散した。政府および国会の消極的姿勢は、一般国民を失望させたばかりでなく、ポツダム精神に則って日本の改革を進めようとするGHQ内のニューディーラーらも失望させたことであろう。要するに、日本側の自主的で積極的な民主化は望み乏しく、結局は占領軍当局が日本政府に圧力を行使することによって民主化的改革を促進するほかない、その際の有力なテコがパージである、との認識が広がったのである(5)。

3　公職追放の実施

第一次公職追放の実施

GHQ側の日本政府に対する関与は迅速であった。幣原内閣がGHQの気勢を制する形で進めた衆議院の解散、そして翌四六年一月二二日の総選挙施行という決定を突然停止させ、代わって一月四日の公職追放指令を発したわけである。事実上、幣原内閣の政治的意図ばかりでなく、政権獲得を目指して動き始めた各政党の選挙活動を粉砕したのである。

これに対して幣原首相は、当初総辞職を検討したが思いとどまり、パージ指令に明らかに該当する堀切善次郎内相ら閣僚五名を入れ替えることとし、また指令の付属書A号に掲げられているカテゴリー（基準）により直ちに該当人物を罷免するのではなく、「査問委員会」を設置し、ここで該当人物の経歴等を調査した上で公職から罷免ないし排除するとの慎重な方法をGHQに提起した。しかし幣原首相に会見したホイットニーGS局長は、指令は〝懲罰的〟なものではなく、日本の領土拡張主義への〝予防的（preventive）〟措置であるから、個人的な罪を問題とするのは見当違いであるとして、日本政府の提案を一蹴した。

やむなく日本政府はA項からG項までの各カテゴリーの範囲を具体化する作業を進めざるをえなかった。その過程で、戦時中の一九四二（昭和一七）年に実施されたいわゆる推薦選挙（東條選挙ともいわれる）の立候補者は、例外なくG項に該当するとの決定が下され、該当者は今回の総選挙に立候補できなくなった。この決定について、当時内務省の地方局行政課事務官（のち自治庁事務次官）小林與三次は次のように証言している。「資格審査をやっていたが、むこう（GHQ）の満足する結果が出なかった。……そこで、この基準がだんだんと広がっていった。……最後に思いついたのが推薦議員です。それが基準に入ったのは二月一三日ごろ、推薦議員が入ったものだから、現議員の九〇パーセントがだめになった。この基準をかれらは発見して、ようやく安心したわけです(6)」。

この新基準の衝撃は大きかった。進歩党は結党時の二七四名のうち二六〇名が失格（つまりパージ該当）となり、わずか一四名のみとなった。そのほか自由党が四三名中三〇名、社会党は一七名中一〇名、協同党が二三名中二一名をそれぞれ失った。総じて前議員四六六名中の約八割に当る三八一名が立候補資格を失う結果となったのである。またD項の「大政翼賛会の有力分子」の中に「地方長官（県知事に匹敵する地位）」が含まれることが決定した。戦時期、地方長官は大政翼賛会の地方支部長を兼職しており、この地位が追放該当となったわけである。こうして該当する地方長官二三名のほか二名が辞表を提出し、結局三月までに知事の異動した府県は二八に及んだ。

GHQ、とくにGSは以上のように日本政府に圧力を加えながら、公職追放の各基準を確定させるとともに、戦後初の総選挙では進歩・自由両党らの保守勢力を減退させ、社会党など革新勢力の増進を企図していた。そのためGHQは、総選挙を四月一〇日実施へと変更させ、その期間内に立候補者の事前審査を徹底させようとした。そこで日本政府は、二月二八日に楢橋渡内閣書記官長（現内閣官房長官）を委員長とする公職資格審査委員会を設置し、ここに第一次公職追放が開始されるのである。

この前後、各政党は有力な立候補者を失ったため、新人の発掘や前議員の夫人など身代わり候補の確保に奔走せねばならなかった。はたして四月一〇日、歴史的な総選挙が実施された結果、全議席四六四の内訳は、自由党一四〇、進歩党九四、社会党九三、協同党一四、共産党五、諸派三八、無所属八〇となった。新人議員が全体の八割を占めたこと、婦人代議士が三九名誕生したこと、共産党が日本の議会史上初の議席をもったことなどが画期的であった。

さて自由党は過半数には遠く及ばないとはいえ、第一党の地位を獲得したため、鳩山一郎総裁は組閣の手筈を進めた。すでに日本側の公職審査委員会は、鳩山を追放非該当、いわゆるシロと判定していた。ところが五月三日、突如ＧＨＱから鳩山への公職追放指令が発せられた。つまりＧＳが日本側の判定を無視する形で、鳩山のパージをメモランダム（覚書）により命じたのである。鳩山が「ＧＨＱは私を信用している」などと財界に触れ回ったり、露骨な日本共産党への批判を行ったり、政界の裏側を取り仕切る人物から金銭面で支援されていることなどが、ホイットニーやケーディスの逆鱗に触れたのである。もし日本の為政者がアメリカの占領の意思に反するような態度を示すならば、パージも辞さないという多分に〝見せしめ的恐喝〟として鳩山パージが実行されたのである。要するに、保守的な鳩山首班を嫌うＧＳの露骨な強権発動であった(7)。

しかしケーディスらの目論見は外れた。鳩山らは密かに吉田茂外相を後継者に選び、五月二二日に吉田保守連立政権を発足させたからである。以降、水面下ではＧ２のウイロビーらと結びつく吉田政権と、社会党を支援するＧＳ側との間で隠微な争いが進展していく。

さて楢橋委員会（第一次審査委員会）は、総選挙後から公職審査を本格化させたが、厳しい審査を要求するＧＳ側に比較して、緩やかで日本側を弁護する傾向が強かったため、双方の間で軋轢が生じた。ホイットニーは委員会幹部を前にして、パージに対する日本側の消極姿勢を遺憾とし、現状が改善されないならば日本側に任せる方針を変更して自ら実施することになろう、と警告するほどであった。先の鳩山のケースはＧＳの楢橋委員会に対する警告であると同時に、不信任の現れでもあった。六月には、衆議院議長に就任予定の三木武吉、自由党幹事長の河野一郎など八名がやはり委員会の頭越しに公職追放となった（ただし三木と河野の追放には吉田首相の策謀があったと思われる）。ＧＨＱ側はもはや官僚主体の審査委員会には追放問題を任せ難いと判断するにいたった。

このような事情について、当時人事課長として事務局を取り仕切っていた渋谷操一は次のように証言している。「楢橋委員会の基本的考え方は、敗戦国としての日本の今後に（ＧＨＱの追放政策の）影響力があまり大きくなることを望まないわけです。……ですから追放該当者をできるだけ少なくしようとする。この点で民政局との意見の食違いが出てきたわけです。……情も絡みましたし。ですから軍国主義者ではないということを弁護するのが我々の使命だと考えていたのですが、総司令部側はこれが気に入らないわけです。結局委員会は不信任となった」。

もう一点、元来楢橋とは折り合いが悪い吉田が首相に就任したこともあって、第一次審査委員会は六月末に解散となった。この間の審査人員は五一四〇名、このうち追放非該当者は四三三七名、追放該当者は八〇三名、全体の一五・六％という結果であった[8]。

六月二九日、第二次審査委員会が発足した。委員長には憲法学者として知られる美濃部達吉が就任し、委員には官僚出身者ばかりでなく馬場恒吾（読売新聞社社長）といったジャーナリストも抜擢された。このような人選もあって、ＧＨＱ側からは第一次委員会よりは審査の公平性が評価された。しかしこの時期になると、対日理事会（ＡＣＪ）や極東委員会（ＦＥＣ）が機能しはじめ、ソ連代表などが日本政府およびＧＨＱのパージ政策に干渉するようになった。美濃部委員会でも引き続き事務局長職にあった渋谷は、「両国（ソ連・イギリス）はナチス・ドイツを念頭に置いて公職追放を想定しているわけです。ところがナチスに該当する全体主義的党派が日本にはない。……我々のやり方では、顕著に公職追放令にひっかかるものだけ出す。中間的ないし曖昧なものはＯＫ（非該当）という部類に入れるわけです。したがってドイツと比較すると追放者数が少ない。……だから対日理事会で日本の公職追放はドイツと比較すると生温いと問題になった」と証言している。

とりわけ大政翼賛会について双方の認識に大きなズレがあった。連合国側はとかく大政翼賛会をナチス党と同質と見なして、同会の支部長をしていた内務省の警察部長とか在郷軍人会の役員らを追放するよう要求した。

こうして美濃部委員会も四七（同二二）年一月初めに解散を余儀なくされた。この間同委員会は、三七五九名を審査し、そのうち追放該当者二六四名、非該当者三四九五名との判定を下した。約一年間の総計では、審査人員は八八九九名、内訳は追放非該当者七八三二名、追放該当者一〇六七名（全体の一二％）、という結果となった。(9)

第二次公職追放の実施

この間GS内部では密かに第二次公職追放の準備に入っていた。第一次公職追放が旧軍部、政界、官界など中央部に限定されており、したがって、残されていた地方部の指導層や経済界、言論界などを対象とする第二次公職追放を実施することで完結させる意図であった。しかも新憲法をめぐる審議が始まりつつあり、となれば新選挙法や地方自治法などに基づく衆参両院選挙、都道府県・市町村の首長および議員選挙が行われるはずであり、それ以前に第二次パージを遂行して、〝大掃除〟をする必要があったわけである。

しかしGHQ内部ではまたも参謀部の四部（G1〜G4）や外交局（GS）などパージ消極派が、地方・経済・言論等の分野にまでパージを拡大することに反対した。彼らは、強力な日本を必要とする時期が来るかもしれないから、日本を混乱させ弱体化させるような追放をやってはいけない、とりわけ経済界から有能な人物を除去するような危険を冒してはならないと強調した。他方、ホイットニーらGS側は、第一次追放を通じて中央政界から旧指導者を排除できたことを概ね評価しながらも、地方政界では旧来の指導者が戦前同様に確固たる地位を占め、地方行政を牛耳っている状況を問題視しており、また経済および言論界では民主化があまり進展していない事態を危惧していた。そこでホイットニーらはマッカーサーの支持を背景にして参謀部などの抵抗を振り払いながら、日本政府を督促して着々と第二次追放の態勢を固めていった。

これに対して内務省を中心とする日本政府は、地方パージに関して、府県および市レベルの地方公職審査委員会を設置することは了解したものの、戦時中に市町村長、区長、町内会長、部落会長の地位にあった者をすべて公職から排除せよ、また大政翼賛会などの地方支部長であった者をも追放該当にせよ、とのGS側の要求に抵抗した。しかしGS側の姿勢は強硬であり、その姿勢の前に日本政府はひれ伏す以外になかった。一一月八日、最終方針である「地方公職に対する追放覚書の適用に関する件」を公表するにいたった(10)。

また経済パージに関しては、GHQ内では経済科学局(ESS)がGSと協力あるいは後押しされながら、日本政府と折衝した。日本側は、このパージが日本の経済復興にマイナスとなることを恐れて抵抗したものの、ESSとGSは強固な態度で日本側を説き伏せ、一一月二一日、「政治的経済的重要地位に対する追放覚書適用の件」が閣議決定された(11)。

こうして翌四七(同二二)年一月四日、地方パージと経済パージに関する第二次公職追放令、正式には「公職に関する就職禁止、退官、退職等に関する勅令(昭和二二年勅令第一号)」が公布・施行された。とりわけ地方パージは、四月に実施される戦後初の一斉選挙（衆院・参院の中央選挙と都道府県知事選・同議会議員選・市町村長選・同議員選の地方選挙）に向けて重要となった。これに備えて全都道府県と人口五万人以上の全都市に、地方公職審査委員会が設置され、中央公職審査委員会と並行して立候補者の審査が行われた。その結果、四七年一月四日から翌四八年五月一〇日までに、地方審査委員会は六五万一四〇〇名を審査し、そのうち六四万七三一九名を追放非該当、四〇八一名を追放該当とした。同じ時期に中央審査委員会は五万七一一六名を審査し、そのうち五万三四八三名を追放非該当、三六三三名を追放該当とした(12)。

なお言論パージ関連の法案作りは、前二者と比べて遅れた。地方および経済パージほど政治性が高くなかったこと、新聞・通信、雑誌・出版、映画・芸能など広い領域に及ぶため基準の設定が難しかったことなどがその原因であった。結局第二次公職追放令の公布から半年近く遅れて、六月三〇日、言論パージの基準が決定した。

具体的には発行部数が一万部以上の有力新聞社などのうち、盧溝橋事件から太平洋戦争の開始にいたる期間、軍国主義的宣伝を行ったものとして新たに三六八団体が追放に指定され、該当する団体の会長・社長、理事・編集局長などが公職追放となった。その過程で、石橋湛山蔵相の政治的なパージ問題が発生し、石橋を政界から追放したいケーディスらは、意図的に雑誌『東洋経済新報』内の石橋署名の社説や論説を切り貼りして、強引に公職追放させた。そのほか政府内では、言論の検閲や統制に深く関わった情報局の次長や部長、内務省の次官・警保局長・検閲課長などのほか、警視庁、文部省、司法省、企画院の検閲担当者も公職追放となった(13)。

4　公職追放の終了

ワシントンの対日方針の転換

公職追放は一九四七（昭和二二）年にピークを迎えた。第二次公職追放令の公布・施行に合わせて、中央では解散した第二次委員会（美濃部委員会）に代わって第三次委員会が発足した。委員長には元外務事務次官の松島鹿夫（のち牧野英一）が就任し、委員も経済界・言論界・学界・法曹界など幅広い分野から抜擢された。また地方でも都道府県レベルと人口五万人以上の市レベルで地方審査委員会が発足し、ここに全国レベルでの公職審査が軌道に乗ったのである。とはいえ、武徳会パージ、平野力三パージ、Y項パージとか政治的パージが相継ぎ、一般世論からパージ審査の公平性や日本側とGHQ側との二重基準の問題等に対する疑惑が生じ、審査委員会の権威を揺るがすような事態となった。

他方、アメリカ政府内では密かに対日占領政策の転換を模索する動きが起こっていた。その推進役は国務省政策企画室長のケナンと陸軍省次官のドレーパーであった。ケナンは米ソ冷戦が世界化する傾向を見据えて、ポツダム宣言に則った対日厳罰主義の講和方針が非現実的となりつつあり、また中国をアメリカの対アジア戦略の要とするルーズベルト的発想は誤りで、むしろ日本へと切り替える必要性を認識していた。またドレーパーは、経済界出身者らしく、インフレが猛威を振るっている日本の現状を危惧し、年間数億ドルに及ぶアメリカの対日経済援助を無駄にしないために、従来の日本弱体化政策から日本経済の強化政策へと転換させる必要性を感じていた。

つまり両者は、日本の非軍事化・民主化路線を〝経済的自立化〟へと軌道修正することを急務と認識していたわけである。四八（同二三）年一月のロイヤル陸軍長官の演説は、このようなワシントンの空気をいち早く代弁したものであり、日本をアジアの反共防波堤へ、アジアの工場へ改造するとのアメリカの新たな目標を提示するものであった。

三月に来日したケナンとドレーパーは、マッカーサーに対して上記の認識を示し、パージの終結、とりわけ日本の経済復興のために有力経済人や政治家の公職復帰などを求めたほか、日本の再軍備や早期講和の棚上げなどを説いた。これに対してマッカーサーは、パージが所期の目標を概ね達成できたこと、また経済パージなどの一部行き過ぎを認めた上でパージの〝終結〟に同意した。ただしパージの〝解除〟には難色を示し、ワシントン側のパージ終結と解除の同時進行の方針に抵抗していく。そのほか日本の再軍備化の方針に対しても憲法九条との矛盾などを理由に掲げて強く反対を表明する。ここにいわば東京・ワシントン間に第二の冷戦が発生するのである。

その後ケナンら対日占領政策転換派は、一部マッカーサーの意向を尊重して譲歩するが、基本的には当初の目標を固めていき、最終的には一〇月八日、トルーマン大統領の承認を得て「アメリカの対日政策に関する勧告（NSC一三／二）」を成立させた。ここにアジアの冷戦に対処する基本枠組みが成立する。折りしも日本国内では芦田・中道政権が昭和電工疑獄事件をきっかけに瓦解し、第二次吉田内閣が成立する。振り子が左から右へと揺れたわけである。吉田保守政権はまもなく戦後三度目の総選挙で大勝して国会の多数を獲得し、その政治的安定性を背景にアメリカの新しい日本の経済的自立化政策を担うのである。

公職追放の終結と訴願

さてマッカーサーがパージ終結を受諾したことにより、公職追放は終結という第三段階に急遽入ることとなったが、ホイットニー、ケーディス、ネーピア審査課長（のち次長）らGS首脳には戸惑いがあった。なぜなら、地方でのパージは都府県の行政官僚による抵抗を受けて十分進展しておらず、また軍人パージにしても、政府内では第一復員局（旧陸軍省）や第二復員局（旧海軍省）、また厚生省や大蔵省など各省庁や地方の行政機関に多数の旧軍将校が追放を保留されて働いていたばかりか、GHQ内の参謀部でも数千人規模に及ぶ旧陸海軍軍人が追放を免れてかくまわれており、パージの完了にはほど遠い状況にあったからである。そこでGS側は一計を案じ、五月一〇日に中央公職審査委員会と地方審査委員会を解散させたものの、実質的なパージ業務を総理府監査課と法務庁（のち法務省）特別審査局（いわゆる特審局）に継続させた。ワシントンを欺く巧妙な手段ともいえた。

その間、GSは日本の審査委員会を通じて、「仮指定」（辞職などにより追放該当者と決定していない潜在的な追放該当者のこと）を推進させた。つまり、公職審査が終わっていなくとも、形式上追放に該当する者約二一万人を追放に仮指定し、一定の期間内に反証のある者だけを審査し、反証の無い者を自動的に追放する方法であった。この方法により中央および地方の公職審査業務は活性化し、四八（同二三）年三月までに、仮指定を受けた者は総数二〇万四三〇四名、異議申し立て（反証）後にそれが認められて追放非該当となった者一万一一六二名、それ以外の一九万三一四二名が追放該当と決定した。

こうして五月一〇日の審査委員会の廃止までに、中央委員会では計一七二回の会議を開き、審査該当人員五万七一一六名のうち、追放該当者が三六二三名、地方委員会では同じく六五万一四〇〇名のうち、四〇八一名、それに上記の仮指定者が一九万三一四二名であるため、合わせて二〇万八五六名、これに第一次追放者一〇六七名、教職追放者七〇〇三名を加えると、総計二〇万八九二六名となった。

ところが六月以降、昭和電工事件が日野原社長の逮捕からケーディスへと飛び火したばかりでなく、芦田政権を支える社会党の実力者西尾末広ら要人、政府高級官僚、さらには芦田首相にも関与の疑惑が広がった。この疑獄事件は今なお真相が闇の中にあるが、一説にはGS対G2の権力争いが背後にあるともいわれる。この結果ケーディスは対日占領政策の転換を阻止するとの理由でワシントンに出向くが、要するにG2の勢力拡大による自己の不利を悟って日本を去ることを余儀無くされたのである。ケーディスの退場は、すなわちニューディーラーら改革派の衰退を象徴していた。このようにワシントンの変心は、GHQ内部の力関係に微妙な影を落としたといえる。

疑獄事件によって民心を失い、またGSの後ろ盾を失った芦田政権は退陣する以外になかった。代わる吉田保守政権は、戦後初の安定政権として、公職追放の実質的な終結を目指すと同時に、四九（昭和二四）年二月には「公職資格訴願委員会」を復活させて、訴願審査による追放解除に全力を上げていく。そして八月の段階で、三万二〇〇〇名の訴願を受け付けて、そのうち二〇〇〇名の追放解除を決定した。これはワシントンの意向でもあったが、マッカーサーとホイットニーは吉田のこのような解除方針を頑として認めようとしなかった。その後も同じことが繰り返されるのである。

朝鮮戦争と公職追放解除の進展

ところが五〇（同二五）年六月二五日、朝鮮戦争が勃発すると事態が急変していく。占領軍の朝鮮半島への出動によって日本に軍事的空白が生じ、これを埋めるためにマッカーサーは七月八日、吉田首相に警察予備隊の創設と海上保安庁の八〇〇〇名増員を許可した。吉田の警察力の拡大要請に応じる形を取りながら、実質的には擬似軍隊の復活を命じたに等しい。日本の再軍備化はNSC一三／二によってワシントンの規定の方針であったが、日本国憲法第九条に矛盾するとしてマッカーサーがその受け入れを拒否してきたのである。しかし予想もしない極東有事を眼前にして、もはや形振り構わぬ行動に出たともいえる。

このスモール・アーミーとネービーの復活は、パージ解除問題にも一石を投じた。これまで日本政府の追放解除の要請をことごとく拒絶してきたGSが、一〇月一二日を境にして解除容認へと転じたのである。すなわち、訴願委員会が三万余に及ぶ訴願者のうちから、一万九〇名の追放解除を妥当と判定した結果を承認したのである。この中には、八三八名の旧陸海軍将校も含まれていた。つまり、日本再軍備に必要な旧軍人を追放解除させ、暗に予備隊入りを可能とするためであった。直ちに日本政府は追放解除者を公表した。以降、解除は進んだ。とくに翌五一（同二六）年四月のマッカーサー解任以後は、旧軍人や政治家、経済人、言論人などのパージ解除が急速に進み、逆に、共産党員や社会主義者などがパージの対象となっていった。この点に関しては〝逆コース〟といえた。

五二（同二七）年四月二八日、対日平和条約が発効し、日本は晴れて独立を回復するとともにポツダム政令がすべて廃止され、ここに残留していた岸信介ら約五七〇〇名も自動的に追放解除となった。こうして長年にわたり日本全国に吹き荒れたパージの嵐は去ることとなったわけである。

5 おわりに

ではパージは戦後日本の民主化に貢献したのであろうか。それは日本側の主体的パージとアメリカ側の強制的パージとに大別して考察されねばならない。

まず前者の日本側の主体的パージ、つまり自力で戦前の軍国主義・全体主義・超国家主義的な社会を是正するために、旧来の主唱的指導者を公職から排除ないし駆逐する政治的行動については、終戦後いち早く戦争責任問題に絡めて浮上した。その結果、政界では国会議員を辞職したり、経済界や言論界でも役職者が退職ないし強制的に辞職させられたり、教育界でも同様な事態が発生した。しかしいずれも個別的に実施されたものであり、ドイツのように国家的レベル、つまり国民運動として実施されたものではなかったし、数量的にも微々たるものであった。しかも連続性に乏しく、処罰の規定も曖昧であるケースが多かった。これは多分に時の幣原内閣自体が戦争責任問題に不熱心であったためであり、総選挙を通じてこの問題を決着させればよいとの安易な発想に止まっていたことに基因する。

これに対して後者であるが、既述のとおりアメリカ側は、戦時中から日本の各界の要人調査に基づく膨大な追放者および解散団体リストを準備しており、日本の敗戦以後からパージに関する具体的指針を検討しはじめていた。したがってアメリカ政府は、日本政府の姿勢如何に関わらず、マッカーサー総司令部を介してパージを実施したであろうが、それでも、もし日本政府がより積極的なパージ政策を提示して自ら実施する姿勢を示していれば、状況は異なっていたかもしれない。いずれにしてもGHQ内のニューディーラーからすれば、保守的な内務官僚を筆頭とする日本政府は民主化には無理解で、なおかつ公職追放に対して後ろ向きであり、公職審査委員会ですら抵抗勢力以外の何物でもなかった。こうしてGHQからのトップダウン方式による公職追放路線、いわば他律的パージが日本全体を覆う結果となったわけである。

ただし問題は、日本はドイツと異なって直接統治ではなく、間接統治を基本原則とした点である。アメリカ政府もマッカーサー総司令部も、パージ政策の実施段階でこの問題を避けることはできなかった。つまり、間接統治であるから、パージの実施は内閣総理大臣直属の公職審査委員会による審査に委ねられるはずであったが、パージを専管とするGSは往々にして審査過程で干渉し、審査委員会がシロとした判定をクロとして覆す事態を引き起こした。これは明らかな矛盾であり、二重基準（ダブル・スタンダード）が存在することを白日の下にさらすこととなった。日本国民はパージの公平性を疑い、GHQやアメリカに対して不信感を抱くことになった。皮肉にも、鳩山や石橋のパージの不当性を辛らつに批判したのは『ニューズウィーク』誌のアメリカ人ジャーナリストのカーンやパケナムであった。彼らは、「日本のパージが日本人の手によって行われているというのは嘘であり、実際はマッカーサー総司令部が行っている」と日本の内外に訴えたのである。

それればかりでなく、武徳会パージ、平野力三パージ、あるいはY項パージなど、日本政界の権力争いがパージを巻き込んだことも、一般世論から顰蹙を買い、パージそのものへの信頼性を失わせた。

このようにパージの実施段階で審査の二重性や謀略性が暴露された結果、審査委員会の権威が失墜すると同時に、マッカーサーおよびGHQの権威も傷ついたのである。

ではパージは日本の民主化に何ら貢献しなかったのか。そうではないであろう。

総じて、連合国側の強制的パージによって日本の各界での人的交替は急激に進んだ。これはすべて民主化と一体とみなすことはできないとしても、新しい価値観をもたらし、若い世代を中心とするエネルギーを引き出すことになった。そのような意味では、経済界でのパージがもっとも影響が大きかった。それまでの高齢の経営者はことごとく退陣を余儀なくされ、一挙に四〇代など若い世代へのトップ交代を実現させた。その中から、長期経営者として辣腕を振るう成功者を排出させた。たとえば永野重雄、小林中、桜田武、水野成夫は〝財界四天王〟と呼ばれ、経団連を軸に経済界をリードするとともに政界にも発言力を強める結果となった。とりわけ一九六〇年代における日本の高度経済成長はこれら経済界の活性化によるところは大きく、その意味から経済パージの効能を指摘できる。

他面、政界では総選挙を通じて古参政治家の退場を促し、女性を含む新世代の登場をもたらす効果を生んだとはいえ、それは一時的なものに止まった。一つには政治運営は熟練を必要とし、新人議員には荷が重かったからといえる。もう一点は、日本の講和が現実へと近づいた一九五一（昭和二六）年から、大物議員のパージ解除が進み、政界復帰が相次いだことである。ベテランの復権によって新人議員は政界の端に追いやられる結果となった。実際、日本の独立以後の五四（同二九）年から六〇（同三五）年までの約五年間は、鳩山・石橋・岸と三人とも公職追放者（岸は戦犯から公職追放）が政権を保持しているが、これが政治パージの限界を象徴している。

しかしながら六〇年代を迎えると、池田勇人や佐藤栄作といった吉田に庇護された戦後の官僚出身政治家が相次いで政権を掌握し、日本はこの両政権の下で経済大国の道をひた走ることになる。それにつれてパージ経験の閣僚経験者は退場していく。その限りでは、政界でもパージの効用を認めることができる。以上の意味から、パージの果たした歴史的役割はきわめて大きいと結論できる。

注

(1) ……日本国民ヲ欺瞞シ之ヲシテ世界征服ノ挙ニ出ズルノ過誤ヲ犯サシメタル者ノ権力及勢力ハ永久ニ除去セラレザルベカラズ。

(2) 昭和二一年勅令(ポツダム勅令)第一〇一号は「或種ノ政党、政治的結社、協会及其他団体ノ廃止ノ件」、同第一〇九号は「就職禁止、退官、退職等ニ関スル件」を意味する。

(3) 竹前栄治・中村隆英監修(増田弘・山本礼子訳)『GHQ日本占領史6 公職追放』(日本図書センター、一九九六年)一二~一三頁参照。

(4) 自治大学校編『戦後自治史Ⅵ 公職追放』(日本図書センター、一九六四年)九一~九四頁参照。

(5) ホイットニーGS局長は、一月四日のパージ指令が公表された際、「日本人が、一度言論、出版の自由に対する制限が除かれると、自分らの政府に対し活発なる行動を取るよう声を大にして要求した。しかるに、政府部内では積極的な反対がなくとも、物ぐさがすべての試みを停滞させた。数世紀に及んだ封建的従属、何人にも妨げられなかった無責任な執行部の自由、これらは人民自身の力では克服できぬ障害を生じていた」と語っている。

(6) 自治大学校編・前掲書(注4)一一二頁。

(7) 増田弘『政治家追放』(中央公論新社、二〇〇一年)二一~六八頁参照。

(8) 増田弘『公職追放論』(岩波書店、一九九八年)六八~七七頁参照。

(9) 増田・前掲書(注8)八〇〜八四頁参照。
(10) 増田・前掲書(注8)一四六〜一五三頁参照。
(11) 増田弘・細谷正宏編『公職追放Ⅱ』(丸善、二〇〇〇年)解説文参照。
(12) 増田・前掲書(注8)一五三頁。
(13) 自治大学校編・前掲書(注4)二九四〜三〇六頁参照。

第8章　安保条約反対運動の高揚と挫折

小川原正道

1　はじめに

戦後日本における最大の政治運動といえば、六〇年安保反対運動であろう。連日数万人のデモが国会議事堂を取り囲み、一〇〇〇万人以上から請願署名が寄せられ、警官隊との衝突で死者まで出たこの国民的政治運動は、日米安全保障条約の改定に対する反対を目的としていたけれども、安保条約そのものへの批判、さらに改定を推し進める「岸信介」という人物に象徴される戦前・戦中政治への決別といった意味合いもこめられていた。

世代について考えると、一九四五（昭和二〇）年の終戦以降に学校教育を受けた戦後世代が、当時、ちょうど大学生になっていた。その彼らの眼前で、東条英機内閣で大臣をつとめていた岸信介が首相として警職法の改正強化や安保条約改定にふみきろうとするとき、それは戦時下の圧制や戦争の苦悩を連想させ、彼らを反対運動へと駆り立てていく。五五年体制が発足して五年後、野党社会党や安保改定阻止国民会議は、かかる不信や不安を共有し、これを利用した政府攻撃を展開する。

最終的には挫折に帰するこの政治運動は、しかし、戦後政治の一大転換点となった。その運動の始点から終点までをたどるにあたり、まず安保条約の締結に目をむけてみよう。

2 安保反対運動前史

サンフランシスコ平和条約・日米安全保障条約の調印と講和論争

敗戦によってはじまった連合国による日本の占領は、一九五二(昭和二七)年四月二八日のサンフランシスコ平和条約の発効によって終了となった。条約が締結されたのは前年の九月八日、この日、吉田茂首相はもう一つの条約、日米安全保障条約(正式には「日本国とアメリカ合衆国との間の安全保障条約」)にも署名している。東西冷戦の当時にあって、ソ連は平和条約の調印を拒否、日本は米国の西側陣営の一員として、国際社会に復帰したわけである。

講和条約の調印については、すでに四七年三月の時点で連合国軍最高司令官ダグラス・マッカーサーから提示されていた。マッカーサーによれば、日本占領の目標である「非軍事化」は完了し、「民主化」もほぼ完了、「経済復興」については占領軍の手に余る問題で、もはや占領は終了すべきだと提言したわけである。しかし米国政府では国務省政策企画室長のジョージ・ケナンが異議を唱える。ケナンは占領を続行して復興をすすめ、日本がソ連の勢力圏に陥るのを防ぐべきだと主張し、ソ連や中国も早期講和に反対したため、結局この時期の講和はならなかった。

米国の姿勢が講和推進へと転換するのは四九年頃で、翌年には外交専門家のダレスを講和特使として日本に派遣することとなった。この背景には、国際情勢の変化があったといわれる。米国ではトルーマン大統領がソ連封じ込め政策を打ち出し、ヨーロッパ復興のためのマーシャル・プランにソ連が不参加を表明するなど、米ソ冷戦が深刻化、米国としては日本を自陣営に引きとめ、引き入れるための講和推進、そして同盟関係構築の必要性が高まっていた。五〇年に勃発した朝鮮戦争では、米軍は実際に日本を拠点として朝鮮半島で戦うことになり、その戦略的重要性は重みを増した。朝鮮戦争による特需や、ドッジ・ラインによる市場経済と貿易の振興によって日本経済も回復のきざしをみせてきていた。

日本政府にとっても、占領の終了と独立はむろん希望するところであったが、課題は安全保障であった。ダレスは、西側に属するものの責任として日本に再軍備を求めたが、日本側の見解は「当面の問題として、再軍備は、日本にとって不可能である」[1]というものだった。吉田茂首相はその理由について、のちに記している。「再軍備論に対して私は正面から反対した。なぜなら、日本はまだ経済的に復興していなかった。……そのようなときに、軍備という非生産的なものに巨額の金を使うことは日本経済の復興をきわめて遅らせたであろう」、「再軍備の背景となるべき心理的基盤」、いわば国民の支持も戦争の傷跡が癒えない中では得られず、また「日本が再軍備すればアジアの近隣諸国を刺激するかもしれない[2]」。かかる吉田の安全保障戦略は、国内の米軍基地を存続させて国防をゆだね、力を経済発展に傾けるというものであった。米国側も日本国内に軍を駐留させることに異存はなかったが、再軍備をめぐる交渉は難航し、結局吉田が五万人からなる保安部隊を設置することにして、米側を納得させる。すでに朝鮮戦争の最中にマッカーサーの指令で警察予備隊が創設されており、これを前身として保安部隊を組織することになった。のちの自衛隊である。

こうして締結されたのが、日米安全保障条約であった。その前文では、日本は武装を解除されていて独立後も自衛権を行使する有効な手段を持たないとして、日本への武力行使を阻止するために米軍が駐留するのだと書かれている。我が国は本格的な再軍備に歳出を傾けることなく、経済復興に力を傾注できることになり、また同盟国となったことで、米国からの支援、米国市場の解放といった経済的なメリットも得られるようになった。その一方で、条約そのものが内在する問題が改正をうながすことにもなるが、これは次章でみたい。

同日に結ばれたサンフランシスコ平和条約によって我が国は独立国として国際社会に復帰したが、ここにもいくつかの課題を積み残した。沖縄と小笠原諸島は米国の施政下に置かれ続けることになったし、条約調印を拒否したソ連や、講和会議に招請されなかった中華人民共和国との国交回復は先送りとなった。国内では、ソ連や中国を含めたすべての関係国との講和を求める「全面講和論」と、西側諸国とのみ講和する「単独講和論」とが、深刻な国論の分裂を生んだ。のちに自由民主党となる自由党と民主党は単独講和を主張、日米安保条約を支持したが、社会党は安保反対、講和については党内で意見が分裂し、右派と中間派が単独講和、左派が全面講和を唱えて対立した。

改正交渉

吉田茂首相が五度目の内閣から退いたあと、五四年に鳩山一郎内閣が成立、外相の重光葵は翌年九月に渡米し、安保条約の改定を米国側に提案する。その目的は、いわゆる「片務的」な条約を「双務的」にする、というものであった。当時国務長官であったダレスとの交渉の結果出された日米共同声明では、日本が国土防衛のために一次的責任をとり、国際平和の維持に寄与するような条件を確立していくために協力し、このような条件が実現された場合、つまり日本の国防力が整備された段階で、安保条約を「より相互性の強い条約に置き代えることを適当とする」としていた。日本が一方的に米国に守ってもらうのでは片務的で、これを相互的にする必要があるというわけである。(3) 重光は国会において述べている。現行の条約では「日本の防衛を米国に依頼するようなことになっております。私は、相互性を大いに強めて、でき得るならば日本の防衛は日本でやりたいのであります」、このために「日本は自衛力を増強して、米国が攻撃を受けた場合は日本も派兵するらえ上げなければならぬ」、と。これは日本国内に、米国が攻撃を受けた場合、しっかりした国防をこしのか、という懸念を巻き起こすこととなったが、国会でこの点を問われると、重光は「私は実際家としてそこまでは実は参らない」と否定している（衆議院予算委員会、五六年二月一四日）。

ダレスは共同声明には応じたものの、実際には海外派兵を禁じる憲法規定や脆弱な自衛戦力の現状に鑑みて、双務化など到底無理、改定は時期尚早という態度をみせていた。自民党幹事長として重光と同席していた岸信介によると、「日本の現在の状況からいって、アメリカとの間に対等の安保条約を結ぶなんて、日本にそんな力はないではないか、といって噛んで吐き捨てるようにダレスが答えた」(4) という。右の重光の答弁にあるように、海外派兵が無理という事実も、自衛戦力の強化が急務であるという事実も、日本側は認めざるをえなかったようである。この時点での改定は事実上無理であった。

ただ、岸は「やはり日米安保体制を合理的に改めなければならない。その前提として日本自身の防衛という立場を強化するとともに、日米安全保障条約を対等のものにすべきだ、という感じをそのとき私は持ちました[5]」と述べている。五七年二月に岸内閣が成立すると、岸は安保改定に向けて積極的にうごいていく。「米国の意向を十分に探った上でなければ、『改定します』とうかつに言えるものではなかった」が、「改定を求める声が野党をも含めて日本国民全体の世論であることは、痛いほど分かった」ため、「安保改定を実現することが岸内閣の使命であり、政治家として国民に対して責任を果たす所以であると確信するようになった[6]」という。

岸内閣の動きははやかった。この年六月には、閣議で第一次防衛力整備三カ年計画を決定し、三年間で陸海空自衛隊を強化、たとえば陸上自衛隊は一八万人を整備することを掲げた。以前自衛力の脆弱さゆえにダレスに改定を拒否されたことへの布石である。

同月のうちに岸とマッカーサー駐日米国大使との予備会談が行なわれ、そこで岸は、米国の対日軍事政策や沖縄・小笠原の未返還などから国民の間で対米批判がたかまっているとして、安保条約の大幅改定の必要性を主張している。これを受けてマッカーサーはダレス国務長官に対して、安保改定、米軍撤退、沖縄・小笠原返還の必要性を唱えた。マッカーサーは、反米感情の高まる日本が次第に西側から「中立」あるいは東側へと走っていくことをおそれていたようである。

この上で岸は渡米、アイゼンハワー大統領と会談し、六月二二日、日米安保条約の改定に取り組むことを確認するにいたった。この際岸は、現行安保条約は「アメリカ側に一方的に有利」で、「相互契約的なものじゃない」として、対等の相互契約的なものに変える必要があるとしながらも、憲法上の理由から、米国が攻撃を受けた場合に日本が出動するわけにはいかず、したがって、「アメリカが日本を防衛すると同時に、日本はアメリカ軍のために基地を提供して、基地におけるある種の行動を認める[7]」という意味での安保改定の必要性を述べた。

以後、条約改定準備作業が進められ、翌年二月には米側から条約案が提示されたが、日本の義務を基地の提供とし、それによって「対等」とすることが示されており、日本側には魅力的な内容となっていた。日本側としては、米国側の「義務」も明確にすることを求めていくことになるが、それは、安保条約第一条は、日本に駐留する米軍は「一又は二以上の外部の国による教唆又は干渉によって引き起こされた日本国における大規模の内乱及び騒擾を鎮圧するため日本国政府の明示の要請に応じて与えられる援助を含めて、外部からの武力攻撃に対する日本国の安全に寄与するために使用することができる」と規定しており、米国は外部からの攻撃に対して軍隊を「使用することができる」のであって、「使用しなければならない」と義務付けていたわけではなかったからである。

一〇月からはじまった日米交渉では、条約が想定する武力攻撃の対象地域をどう定めるかという「条約区域」の問題や、米軍の作戦行動や核兵器の持ち込みに関する「事前協議」、また条約の期限などが議論されていくことになるが、年末には中止せざるをえなくなる。警察官職務執行法、いわゆる警職法の改正問題と、自民党内の混乱のためであった。

3　安保反対運動の高揚

警職法反対から安保反対へ

条約改定交渉がはじまった一九五八年一〇月、岸内閣は警職法改正案を提出した。岸自身は、占領政策によって警察の権限が大幅に削減されており、これを修正する必要があると考えていたが、そこには、「安保改定に関連して、いろいろ予測しないような治安の問題が起こってくるかもしれない」という、安保反対を予測した対策の側面もあった。(8) これが、皮肉にも安保への激しい反対闘争を生み出す一因になっていく。全学連の指導者となる森田実は、こう記している。「岸内閣のイメージは反動的で、日本を再び戦前型政治体制に逆もどりさせようとしているようにみえたのです。革新勢力がこのようなイメージをもっている時、さらに挑発するような形で、警職法改正案が出てきたのですから、革新陣営が刺激されるのは当然というものです」(9)。戦前の東条英機内閣で商工大臣を務め、A級戦犯容疑者として巣鴨に収監されていた岸の経歴によって、警職法は戦前の予防検束を復活させ、日常生活を監視し、強制立ち入りで暮らしを乱すといったイメージをかきたて、「デートもできない警職法」といったスローガンが喧伝される。森田は「警職法改正案が出てこなければ、六〇年安保闘争はあれほどの大闘争にはならなかったのではないか」と述べているが、実際、法案反対のために社会党、総評、中立労連などが結成した「警職法改悪反対国民会議」が、のちに「安保改定阻止国民会議」へと発展していくのである。「反岸闘争」の色を濃くしていく六〇年安保闘争は、ここにその原型をつくりはじめていた。

国会審議は野党の反対でまったく進まず、結局自民党と社会党の協議の結果審議未了、廃案となり、これに乗じた社会党は、安保反対の旗幟も鮮明にしていった。五九年三月、北京を訪問していた浅沼稲次郎書記長は、岸内閣は安保条約の改定と強化を目指し、さらにＮＡＴＯ体制の強化へ向かっていると批判、「アメリカ帝国主義は日中人民共同の敵」と刺激的な発言を行なった。非武装中立論を主張する左派勢力にとって、安保条約はソ連や中国を敵視し、米軍が紛争を起こせばこれに「巻き込まれる」危険をはらむものであり、彼らは安保の強化はもとより安保そのものに反対する立場に立った。当時、きわめて大きな影響力を持っていた労働組合団体「総評」が、この社会党と共産党の間を取り持つ形で、この月に「安保改定阻止国民会議」が結成され、一三四団体の代表約八百人が結集することになる。

安保反対運動は次第に盛り上がっていく。五九年六月二五日の国民会議の統一行動では安保改定阻止を掲げる職場集会やストに三五〇万人が参加、全学連もこれに加わり、全国二四大学で二〇万の学生がストや授業放棄を行なった。言論界の動きも活発になり、清水幾太郎（学習院大教授）、江口朴郎（東大教授）、家永三郎（東京教育大教授）らが「安保問題研究会」（以下、研究会）を結成、安保反対の論陣を張る。

安保反対・安保推進双方の論点を整理する意味で、『朝日ジャーナル』に掲載された安保問題研究会からの「八つの疑問」と、これに反論する藤山愛一郎外相の「所信」が有用なので、紹介しておきたい。(10)「疑問」の第一は、国際政治の見方である。研究会は、米ソ両首脳の交換訪問などを契機に、「国際関係が緊張緩和に向かい、『力による平和』の考え方が、『話しあいによる平和』の考え方に席をゆずり」つつあるとして、政府自民党は冷戦の緩和に消極的ないし否定的であると主張した。藤山外相はこれに対し、「東西間の緊張緩和のために好ましい国際的雰囲気がかもし出されていることは事実」としながら、今後の動向は慎重に判断するほかなく、それは「東西間の根強い不信感と戦後錯綜した利害関係の対立」が存在しているからだと応じている。第二に、研究会が、ソ連が国連総会で提案した軍縮計画に我が国も率先して応じるべきだと述べると、藤山外相は、軍縮の理想を多としつつ、東西の軍事的対立の改善と平和を確保する機関が形成されるまでは自国の安全保障措置を取らざるを得ないと反論した。第三に、研究会は、国際情勢の平和・軍縮への方向性からして、安保改定によって以後一〇年も米国との「軍事同盟」を固定するのは時代への逆行で危険ではないかと指摘する。藤山外相はこれに対し、現行条約こそ無期限であり、これを改正で一〇年に限るのだと反論。第四に、研究会は、外相は米軍基地への攻撃を日本への攻撃とみなすとしているが、在日米軍は米国と第三国との間の軍事紛争に用いられる危険があり、結果として「日本はみずからのぞまずに戦争にまきこまれるのではないか」という。藤山外相は、「そもそも米軍が無責任に軍事行動をとると考える前提に誤りがある」と述べた上で、在日米軍基地が攻撃された場合も日本の自衛権の行使が憲法上認められるとこたえた。第五に、研究会は「日本の中立化」を日本とアジアの安全を保障するもっとも確実な道だと述べ、安保条約の破棄と中ソとの関係改善を訴えるが、藤山外相は、軍縮も国際平和維持機関の設立も困難が予想される中で、安保体制を放棄することは現実には不可能であるとした。第六として、研究会は安保改定が日中の国交回復を著しく阻害すると懸念を表明し、藤山外相は、そもそも中ソが安保改定に反対するのは、日本が安保を破棄して中立化するのが自陣営に有利だからであり、そうした内政干渉を慎むよう希望した。第七に、研究会は「改定のもたらす具体的利益は何か」を問う。政府自民党が述べる「自主性の回復」とは何か、「事前協議」も空文にすぎないのではないか。これに対して藤山外相は、現行条約は米国の日本防衛義務が明記されず、基地の使用制限もなく、核兵器も勝手に持ち込めるようになっており、日本の「自主性」がない、改正によって防衛義務が明記され、事前協議によって米軍の作戦行動や核の持ち込みが協議事項となるとして、「皆様方はそのままの方がよろしいとお考えでしょうか」とこたえる。最後に第八として、研究会は、改定条約には米軍の核持ち込み、自衛隊の核武装拒否を明記すべきだと主張、外相は、日本は事前協議のなかで核兵器持ち込みの拒否権をもつため、条約に既定する必要を認めないと応じ、自衛隊の核非武装は日本の国内政策であって米国に約束する必要はないとした。

研究会側は一貫して国際情勢の平和・軍縮化に展望を描き、中ソとの関係改善と中立化・安保破棄を求めているのに対して、外相はその展望に悲観的であり、現実の安保措置としての条約改定の必要を述べている。米軍の軍事行動に関しては、逆に研究会側がきわめて懐疑的であり、外相側はきわめて楽観的である。ともあれ、条約期限の一〇年は長いという批判に、今の条約は無期限だとこたえ、事前協議は空文にすぎないとの批判には、今は協議すらないと応じる論理は、批判がむしろ改定の必要性を補完するという皮肉な構図を生んでいた。

全学連と国会突入

右の論戦が戦われた同じ月の五九年一一月二七日、国民会議の全国統一行動が実施され、二〇〇万人の労働者がストに参加、都心では安保改正反対を唱える六万人の請願デモが国会に向かった。デモ隊を演説で盛り上げていた浅沼社会党書記長が陳情のために国会正門を通ると、これをきっかけに全学連の学生五〇〇人が国会構内に突入、通用門が内側からあけられて、二万人のデモ隊が構内に入り、国会議事堂が包囲される。以後、安保改定反対運動のもっとも先鋭的な部分として活動し、海外にも「ゼンガクレン」として報じられ有名になっていく全学連の登場であった。

敗戦後、戦地から多数の学生が復員、復学した全国の大学では、戦前の政治・教育への反発や戦後政治・教育への期待から、「戦犯教員の追放」や「民主教員の復帰」などを掲げる学生運動、自治会の結成がもりあがった。生活が窮迫していた当時、学生は授業料値上げに対してストを起こすようになり、四八年六月には全国一〇〇大学以上でストを実施、これを背景として全国の自治会が連合するうごきをみせ、同年九月、全国学生自治会総連合＝全学連が結成された。一四五大学が参加した結成大会では、教育の「ファッショ的・植民地的再編」反対、学問の自由・学生生活・民主主義の擁護といったスローガンが掲げられている。以後、全学連は講和会議に際しての全面講和論や、軍事基地反対、占領軍撤退、レッドパージ反対などの主張を掲げて活動していった。五〇年代にはいり、共産党がコミンフォルムの批判を受けてその活動の軸に軍事方針をすえると、全学連もその指導のもとで大衆運動路線から武装闘争路線へと転換し、集会やデモでの警官隊との衝突から、軍事訓練まで行うようになった。五二年五月には、全学連の学生などが皇居前広場で警官隊と衝突、七〇〇人以上が負傷するという「血のメーデー事件」が起こっている。こうした路線への批判が強まって共産党が選挙で大敗、学生運動も沈滞するが、翌年の東京都砂川町への米軍基地建設への反対闘争、いわゆる砂川闘争では三〇〇〇人の学生を動員して抵抗、実際に建設のための測量を中止させることに成功した。以後、大衆政治運動路線へと回帰していった共産党と、武力闘争での勝利に自信をつけた学生との対立がふかまり、この年のフルシチョフソ連第一書記によるスターリン批判とソ連軍によるハンガリー進入によって共産党への信頼が失墜すると、学生の党からの離反が進行、両者は決別し、やがて共産党から除名された学生等が「共産主義者同盟」（ブント）を結成するにいたった。ブントは安保改定の前年には全学連の主要人事をほぼ独占して「主流派」を構成、共産党系の幹部らは「反主流派」を名乗り、別行動を取っていく。

全学連主流派の国会突入に対して、社会党や共産党、国民会議は、こうした暴力的手段を避けるよう求めたが、全学連は安保反対運動を武力による反対闘争へと切り替えて革命的な状況を生み出そうと考えて行動しており、聞く耳をもたなかった。共産党の神山茂夫は、「今日の全学連執行部が全部、共産主義者同盟などのトロツキストで占められている」として、彼らは「極左的行動をもちだし、統一行動に混乱と分裂をもちこもうとしている」[11]と非難しているが、安保反対の足並みは、思いのほか乱れていたのである。

4 「反安保」から「反岸」へ――安保闘争の激化と終焉

新安保条約の調印と論争

日米間の改定交渉は順調にすすみ、一九五九年一二月九日には条約案の合意が成立、岸首相を主席とする全権団は翌年一月一六日に調印のため渡米することとなった。

安保反対勢力としては、岸の渡米をふせがねばならない。全学連主流派は羽田空港の国際線ロビーで集会をひらき、レストランにバリケードを築いて立てこもるが、警官隊はこれを撤去して幹部を逮捕した。岸の出発は一日延期され、一七日朝に羽田に向かい、車で直接滑走路に入って飛行機に乗り込んだ。

こうして六〇年一月一九日、ホワイトハウスにおいて「日本国とアメリカ合衆国との間の相互協力及び安全保障条約」(新日米安保条約)が調印された。調印前の岸首相とアイゼンハワー大統領との共同コミュニケでは、「日米両国間における提携と協力は、現在の両国関係を特色づけている主権平等及び相互協力の原則に基づいて作られた新条約によって強化されることを確信」しているとと述べられ、条約の双務化がうたわれている。新条約は米国の日本防衛義務を明記し、条約期限として一〇年後に見直し期限を置いた。同日付の交換公文では、米軍の重要な配置転換や装備の変更、戦闘行動のための基地使用などについては日米の事前協議を行うこととされた。こうした取り決めは、一〇年は国際情勢の変化から見て長すぎる、事前協議結果に米国は拘束されるのか、あるいは改定自体が米ソ雪解け時代にあって時代錯誤ではないかといった批判をうむことになる。

いずれにせよ、新条約が調印されたことにより、反対闘争の目標は国会における批准の阻止へと切りかえられた。憲法上、条約の調印権は内閣に認められているが、事前または事後に国会の承認を得ることになっており、国会では衆議院での議決を得れば、仮に参議院で否決され、両院協議会での話し合いがつかなくても、参議院で「三〇日以内」に議決されなければ「自然承認」されることになっている。条約批准案は二月五日に衆議院に提出され、国会会期が五月二六日だから、政府側としては三〇日を差し引いた四月二六日までに衆議院を通せば承認の見通しが立ち、野党側としては会期延長がない限りこの日以降に審議を引き延ばせば審議未了で廃案にできる。焦点は「四月二六日」となった。

国会ではいくつもの論点が登場したが、そのひとつが条約の対象となる「極東」の範囲である。二月八日の衆議院予算委員会で社会党の横路節雄が、藤山外相の答弁の矛盾を追及する。「一回目の御答弁はフィリピンの以北、日本の周辺、第二回目の御答弁はその間の海域ということになりましたが」、実際はどうなのか。藤山が今度は「フィィリピンの以北、日本の周辺」と答えると、

「もう一つ拡大されるわけでありませんか……答弁したらどうですか、はっきりと」。日米間、また政府内の見解の統一がなされていないことを突いたわけである。

岸首相はこうした攻撃にいらだっており、「愚論でした。あの時の野党からすれば、何か問題を起こして審議を延ばそうということだった」と述べている。実際社会党側も、これは安保反対論を喚起する上で有益と考えていたようで、社会党議員の飛鳥田一雄は、「あの議論はわれわれ自身バカバカしいと思ったが、ポピュラリティーというか大衆性はあった。一般大衆が家に帰って湯豆腐などで晩酌をやりながら新聞やテレビをみていると、『なるほど』と安保の有害性に納得するわけです」と証言している。(12) 実際、二転三転する政府答弁は、新聞紙上でも厳しく攻撃され、混乱し、不誠実な姿勢は不評を買った。

社会党は、安保そのものとともに、岸信介その人への攻撃も重視した。かつて国民をだまして戦争へとかりたてた東条内閣の商工大臣が唱える安保条約は信用できない、という論理である。三月一五日の衆議院安保特別委員会で松本七郎は、こう質問する。「岸さんは、昭和十六年の十二月八日早暁に日本軍が真珠湾攻撃を敢行した当時は何をしておられましたか」「商工大臣をいたしておりました」「十二月八日付の開戦詔書に署名されたのはいつでございますか」「当日署名をいたしました」。松本は追及する。「このような真珠湾攻撃をやった人が調印した条約を、いかに防衛的だと言ってみましても、国民はなかなか信頼しない。新安保条約も、あなたが推進された三国同盟と変わらないのではなかろうかという疑いも出てくるわけです。当時は、日独伊三国同盟こそ唯一の戦争防止の策だと言っておったじゃないですか。それが、結果を見れば、国民をだましておる」。

こうしたキャンペーンによって、今度も安保改定によって政府にだまされ、戦争にまきこまれるという懸念がたかまり、これを請願やデモによって阻止し、岸内閣を打倒しようという機運がたかまることになった。政府の代表たる岸はまさに戦前政治の象徴であり、請願やデモはこれを克服する戦後民主主義の手段としてわかりやすい。「反安保」は「反岸」の様相を濃くし、「戦後民主主義」による「戦前軍国主義」の克服という趣をつよめていったのである。

「いまこそ国会へ」

社会党や国民会議は、国会での追及に加えて、国民による請願運動を推進することを発表した。憲法によって定められた国民の請願権を行使し、安保批准に異議を申し立てようというわけである。

安保反対におけるオピニオン・リーダーであった清水幾太郎も、雑誌『世界』に「いまこそ国会へ——請願のすすめ」と題する論文を発表、請願権の歴史を振り返った上で、議会制度確立後は請願の重要性が薄れたとしたとしながら、「現在、日本の議会は十分にその機能を果たしているのであろうか」と問う。国民は選挙で安保改定を政府に委託しておらず、また国会での政府の「ヌラリクラリの答弁」は「この問題を真剣に研究し決定するという態度を示していない」、「今は、請願だけが、形骸と化した日本の議会政治に新しい野性的な生命を吹き込むことが出来る」と結論して、「今こそ国会へ行こう」とよびかけたのである。(13)

こうした働きかけに応じて社会党の請願窓口には、四月一五日から二四日までに一六〇万人の署名が集まった。二六日には国民会議が「一〇万人請願」を計画し、前年の全学連の国会突入以来低調だった国民レベルの運動が、少しずつ盛り上がりはじめる。国民会議は全学連主流派の突出行動を警戒していたが、主流派はあくまで武力闘争にこだわる方針を打ち出していった。四月二六日の国民会議統一行動では、主流派が約六〇〇〇名の学生をあつめて国会に迫り、警官隊と衝突、幹部多数が検挙された。このとき委員長の唐牛健太郎は装甲車にのぼり、「恐れることはない。諸君、障碍物を乗り越えて、一歩一歩進みたまえ！」と叫んで警官隊に突っ込み逮捕されたという。

北大の出身で、労働運動に身を投じるべく上京、やがて全学連委員長となった唐牛は、スマートないでたちであらわれ、孤独を背負った表情でアジ演説をぶち、デモの先頭に立って行動し、その行動力と人柄によって運動を盛り上げた人物である。東大自治会委員長でともに行動した西部邁は、唐牛が「虚無的に生き、肉体を言葉に化すような行動へと走った」背景に、東大がイニシアティブをとる全学連にあって委員長の席にあった北大生唐牛の心理的不安定や確執、といった屈折や亀裂を読み取っているが[14]、いずれにせよ、彼は安保闘争、全学連のシンボル的人物として記憶されることになる。

全学連が突入を試みたこの二六日は、会期中の自然承認をめざす自民党にとってのタイムリミットであった。自民党は四月二〇日の段階で、二日後に参考人を招致して意見聴取すると動議していたが、国会の慣例上、これは審議打ち切りを前に行われるものであった。その意図をかぎとった野党は反発、委員長席にせまってもみ合い、結局失敗。社会党は民社党とともに審議を拒否し、清瀬一郎衆院議長の斡旋によって審議再開となったものの、社会党の引き伸ばしによって四月二六日までに本会議はおろか特別委の採決も取れなかった。

五月になって、さらに政府にとっては不利な事件が発生する。いわゆる「黒いジェット機事件」の発覚である。五月五日、ソ連のフルシチョフ首相が演説し、その中で、ソ連領空内で米国の偵察機を撃墜した、と発表した。社会党の飛鳥田一雄はこの偵察機＝U2型機の同型機が厚木飛行場に配備されていることを国会で暴露し、このU2も中ソの偵察飛行を行っているのではないかと追及したのである。ここにも、社会党側の巧妙な「しかけ」の側面があった。飛鳥田は述べている。「U2型機問題も私はわざと『U2型機』といわず『黒いジェット機』と呼んで、いわば視覚に訴える戦法を使った。そして安保の危険性を分かりやすくアピールした[15]」。

こうしたアピールが功を奏し、五月一四日時点で安保反対の請願署名者は一三〇〇万人を越えた。この段階での自民党の批准成立目標は、アイゼンハワー大統領の来日が予定されていた六月一九日。三〇日さかのぼった五月一九日までに、衆議院を通さねばならない。自民党による単独採決をおそれる社会党議員は、一七日から院内に待機、実力でもって審議打ち切り、採決を阻止する構えにでた。

以下、一九日の動きを簡単にみておこう。この日の強行採決を予測して国会周辺には数万人のデモ隊が集結する。国会では審議打ち切りをもとめる自民党議員と、これを阻止しようとする社会党議員とがもみあい、結局委員会では午後一〇時半ごろに審議打ち切りの動議を提出、これを可決して批准法案も可決した。混乱と怒号の中できわめて短時間に進められたため、野党側は採決は無効だと主張するが、本会議でも可決されれば成立になってしまう。社会党は議長が議場に入れないよう座り込み、バリケードを作るが、清瀬議長は警官隊を投入してこれを撤去させ、敵にこづかれ味方にまもられて議長席までたどり着き、まず会期延長案を可決、その後批准案を自民党の賛成多数で可決した。

岸首相は、強行採決にふみきらなければ「岸内閣の進退にとどまらず、日米関係に亀裂を生じた」だろうとしているが[16]、こうした強硬手段は、安保反対の火に油を注ぐことになった。国会議事堂を取り巻いていたデモ隊は座り込みを続け、一部の全学連主流派などは構内への突入を試みて、警官隊に退けられている。新聞各紙の論調も厳しく、たとえば毎日新聞（五月二一日朝刊）は、「ここまでムチャをやるとは思わなかった。警官隊に守らせて会期延長を議決し、返す刀で新安保条約まで可決する」と批判した。朝日新聞（同日朝刊）は、「これは、もう、民主政治のもとの正常な国会だとは言えない」として、「国会らしい国会を国民に返してもらうために、まったく当然の措置として、ここに、国会の解散を要求せざるを得ない」と主張している。戦後民主主義の指導的政治学者であった丸山眞男は、「今日の日本の議会主義は非常な絶壁に立っている」として、「この窮境から議会主義を救い出す残された道は、どうしてもいますぐ国会を解散して、強行採決を白紙に返すよりほかかない」と述べた[17]。安保反対運動の主目標は、岸内閣の退陣と国会解散に置かれることになっていく。

大衆運動の高揚とアイク来日問題

条約批准案の衆院通過から自然承認までの一カ月間、国会周辺は戦後日本最大の大衆的な政治的熱気につつまれた。

国民会議や全学連、安保問題研究会の活動は一層活発になり、文芸家協会、婦人団体連合会、ＹＷＣＡなどの団体も、それぞれの立場から抗議の声をあげた。岸首相は記者会見で、こうした反対を「声ある声」と呼び、安保改定を支持する「声なき声」にも耳をかたむけるべきだと述べている。この「声なき声」というのが、その後の安保反対運動のひとつのキーワードになっていく。「声なき声」を知ってもらおうと「誰でもはいれる声なき声の会」というデモ隊が組織され、実際にサラリーマンや主婦、高校生などが加わって国会デモに参加した。六月第一週からラジオ東京、大阪毎日放送などラジオ六社では「声なき民の声」という録音アンケートを収録して放送しているが、そこには、強行採決に対する国民の広い不信感が表明されている。「政治家たちは目前の党利党略っていうですか、国策とかいろいろな関係にばかり走りすぎて、国民の総意を非常に、平和陣営でも、自由陣営でも、共産陣営でも忘れているんじゃないか」(東北・農民)、「私たちだって、子供や世帯がなきゃ、とんでもやるかもしれない」(名古屋・母親)、「非常に誠意のない、現在の政府、それを選出したわれわれ国民のほうもわるいんでしょうけども、政府自体の行動をみてると、あすの希望をいだいて毎日仕事できるかどうかということも、疑問だと思うんですよ」(東京・男性)。安保改定自体より、政府・自民党の姿勢そのものが問題視されているのがうかがえる。石原慎太郎、江藤淳、大江健三郎、開高健、谷川俊太郎、寺山修司といった若手文学者・芸術家は「若い日本の会」を結成、いまの民主主義は死んでいるとして、民衆のこころはそれを許さないと表明したが、そこで掲げられたスローガンも、「民主主義よよみがえれこれが声なき民の声だ」だった。

こうした「声」に押されて、五月二〇日以降、国会周辺では大規模なデモが繰り返された。全学連主流派はそのもっとも先鋭的な一団として、時折国会構内や首相官邸への突入を試み、警官隊と衝突した。国民会議はこうした行動を批判したが、先のラジオ番組で名古屋の母親が「私ネ、全学連が気の毒……かわいそうになっちゃうがネ、あの人ら、ほんとに純真だから」と話しているように、一般市民からも共感を呼んで喝采や拍手で迎えられるようになっていった。

デモの焦点となったのは、六月四日である。この日、総評が約四〇〇万人を動員した大規模ストを実施し、岸内閣の退陣と国会解散を訴えようとしたのである。総評を支持母体とする社会党では、六月一日、議員総辞職の決議を行い、一二五名の衆院議員全員が辞表を書いて浅沼委員長に託した。政府は六月三日に声明を発表し、「かかる政治ストは、明らかに憲法の保障する団体交渉権の範囲を逸脱」し、「国の政治に不当な圧力を加えようとするもの」だとして、中止を呼びかけている。この日の朝日新聞の世論調査によると、岸内閣の支持率はわずか一二%で、国会が国民のために働いているとは思えないという答えも五六%になっているが、社会党がよくなかったという意見も三二%あった。政治全体への不信が、ともかくも衆議院の解散を求める声に集約されていた。

六月四日、東京では朝七時まで国鉄、都電、都バスが国鉄労組の決定でストップした。総評の発表によれば、スト参加者は全国で五六〇万人、集会・デモの参加者は一二〇万人に上った。日本経済新聞（六月五日朝刊）のように、乗客や利用者に重大な損害を与えたとして参加者の責任を追及する声もあったが、実際には混乱やトラブルはほとんどなく、電車が止まったことへの抗議もほとんどなかったという。

次に大きなポイントとなるのは、アイゼンハワー大統領の来日が予定されていた六月一九日であった。岸は述べている。「私がその頃一番頭にあったのは、アイク訪日をどういうふうに実現していくか、ということでした。……警備について非常に懸念する声が強かったんです[18]」。アイゼンハワー来日を前に、これに反対し警戒する声は、次第に高まっていった。岸首相等が一九日までに新安保条約を批准させ、米大統領にプレゼントしようとしているのではないか、あるいは、これだけ批判されている岸と会いに来るのは内政干渉だ、といった反米論をまじえた批判が展開された。

そして六月一〇日、大統領来日を前に、秘書のハガチーが羽田空港を訪れ、自動車で空港から大使館に向かうと、途中でデモ隊に取り囲まれ、身動きできなくなる。警官隊が大量動員されてヘリコプターで脱出したが、こうした突出した行動は、世論の反発を招くことになった。岸攻撃の先鋒的役割を果たしていた朝日新聞（六月一一日朝刊）も、「このような集団暴力の無礼を働くのは、世界の恥さらしである」と批判、毎日新聞（同日朝刊）も「非常に遺憾であり、また恥ずかしいことだ」と論評した。

新安保条約の自然承認

民社党や財界もアイク訪日を歓迎することとなり、アイク訪日反対の声はしずまっていったが、岸内閣打倒、国会解散、安保反対を唱える声は、おとろえない。六月一五日に行われた総評のストには五八〇万人が参加し、一一万人の請願デモが国会に向かった。この日、自然承認を前にあせりをみせはじめていた全学連主流派は、国会への突入を計画、一万七〇〇〇人が集まり、夕方から国会構内への突入を開始した。警官隊も警棒ではげしく防戦し、放水や催涙弾が投じられ、救急車が走り回ることになる。この衝突の中で東大生樺美智子が死亡、その報が伝わると一層悲壮感を増したデモ隊はふたたび警官隊と衝突し、多数のけが人をだした。翌日、東大総長の茅誠司は、「警察官の行動に、多分のゆき過ぎがあったことは、おおうべくもない事実であってこれに対しては、学生をあずかるものとして強く抗議せざるを得ない」との声明を発表している。警官隊にも言い分はあった。ある機動隊員は、「『ポリを殺せ』と叫びながら、目と口を一杯にあけて飛び込んでくる学生たちを見ると、このままじゃ殺されると思った」と当時の心境を語っている。「相手に打撃を与えなければ、こっちがやられる……これ以上野放図を許せば何を仕出かすかわからない[19]」。

このはげしい力の衝突をうけて、産経、毎日、東京、読売、東京タイムズ、朝日、日本経済の七新聞社は、「暴力を廃し議会主義を守れ」と題する異例の「共同宣言」を発表した。宣言は、この流血事件を「議会主義を危機に陥れる痛恨事」だとして、民主主義は言論によるべきで暴力を用いるべきでなく、政府は事態を収拾して国民の良識にこたえ、野党も国会の正常化に寄与すべきだと主張した。一方の社会党は警官隊の暴力に抗議、あらゆる手段をもって岸内閣の打倒をめざすと声明している。

死者が出たという事態に政府もアイゼンハワーの安全を保証できるとはいいがたい状況になり、日本側から来日中止を求めることになった。岸は、「決定的だったのは、結局あの樺事件であった。これによって警察力の脆弱さにいよいよ確信をもったから、アイク訪日の延期を決めたんです[20]」と述べている。一六日に発表された首相声明では、ハガチー事件や全学連主流派の国会突入といった「集団的暴力行為」の背後には「国際共産主義勢力の働きかけ」があり、こうした民主主義の破壊行動のために大統領来日を断念したとして、民主主義擁護のために治安対策を立てると述べている。こうした岸のかたくなな思考と強硬な姿勢が、運動を活性化させたのも事実

コラム　それぞれの「六・一九」

戦後日本最大の政治運動となった六〇年安保闘争は、一九六〇年六月一九日午前零時に新日米安保条約が承認されたことで、その最大の目標をうしなった。岸政権にとっては勝利であり、反対運動側にとっては敗北であったその瞬間を、それぞれはどのように迎えたのだろうか。

首相岸信介は群集が幾重にも取り囲む騒然とした中、首相官邸で午前零時を迎えた。最後は実弟の佐藤栄作蔵相とふたりだけだったという。蒼白になってふるえており、自衛隊を出動させろなどと督促したという話もあるが、本人は「私は、安保改定が実現されれば、たとえ殺されてもかまわないと腹を決めていた」と回想し、佐藤とブランデーを傾けながらその瞬間を待ったという。「十九日午前零時、自然承認の時刻を迎えたときは本当にホッとした」（岸信介『岸信介回顧録』）。

取り囲んでいた群衆の様子を週刊朝日六〇年七月三日号のルポルタージュ記事はこう伝えている。「午前零時を迎えた。……携帯ラジオから流れる『新安保自然承認』のニュースは、黒雲のように、人々の頭上をおおった。『もう一押しだったのに』とだれかがつぶやいた」と描写している。闘争を続けてきた学生たちは泣いていたという。

その学生を率いてきた全学連は、すでにほとんどの指導者や精鋭部隊が逮捕されて戦力を失っており、以前のような突入戦略を繰り返すことはできなくなっていた。結局、散発的な突発行動が起こるだけで、そのまま午前零時を迎える。ブント書記長の島成郎は、「チクショウ、チクショウと歯ぎしりしていただけで、午前零時、国会・首相官邸を取巻いたまま安保の自然承認の時が過ぎさっていった時の気持ちは、今でも忘れられない」と語る（朝日ジャーナル七一年月二月一六日号）。数万人で国会をとりかこみながら何もできない、その苦渋を、全学連の指導者生田浩司は「壮大なゼロ」と呼んだ。

国会周辺の座り込みとデモは一九日午前六時頃まで行われ、解散する。その直後、車で官邸から岸が出てきたが、疲れきってかなり不機嫌そうであったという（保阪正康『六〇年安保闘争』）。

であった。

全学連主流派や社会党はアイク来日中止を「勝利」ととらえ、その実績と学生の犠牲は、ますます活動を活発にさせていった。連日数万人規模のデモが続き、国会周辺は騒然としている。自然承認前日の六月一八日、国民会議は反安保・岸内閣打倒・国会解散を求める二五万人の集会を開催、国会へのデモにうつり、東大では樺美智子の慰霊祭が開催されて数千人があつまった。全学連主流派も二万人以上をあつめて国会を取り囲んだ。しかし、この日は警官隊も沈黙し、大規模な衝突は起こらないまま、六月一九日午前零時の自然承認を迎える。その瞬間、沈黙と落胆の空気が、国会周辺をおおっていった（コラム参照）。

5 おわりに

六月二三日、藤山外相とマッカーサー駐日大使との間で批准書が交換され、この日、岸首相は臨時閣議で辞意を表明する。自然承認後、社会党は安保体制打破の長期闘争に入ると宣言し、共産党も自然承認は無効だと声明、国民会議も承認を受け入れないとして活動の継続を訴え、岸や藤山の追放運動を立ち上げた。しかし岸内閣が終焉を迎えると、「反安保」より「反岸」の色を濃くしていた闘争は、急速にさめていく。

岸の後継総裁に池田勇人が就くと、池田は政治スローガンとして「寛容と忍耐」を掲げ、「多数党は謙虚な気持ちで忍耐強くやらねばならない」と、低姿勢に出て野党との力の衝突を避けるようつとめた。政策の重点として「所得倍増計画」が掲げられ、「経済のことはこの池田におまかせ下さい」、「月給を二倍にしてみせます」と自信を示して、安保同様の政治対立を惹起しかねない憲法改正などは棚上げし、経済立国を目指した。それは、すでに吉田茂がレールを引いた、軽軍備・経済成長路線を、政治的対立を避けながら進めるという「経済成長と調整の政治」であり、実際に日本は高度経済成長時代を迎えていくことになる。六一年から七〇年までの実質経済成長率は一〇・九％、平均所得は約三倍になり、六四年にはその時代の象徴的イベントとなった東京オリンピックを開催、豊かで安定した生活の実現は、安保問題や再軍備問題を、国民の政治的関心から遠ざけていく。

その後の歴史的経緯をみるならば、非武装中立派が期待した米ソの雪解けは訪れず、冷戦は幾度もの緊張と緩和を経て、さらに三〇年も続くことになった。日本が米国の戦争に巻き込まれることはなかったし、安全保障を米国にゆだねて経済発展に専心するという路線も定着し、実際に経済発展も成し遂げられた。安保反対運動はアイクの来日中止、岸首相の退陣といった「成果」をのこして挫折し、その後安保論議は棚上げされて、闘争にかたむけられたエネルギーは経済成長へと注がれていったのである。それは豊かな生活を実現したけれども、安全保障に対する国家の自立性や国際平和のための責任といった課題は省みられることなく、対米関係を機軸とする日本外交は、一方で自らの判断力や行動力を失っていった。東西冷戦が終焉し、経済成長にもかげりが生じた九〇年代になって、安保条約の役割の再検討とあわせ、日本の国際社会での責任や憲法改正問題などが立ち上がってきたのも、けだし当然であった。

主な参考文献

臼井吉見編『安保・一九六〇』（筑摩書房、一九六九年）
保阪正康『六〇年安保闘争』（講談社現代新書、一九八六年）
高木正幸『全学連と全共闘』（講談社現代新書、一九九〇年）
原彬久『岸信介―権勢の政治家』（岩波新書、一九九五年）
信夫清三郎『安保闘争史（新装版）』（世界書院、一九六九年）
斎藤一郎『安保闘争史』（三一書房、一九六九年）
五百旗頭真編『戦後日本外交史』（有斐閣、一九九九年）

注

（1）鹿島平和研究所編『日本外交主要文書・年表（一）』（原書房、一九八三年）三八六頁。
（2）吉田茂『日本を決定した百年』（日本経済新聞社、一九六六年）一二八～一二九頁。
（3）鹿島平和研究所編・前掲書（注1）七二六頁。
（4）原彬久編『岸信介証言録』（毎日新聞社、二〇〇三年）一二二頁。
（5）原編・前掲書（注4）一二三頁。
（6）岸信介『岸信介回顧録』（廣済堂、一九八四年）二九八頁。
（7）原編・前掲書（注4）一三六～一三七頁。
（8）原編・前掲書（注4）一八五頁。
（9）森田実『戦後左翼の秘密』（潮文社、一九八〇年）二二〇～二二一頁。
（10）安保問題研究会「安保改定八つの疑問」朝日ジャーナル一九五九年一一月一日号八～一五頁、藤山愛一郎「安保問題への所信」朝日ジャーナル一九五九年一一月二二日号八～一五頁。
（11）神山茂夫『安保闘争と統一戦線』（新読書社、一九六〇年）四〇～五三頁。
（12）原編・前掲書（注4）二四四～二四六頁。

(13) 清水幾太郎「いまこそ国会へ――請願のすすめ」世界一九六〇年五月号一八〜二八頁。
(14) 西部邁『六〇念安保　センチメンタルジャーニー』(文藝春秋、一九八五年)六〇〜六二頁。
(15) 原編・前掲書(注4)二五八頁。
(16) 岸・前掲書(注6)五四九頁。
(17) 丸山眞男「この事態の政治学的問題点」松沢弘陽・植手通有編『丸山真男集　第八巻』(岩波書店、一九九六年)二五〜三〇頁。
(18) 原編・前掲書(注4)二八〇頁。
(19) 大山幸雄「一機動隊員の六月一五日」臼井吉見編『安保・一九六〇』(筑摩書房、一九六九年)二〇四〜二〇七頁。
(20) 原編・前掲書(注4)二九二頁。

第9章　靖国神社問題の過去と現在

小川原正道

1　はじめに

靖国神社への首相の参拝が政治問題化したのは、一九七〇年代である。それ以降、参拝が「公的」か「私的」か、それが合憲か違憲か、またA級戦犯の合祀問題や、参拝をめぐる諸外国への配慮の是非といった政教分離問題や外交問題をめぐって、議論が戦わされている。参拝に対する中国や韓国の反発は深刻化し、実際に外交を停滞させる局面を生んでおり、具体的論点は、参拝をめぐる首相の発言内容や参拝形式、そして外交的配慮といった点におかれる場合が多いが、より本質的には、戦争による死をどう捉えるのか、太平洋戦争をどう評価するのか、また戦没者慰霊への国家的責任をどう考えるのかが、問われてきた。

逆に言えば、戦前には無条件に肯定されていた戦没者の慰霊と顕彰、それに対する国家的責任が、戦後相対化され、しかも、その慰霊が国家機関でない一宗教法人が引き継いだことに、政教分離問題と外交問題が引き起こされる前提が存在している。このため、靖国問題を考える上では、歴史的背景の検証が見逃せない。

以下、靖国神社そのものがいかにして生まれ、発展し、日本人や日本政府によってどのように捉えられてきたのかを踏まえ、靖国神社問題の歴史的経緯と現状について述べたい。

2　靖国神社の創立

幕末政局と招魂祭

靖国神社は一八六九年（明治二）六月、東京招魂社として創建された。「招魂」とは、肉体から離れた霊魂を呼び戻して鎮めること、霊を招いて祀ることを意味する言葉である（『大辞林』第二版）。東京招魂社は、明治維新の動乱で斃れた志士の霊をなぐさめ、その遺志を記念するためにつくられた。中心となったのは長州出身の大村益次郎、長州征伐から戊辰戦争にかけて長州軍・新政府軍の作戦指導にあたり、近代兵制の整備に尽力した人物だ。現在は銅像として、靖国神社のシンボルとなっている。

長州藩は、幕末の政争でもっとも多くの犠牲者を出した。藩主毛利敬親は、幕府の第一次長州征伐に対して降伏した翌年の六五年（慶応元）七月、下関桜山に招魂社をたてて招魂祭をとり行い、また郡ごとに招魂場を設けて春秋二回の祭祀を行うよう命じ、実際に二二の招魂場が建設された。

京都の霊山には、すでに二三年（文政六）年に吉田神道流の神葬祭場「霊明舎」が創立されていたが、ここで六二（文久二）年一二月、津和野藩士福羽美静らが中心となって、安政の大獄以来の殉難志士数百人の霊をとむらう招魂祭が執行された。このときの祝詞には「或は罪を蒙り或は自殺し王事に死する人」の「武く清く明き御霊を同社に鎮斎し国忠に報い皇基の鎮護とも為さん」(原文漢文)とあり、民間信仰として受け継がれてきた御霊信仰、すなわち、恨みをいだいたまま死んだ怨霊が災厄をもたらすとしておそれ、これを鎮めようとする信仰の側面をもっていたことがうかがえる。翌年、福羽らは京都の祇園社内に小さな祠を建て、安政の大獄や桜田門外の変、坂下門外の変の関係者四六名の霊を祀っており、これが我が国最初の招魂社であったとされている。小祠は幕府の目をおそれて取り壊され、いったん福羽の屋敷にうつされたあと、一九三一年(昭和六)に靖国神社に遷座され今日にいたっている。

こうした維新志士の招魂祭は、戊辰戦役が重ねられるに応じて続けられていった。一八六八年(明治元)四月に江戸城の無血開城が実現すると、その直後の六月、江戸城西の丸大広間に神座がもうけられ、官軍側戦没者の招魂祭が執行されている。翌月には京都河東操練場でも官軍戦没者三七四名が祀られた。同年五月、福羽らがかつて招魂祭をおこなった京都東山に招魂社を建てるよう太政官が命じているが、その際に発布された二つの布告には、まず「発丑(一八五三年=ペリー来航の年——引用者)以来唱義誠忠天下ニ魁シテ国事ニ斃レ候諸士及草莽有志ノ輩」の「志実ニ可嘉」として、その「志操」を天下に表わし、その「忠魂」を慰めるために招魂社を建てるのだとされ、また「伏見戦争以来引続キ東征各地ノ討伐ニ於テ忠奮戦死候者」について「不便ニ被思召」、彼らの「忠敢義烈実ニ士道ノ標準」であるから、これを「叡慮」によって「永ク其霊魂ヲ祭祀」するのだとしている。さらに、「向後王事ニ身ヲ殲シ候輩速ニ合祀可被為在候」と、今後も王事につくした者を合祀することを定め、「天下一同此旨ヲ奉戴シ益々可抽忠節」ともとめた。

ペリー来航以来「王事」に尽くしてきた志士を不惘に思い、彼らを模範的人物と評してその功績をたたえ、彼らの霊魂を祀る招魂社設立が企図されて、以後も合祀が続けられることが表明されたわけである。たけだけしい霊を鎮めることより、慰霊と顕彰の面がつようちだされた。いまだ戊辰戦争は続いており、ここには官軍側の戦意高揚、いわば官軍のために戦うことの正当性と意義を強調する側面もあったろう。

東京招魂社から靖国神社へ

翌六九年六月、東京奠都にともない、東京に招魂社が造営されることとなった。場所は九段坂上の旧幕府軍歩兵屯所跡で、ここと定めたのは当時軍務官副知事だった大村益次郎である。長州閥のリーダー木戸孝允（桂小五郎）は、上野の寛永寺に招魂社を建てたいと考えていたらしい。彼はこの年三月一五日の日記に、前年の彰義隊の戦いで荒廃した寛永寺をみて、「此土地を清浄して招魂場となさんと欲す」[1]と記している。しかし自ら彰義隊討伐の指揮をとった大村は、これに反対した。その理由は、「上野は亡魂の地であるから、イツソ之を他に移すも宜しからむ」、つまり旧幕府の「亡魂」がさまよう地でふさわしくないと考えたためであった[2]。大村は九段坂上全体の再開発まで考えており、道幅をひろげて軍事的に有用な場としようと考えていたともいわれる[3]。いずれにせよ、東京招魂社の設立者には、「王事」のために尽くした魂の慰霊と顕彰という意図と、これに対抗した死者を「亡魂」ととらえる認識が存在していたことは記憶されるべきであろう。

こうして建設された東京招魂社で六月二八日、戊辰戦争の戦没者三五八八名の招魂式がおこなわれ、翌日は軍務官知事嘉彰親王が祭主として祝詞を奉読、華族や官員らが参拝した。七月一日からは三日間相撲がおこなわれ、花火もうちあげられた。以後、招魂式にあわせて招魂祭も催され、相撲や花火は靖国の恒例行事となっていく。

七月一二日に兵部省は招魂社の例祭日を定めた。それは、鳥羽伏見戦争が勃発した一月三日、上野彰義隊が潰走した五月一五日、箱館五稜郭開城の五月一八日、そして会津藩が降伏した九月二二日である。のちに、九月二二日は天長節であったため二三日にあらためられ、西南戦争終結後は、西郷隆盛が自決した九月二四日もここに加えられることとなった。明治天皇がはじめて招魂社に行幸したのは七四年一月二七日で、この日、「我国の為をつくせる人々のむさし野にとむる玉垣」との御製をのこしている。

明治政府が発足してまもない明治ヒト桁代は、政治的にも経済的にも、権力基盤はいまだ脆弱であった。七一年の廃藩置県によって政治的な中央集権は実現したものの、秩禄処分や廃刀令などに不満をもつ士族による反乱や、地租改正に反対する農民一揆が断続的に起こった。七四年には元司法卿江藤新平を首領として佐賀の乱が発生、まもなく鎮圧され、八月には反乱鎮圧で命をおとした熊本鎮台兵一九二名の招魂式がおこなわれている。七六年には神風連の乱、秋月の乱、萩の乱と、西日本で士族反乱が連続し、いずれも失敗、翌年一月に三つの乱の戦没者一三一名の招魂式がもたれた。むろん、対象となっているのは政府側の戦没者である。

この翌月、近代日本最大の内戦となる西南戦争が勃発する。西郷隆盛をいただく鹿児島の私学校生徒等の決起は熊本、鹿児島を中心に約半年間にわたる政府軍との激戦となり、九月二四日の西郷の自刃をもってようやく終結した。鹿児島は当時、中央の政令とは一線を画した、半ば独立国の様相を呈していたが、これによってようやく国内の統一がなされたことになる。西南戦争での政府軍戦没者約六万一五〇〇名の招魂式が東京招魂社でおこなわれたのは、同年一一月一二日のことであった。

こうして「国家」としての日本が顕現するとともに、東京招魂社もその様相を改めることとなる。七九年六月四日、東京招魂社は「靖国神社」と改称され、別格官幣社に列せられたのである。「靖国」の名称は、『春秋左氏伝』にある「吾以靖国也」からとられたもので、『日本書紀』や『古事記』などにある「安国」と同じ意味だが、陸軍大佐浅井道博が「清い」にも通じる「靖」が適当であると考え、これが太政官に採用されたという。同月二四日には西南戦争の戦没者二六四名の合祀がおこなわれ、年末には近衛諸兵から西南戦争戦没者の慰霊記念銅碑が奉納されているが、国家の危機であった西南戦争を乗り切った当時における「国」を「靖」んずることの意味と重みが伝わってこよう。改称・社格制定の際の祭文には、「汝命等の赤き直き真心を以て家を忘れ身を擲て各も死亡にし其大き高き勲功に依てし大皇国をば安国と知食す事ぞと思食すが故に靖国神社と改称」(原文漢文)するとあって、勲功を顕彰して「安国」をなそうとする意図が表明されている。

なお、通常の神社は内務省の所管だが、靖国神社は当初内務省・陸軍省・海軍省の管轄となり、神官の人事のみ内務省が行っていたが、八七年に陸海軍省専管となって人事も軍の担当になった。

3　戦前の靖国神社

日清日露戦没者の合祀と戦勝祝祭

靖国神社が維新の動乱以来の戦没者の慰霊・顕彰を目的としていたことは、先述の通りである。当時にあってそれは勤皇、明治政府の側で戦死した人物を祀るものであり、旧幕府側の戦死者や、西南戦争で叛乱軍となった西郷隆盛などは、祀られていない。

招魂式にあわせて招魂祭がおこなわれたことも、すでに記した。一八八〇年五月には西南戦争戦没者のための臨時祭がおこなわれ、相撲、花火、競馬、能楽などの余興が催されている。翌月には境内に茶店もできた。七一年一〇月には外国人によるサーカスがひらかれ、同年にはじまった九段競馬は、約三〇年間にわたって例大祭や臨時祭のたびに実施されることになる。九三年には大村益次郎の銅像が建立され、東京の新名所となった。靖国神社の遊戯的側面は、戦後の力道山による奉納プロレスにいたるまで続いていく。

八一年五月には、陸軍省が戦没者の忠節を顕彰するためとして境内に武器陳列場を建設、『荀子』の「遊必就士」からとって「遊就館」と名づけられた。招魂式については、日清戦争にいたるまで大きな戦争はなかったため、西南戦争戦没者の追加合祀と、幕末維新期の志士の合祀が続けられていった。八三年五月には坂本竜馬や中岡慎太郎らを合祀、八八年から九〇年にかけては毎年数百から千数百名の単位で維新志士の合祀がおこなわれている。

九四年七月、日清戦争がはじまった。緒戦で勝利を収めると、その戦利品が次々に靖国神社へと送られて遊就館に展示され、かなりの盛況を呈したという。翌年四月に下関で講和条約が締結されると、一二月一五日、陸海軍あわせて一九四六名の招魂式がおこなわれた。合祀者は漸次追加されて、計約一万四〇〇〇名におよんでいる。

遊興の場としての境内も時代の変化に対応するようになり、一九〇二年には北清事変戦没将兵の顕彰のためとして国光館（パノラマ館）が遊就館の付属施設として建設された。戦場の風景を描いたパノラマ画を展示するこの館は、村上鶴蔵なる興行師が設置を申請したもので、その申請書は、「戦況ノ実景ヲ詳細ニ描出シ、弘ク公衆ノ観覧ニ供シ候ハヽ」、「尚武ノ実」がそだち「士気ヲ鼓舞」し「軍紀ヲ厳粛」にして、「国民兵役ノ一助」となると述べている。(4)

当時の軍や学校における靖国神社の存在について、ふれておこう。日清戦争当時には、すでに「拝みまつれは武士の　みつくかばねの山ゆかば　我大君の御為には　吹ける嵐に散を俟つ」といった軍歌（「靖国神社」）があり、一八八四年には小学唱歌として「招魂祭」が生まれていた。歌詞は、「こゝに奠る。君が霊。蘭はくだけて。香に匂ひ。骨は朽ちて。名をぞ残す。机代物。うけよ君。／此所にまつる。戦死の人。骨を砕くも。君が為。国のまもり。世々の鑑。光りたえせじ。そのひかり」。軍でも学校でも、戦死者の顕彰のしらべが響きはじめたのである。九九年刊の高等小学校の修身教科書は、「此の社は、遠くは維新の前後より、近くは、日清戦争に至るまで、国事に斃れたる忠臣義士の霊を祀れる処なり」と靖国神社の由来を述べ、「吾等臣民の、君のため、国のために、身命をさゝぐるは、固より、其本分とするところなり。況んや、死にて護国の神となり、長くまつりを受くることを思はゞ、誰れか、君の為め、国の為めに、其身命を惜まんや」(5)と、国事に斃れた人々を顕彰しつつ、それにならって君国に殉じることの大切さを教えている。

一九〇四年二月、日露戦争が勃発する。当時はまだ、戦死と靖国神社とを結びつけて考える発想は普及していなかったといわれるが、それまでに比して圧倒的な犠牲と国力を動員したこの戦争において、靖国神社の位置づけや重みは増した。日清戦争の際、開戦奉告祭に勅使が派遣されたのは神宮だけだったが、日露戦争では神宮と靖国神社に特派された。一三年（大正二）一二月三日には、例大祭が四月三〇日（日露戦争陸軍凱旋観兵式の日）と一〇月二三日（同じく海軍凱旋観艦式の日）に改定された。記念日は「官軍」の勝利日から「帝国陸海軍」の勝利日へと、変更されたわけである。

〇六年五月一日には日露戦争の戦死者約三万名の招魂式がおこなわれ、この日から四日間にわたって戦勝を祝う臨時大祭がひらかれている。境内では、「国光発揮」と書かれたアーチをくぐると、「忠勇」「義烈」と記された二本の塔がそびえ、戦場で活躍した大砲や没収した戦利品が陳列され、奉納相撲や花火、さらに鉄塔の電飾もほどこされた(6)。戦争中の〇五年に海軍教育本部が編纂した『海軍読本』の「靖国神社」の項には「ワレラ軍人ハ、国ノタメ、イノチヲ、ササグルモノニシテ、ノゾム所ナルニ、死シテカカルトコロニ、マツラルルコトアルヲ、思ヘバ、タレカ、王事ニ、ツトメザルモノアランヤ(7)」とあった。一〇年編纂の尋常小学校の『国語科教授要領』は、「靖国神社」について「義勇奉公の念を養成」し、「唱歌『靖国神社』と連絡」するよう注意しているが(8)、その唱歌は「矢玉の中にて、身を斃しし、義勇の魂、国のしづめ、たふとしいさまし、このみやしろ」と歌っていた。日露戦争を経て、戦争・戦死と靖国・顕彰とを連結する意識が濃厚となっていったのである。この戦争の戦没者で合祀されたのは、合計で八万八一三三名にのぼった。祭神を「英霊」と呼ぶようになったのも、日露戦後のことである。

大正から昭和へ――激動の中の靖国

一九一四年七月、第一次世界大戦がはじまり、我が国はドイツに対して宣戦布告した。靖国神社では対独宣戦奉告祭が行われ、一一月に青島を陥落させると、提灯行列が社前に参拝している。このときの戦没者約千名の合祀が行われたのは、翌年四月のことである。以後も第一次大戦やシベリア出兵の戦没者の合祀が断続的に続き、靖国神社の空気は次第に緊張していく。三一年九月に満州事変が勃発すると、翌年四月には戦没者の合祀が行われ、我が国が満州国を承認すると満州国承認奉告祭を執行、三五年には満州国皇帝溥儀が参拝している。一方、国際連盟から派遣されたリットン調査団が参拝したように、日露戦争終了頃から外国使節も戦没者に敬意を払って参拝する例が増えており、いわば国際的な神社という性格も濃くなっている。溥儀の前後だけでもスペイン練習艦艦長、ロシア陸軍大佐、シャム大臣、フランス極東艦隊司令長官、そして米国アジア太平洋艦隊司令長官らが参拝している。昭和になると、陸海軍大臣が就任奉告をするのが恒例となった。そこに政治的意図を読み取ることは容易であろうが、それだけ靖国神社の軍内外への「重み」が増してきたということでもあろう。第一次近衛内閣以降は、総理大臣以下、軍部大臣以外も就任の際は靖国に参拝するようになった。

かくして三七年七月、日中戦争がはじまる。八月一日にはさっそく一二七名の合祀が行われており、南京陥落の際の奉告祭では参拝客で例大祭のような活況であったという。臨時例大祭も頻繁に行われ、天皇や皇族の参拝もめずらしくなくなり、天皇の参拝時刻にあわせて全国民の黙祷の時間が設定される。一方、遊興の側面は次第に影をひそめるようになり、三九年四月、すでに東京名物となっていた例大祭での見世物や露店が姿を消した。

日米開戦の四一年一二月八日、内閣総理大臣東条英機は海軍大臣嶋田繁太郎とともに、宣戦の詔書渙発奉告のため、靖国神社を参拝した。翌年一月一日には、一般の参拝客が八九万人にのぼった。以後、戦没者の招魂祭を継続的に行いながら、シンガポール陥落や蘭印降伏などの奉告祭が行われ、そのたびに多数の参拝客がおとずれている。

当時の出征将兵の遺書や手記等に、死んだら靖国で会おう、といった文言がよくみられることは、広く知られている。こうした傾向は日中戦争から、とくに太平洋戦争の激化に応じて強まっていったようである。四〇年頃から歌われ、戦争末期に流行歌となった「同期の桜」も、「離れ離れに散ろうとも　花の都の靖国神社　春の梢に咲いて会おう」で結ばれている。三九年の小学唱歌「靖国神社」が、「御苑を埋み咲く匂ふ　花とも散りし丈夫の　誉れを語る桜花」からはじまるように、靖国神社の桜は、散っていった戦死者を連想させるものとなっていった。靖国は戦友同士の、また家族との再会の場所としてもとらえられるようになり、三九年の流行歌「九段の母」は、田舎から戦死した息子に会いにやってきた母親の姿を、「上野駅から九段まで　かってしらない　じれったさ　杖をたよりに　一日がかり　せがれきたぞや　会いにきた」と描く。

四五年八月一五日、靖国神社では宮司以下がラジオで玉音放送を聞いた。神社として大東亜戦争終息奉告祭を行ったのは、九月八日のことである。

4　戦後の靖国神社問題

占領下の靖国神社――危機と「非軍国主義化」

戦争が終了して、靖国神社は危機的な状況に置かれることとなった。連合国最高司令官総司令部（GHQ）は軍国主義の象徴として靖国神社を焼却する計画さえ立てており、神社をめぐる情勢は急変する。

一九四五年一二月一五日、GHQはいわゆる「神道指令」を発令、神社神道に対する特別の保護・支援・監督を禁止し、神道の教義や慣例、祭式における軍国主義的イデオロギーの宣伝も禁止、公の教育機関での神道弘布も廃止するよう命じた。国家神道が軍国主義を助長していると考えたための措置であった。さらに、同月二八日には「宗教法人令」が公布され、宗教団体法を廃止、宗教法人の設立を許認可制ではなく登記制とするなど、行政の監督権を大幅に削減した。翌年二月二日、この法令の改正勅令が公布され、それまで内務省神社局（のち神祇院）に所管されて宗教とは別個の扱いを受けていた神社神道は宗教法人となることとされたが、その附則は靖国神社を名指しして、靖国も宗教法人とみなすこと、六カ月以内に神社の運用規則を提出することをもとめ、それが果たされなければ法人を解散すると明記していた。靖国神社は一宗教法人として存続するほかなくなったわけである。

ここに、戦前は国家の管理のもとで非宗教として扱われていた靖国神社が、一宗教法人として国家管理を離れ、しかし、あくまで「国権の発動」としての戦争の死者を祀るというズレが生じることになった。「政教」は分離されたけれども、「教」が祀る対象は「政」の結果生まれたものにほかならず、しかも、かつては「政」が積極的に顕彰していたものでもあった。この複雑な構図が、内閣総理大臣（政）の靖国神社（教）参拝が問題化する淵源となり、その「政」の判断基準としての「公的か私的か」、また「教」の判断基準としての参拝形式などが取りざたされることになる。名誉や顕彰として付与され受容されていた合祀も、信教の自由との関係が問題となってくる。

ともあれ、終戦直後はまだ陸海軍省も残っており、戦没者の調査、合祀は続けられた。合祀は、陸海軍内での資格審査、霊璽簿への記載、招魂式、そして霊を神体へと遷す合祀祭、という手続きですすめられる。四五年一一月には昭和天皇もおとずれて臨時大招魂祭が催されているが、これは、軍の解体が避けられなくなった陸軍省が主導して、いわば「最後の奉仕」として企てられたもので、調査が間に合わないため霊璽簿への記載はされず、氏名不詳のまま一括合祀したものであった。このため、調査は引き続き行われ、四六年四月には氏名等の判明した約二万七〇〇〇名について皇族が霊璽簿を浄書し、四月二九日から五月一日にかけてその合祀祭と例大祭が執り行われている。しかし、GHQが秋に予定されていた合祀祭を不許可としたため、結局合祀手続きはこれをもって中止され、以後、占領下では神社内で「霊璽奉安祭」として内々に執り行われることになった。合祀はその後日本の独立を経て継続され、二〇〇四（平成一六）年一〇月現在で、約二四七万柱が祀られている。

なお、終戦直後にはGHQと靖国神社との間で、靖国神社のテーマ・パーク化構想とも呼ぶべき計画が話し合われていた。神社側は遊就館にローラースケート場や卓球場、メリーゴーランド

コラム　諸外国の戦没者追悼施設

米国ではヴァージニア州のアーリントン国立墓地に「無名戦士の墓」がある。設置されたのは第一次世界大戦後の一九二一年、追悼対象も第一次大戦以降の戦没軍人で、宗教性はないとされるが、石碑の碑文には「神のみぞ知る亡きアメリカ軍人、名誉ある栄光のうちにここに眠る」とある。毎年復活祭、戦没将兵記念日、福音軍人の日に追悼行事が行われ、大統領の献花などが催される。二〇〇五年五月の戦没将兵記念日にはブッシュ大統領がこう演説した。「毎年この日には、無名戦士の墓に花輪を捧げ、斃れし米国人を思い出す。今朝、私は国民を代表して献花する名誉を得た。ここにねむる人々の名は神によってのみ記憶され、その勇気と犠牲を国民は決して忘れない」。

英国ロンドンには「セノタフ」という記念碑がある。一九二〇年の建造で、第一次・第二次大戦、湾岸戦争などの英連邦の戦没者を追悼している。国家管理で宗教性はなく、碑文は「栄光ある死者」。毎年第一次大戦の休戦記念日に式典が行われ、二〇〇四年一一月の式典ではエリザベス女王、ブレア首相などが参加、黙祷、献花のあと退役軍人が行進した。ウェストミンスター寺院にも「無名戦士の墓」がある。

二度の大戦の敗戦国ドイツでは、東西統一後の一九九三年、ベルリンにある「ノイエ・バッヘ」が中央追悼施設に定められた。「戦争と暴力支配の犠牲者」すべてを追悼し、個々の追悼者は特定されていないが、虐殺されたユダヤ人や暴力支配に抵抗した人々などは特に言及されており、いわゆる戦争犯罪人は含まれない。毎年国民哀悼の日に政府主催の追悼式典が開かれており、大統領、首相以下が献花、黙祷を捧げる。

中国では五八年、北京の天安門広場に記念碑が作られ、「人民解放戦争及び人民革命」や「民族の独立及び人民の自由と幸福のため」に犠牲になった「人民英雄」を称え、追悼している。韓国は五五年にソウルに国立墓地を設立、植民地時代の抗日独立運動から現在までに戦死・殉職した軍人や警察官、国家功労者などが追悼されており、宗教による選別はない。七九年には大田にも国立墓地がつくられた。（参考文献：「追悼・平和祈念のための記念碑等施設の在り方を考える懇談会」第七回配布資料、二〇〇二年一一月一八日、http://www.whitehouse.gov/news/, The Guardian, November 15, 2004）

や映画館などを設けて、遺族に娯楽を提供したいと考え、音楽堂や博物館などもつくる計画だった。戦後の靖国神社が軍国主義のイメージから脱却する試みであったといえようが、東京新聞にスクープされて中止となったという。日露戦争にちなんだ春秋の例大祭日も春分の日と秋分の日にあわせて四月二二日と一〇月一八日に変更された。このほか、文化講座をひらいたり、「遺族の救済」を目的として「人事無料相談所」を開設したりしているが、こうした試みは遺族の励ましや慰めのためであると同時に、神社存続のための努力にもちがいなかった。神社系の雑誌は、「さびれる靖国神社」と題して「民主主義の風に吹きまくられる神社のうちで、一番風当りのつよいのは靖国神社」と苦境を伝えている（肇国四六年二月号、四七年一〇月号）。

首相の参拝再開とA級戦犯の合祀

五二年四月二八日、サンフランシスコ平和条約が発効し、日本は独立を回復した。靖国神社にとって「冬の時代」であった占領期が終わり、占領下では禁止されていた公務員の戦没者葬祭への参加規制が緩和、同年一〇月には戦後はじめての例大祭が行われた。このとき、昭和天皇と吉田茂首相が参拝している。これ以降、天皇の参拝は七五年まで計八回おこなわれ、春秋の例大祭への首相参拝も鳩山、石橋両首相をのぞいて田中角栄首相まで続く。

なお、占領終了にともなって宗教法人令にかわる宗教法人法が制定され、靖国神社はこれに沿って法人格の認証を受けているが、その際提出された靖国神社「規則」では、「本法人は、明治天皇の宣らせ給ふた『安国』の聖旨に基づき、国事に殉ぜられた人々を奉斎し、神道の祭祀を行ひ、その神徳をひろめ、本神社を信奉する祭神の遺族その他の崇敬者を教化育成し、社会の福祉に寄与」することを目的として掲げている。戦前に比して顕彰の側面がうすれ、「宗教」として信者の教化育成が盛り込まれた。

占領終了とともに、現実的な意味での戦没者遺族の支援も本格化する。五二年四月三〇日、戦傷病者戦没者遺族等援護法、いわゆる遺族援護法が施行されて、軍人・軍属とその遺族に年金・弔慰金が支給できるようになった。翌年八月には恩給法が改正、軍人恩給が復活する。同年、遺族援護法が全会一致で改正され、極東国際軍事裁判（東京裁判）における戦犯の刑死者・獄死者を公務死と認めて、援護の対象とした。恩給法も改正されて、刑死・獄死した者の遺族や受刑者本人への扶助料や恩給が支給できることになっている。もともと政府が戦犯への恩給を支給しなかった理由として、緒方竹虎副総理は「戦犯というものがきめられまして、国際的にやはり一つの犯罪としてわれわれとは違った尺度で見ておる」ことをあげていたが、「その人たちの留守宅の生活の非常に気の毒なことは重々政府においても承知している」（五三年七月一五日衆議院内閣委員会）として、この改正では「戦犯」は恩給法の規定する恩給権の消滅条件、すなわち死刑または無期もしくは三年以上の懲役または禁固、という国内法による受刑者の条件には適合しないものととらえて、その権利を承認するにいたったようである。(9)

いずれにせよ、遺族援護法と恩給法の適用対象に戦犯が加えられたことが、いわゆる戦犯合祀の背景となった。なぜなら、合祀予定者の選考基準にあたってもっとも参照されたのが、両法の原簿だったためである。こうして一九六八年春からはじまった戦犯受刑者の合祀は、七八年まで続けられ、計一〇〇〇名以上に達した。A級戦犯については、六六年に厚生省引揚援護局から送られてきた合祀予定者の名簿に記載されていたが、世論の反発が予測されるため、神社側は合祀の時期は国民感情を考慮して定めるとしていた。そのA級戦犯合祀が実施されたのは七八年、そこには新任の松平永芳宮司の「東京裁判史観の否認」という意思が働いていたことが知られている。

松平は、「いわゆるA級戦犯合祀のことですが、私は就任前から、『すべて日本が悪い』という東京裁判史観を否定しないかぎり、日本の精神的復興はできないと考えておりました」と述べ、宮司就任後さっそく記録を調べて合祀時期の決定が宮司預かりになっていることを知り、この年一〇月の合祀祭に間に合わせて「思い切って、十四柱をお入れしたわけです」と説明している。十四柱とは、A級戦犯容疑で有罪判決を受けて処刑された東条英機、板垣征四郎、土肥原賢二、広田弘毅ら七名と、収監中や未決のまま死去した松岡洋右、永野修身、東郷茂徳ら七名をさしている。東京裁判は国際法上みとめられず、また戦犯受刑者はすでに国内法上他の戦死者と同様の扱いをされている以上、「合祀するのに何の不都合もない」というのが、松平の理解であった[10]。合祀の直後、靖国神社は「戦犯」の名称は連合国が勝手に決めたものだとして拒否し、戦犯刑死者に「昭和殉難者」の呼称を与えて、戦争の殉難者との認識を示した。

政教問題の発生と靖国神社国家護持法案

靖国神社をめぐる政教問題がはじめて政治問題化したのは、上記の引揚援護当局と靖国神社との関係をめぐってであった。五二年七月、衆議院海外同胞引揚及び遺家族援護特別委員会（以下、援護特別委）で自由党の川端佳夫議員が、靖国神社から遺族への合祀通知が遅れており、何とか改善してほしいと発言、若林義孝議員も、靖国神社は「宗教宗派を超越した国民的儀礼」だとして、政府の援助推進を求めたが、木村忠二郎引揚援護庁長官は、「宗教の分離という原則によりまして、国から金を出すということが禁止されております……憲法に違反しない限度でお手伝いすることを考えなければならぬ」と答弁している。政教分離問題が、まずは合祀事務への公的資金支出をめぐって生じ、政府としてはその違憲性から支出を否定したわけである。もっとも、政府として合祀事務にかかわること自体は問題にされておらず、国家の責務としての合祀という考え方は、当時、まだ濃厚に引き継がれていた。

その後も、合祀費用をめぐる議論は続いた。五五年体制の成立前後、自由党や民主党、合併ののちは自民党の議員らが、合祀費用の不足に苦慮する靖国神社側の事情を考慮して国費の支出を求め、一方で政府側は政教分離原則からこれに応じない、というやりとりが繰り返された。結局資金については、靖国神社奉賛会が全国から寄付を募ることになるが、五六年の厚生省予算には「戦没者調査費」として盛り込まれ、政府が戦没者の身上調査に協力し、靖国神社からの合祀通知などを都道府県に依頼することなどが決められている。

合祀費用の支出論は、政教分離原則を克服するために靖国神社を宗教法人から脱皮させ、国家管理すべき、という主張につながってくる。民主党の山本勝市議員は、「宗教から抜け出ていかなければ、……ほんとうに国をあげての崇拝の対象にはならない」(五〇年七月二三日援護特別委)と発言している。五一年一月、日本遺族会は靖国神社と護国神社を国または地方公共団体で護持することを決議した。これをうけて同年三月、自民党は靖国神社法草案要綱を発表、一方社会党も靖国平和堂に関する法律案要綱を作成する。いずれも靖国神社の宗教性を脱せしめるものとなっている。自民党案は、「靖国社」と名前をぼかした上で、「国事に殉じた人々」の「奉斎」と

「顕彰」、国民道徳の高揚をうたっており、社会党案も「殉国者」への感謝と尊敬の念をあらわし、これを顕彰する国立施設、靖国平和堂をつくることを求めていた。両法案に対して、神社界や日本遺族会は神社祭祀の伝統がそこなわれるとして反発し、あくまで靖国神社の名称を存続させ、殉難者を奉斎、顕彰し、伝統を尊重することなどを求め、結局両案は国会に提出されなかった。

日本遺族会は六〇年、靖国神社国家護持の実現を目指すことを決議、六二年に国家護持要綱を衆参両院議長に提出している。翌年には靖国神社も神社本庁とともに国家護持要綱を発表し、神社名の存続と、宗教法人靖国神社の解散と特別法人の設立、国費による合祀などをうたった。これを受けて自民党内でも法案化がすすめられ、東京招魂社が設立されてから一〇〇周年となった六九年六月、自民党議員二三八名によって靖国神社法案が提出された。

法案第一条は、「靖国神社は、戦没者及び国事に殉じた人々の英霊に対する国民の尊崇の念を表すため、その遺徳をしのび、これを慰め、その事績をたたえる儀式行事等を行い、もってその偉業を永遠に伝えることを目的とする」としていた。「英霊」の顕彰・慰霊の儀式と行事を目的としているわけだが、創建の由来から神社の名称は維持しつつ、宗教団体ではない非宗教の法人とし、宗教活動も禁止、国家や地方公共団体が経費を支出するとしている。政教分離原則のもとで靖国神社を国家管理のもとにおき、かつ、靖国神社の伝統にも配慮するという微妙な内容であった。

法案には仏教界、キリスト教界、社会党などが反対、メディアも批判的で、結局法案は多数を得ることができずに衆議院で廃案、その後も七四年まで計五回、自民党議員から提案されているが、すべて廃案となっている。批判の論点は法案の違憲性と軍国主義・国家神道復活への危惧が中心で、韓国キリスト教界からも懸念が表明されている。結局、五回目の法案が廃案となったあと、内閣法制局が靖国神社法案の合憲性に対する見解を示し、法案が成立すれば神社祭祀をほとんど廃止・改変せざるを得ないと指摘、この年の参院選で自民党が大敗して内閣委員会が野党多数という状況になったこともあって、靖国法案は挫折することとなった。

なお、靖国法案が上程される前年の六八年、キリスト教の角田三郎牧師が信教の自由を理由として靖国神社に合祀されている兄を霊璽簿から抹消するよう求めて、神社側から「御創建の趣旨及び伝統に鑑みて」、拒否されている。角田牧師らはキリスト者遺族の会を発足させ、以後も霊璽簿からの抹消要求を繰り返していく(11)。靖国神社には、朝鮮半島出身者が約二万人、台湾出身者も二万七〇〇〇人余が合祀されており、遺族の一部からは合祀の取り下げが求められているが、いずれも靖国神社側は応じていない。

首相参拝問題の発生

靖国国家護持法案が挫折した翌七五年八月一五日、三木武夫首相が靖国神社を参拝した。戦後はじめての、終戦記念日の首相参拝であった。このとき問題になったのが、いわゆる「私的か公的か」である。

その背景には、この年二月に自民党内で国家護持法案にかわる「表敬法案」が作成されたことがあった。これは、まず天皇や国家機関員による「公式参拝」を実現し、続いて外交使節、自衛隊儀仗兵の参列参拝を実施、合祀対象を警察官などにもひろめて国家護持をすすめていく、といったもので、国会提出はされなかったものの、国家護持の第一歩として「公式参拝」が示された意味は大きかった。三木首相は公職者を随行させずに自民党総裁車で訪問、肩書きなしで署名して玉串料もポケットマネーで払い、私的参拝を強調したが、参拝後には政府見解として「私的参拝」の条件が示され、公用車を使わないこと、玉串料を私費で払うこと、記帳には肩書きを使わず、公職者を随行させないことを挙げ、これならば違憲でないとしたのである。これが、「公式参拝」が問われるきっかけとなった。

三年後の七八年八月一五日には、福田赳夫首相が参拝する。このとき、玉串料は私費だったが、官房長官以下をつれて公用車で訪問、「内閣総理大臣　福田赳夫」と署名した。従来の基準では「私的」とはいいがたいが、政府は新たな見解を発表し、政府の行事として参拝を決定したり、公費で玉串料を支出しなければ違憲ではないとして、これを追認する形になっている。翌年には鈴木善幸首相が参拝しているが、このとき野党側からの批判をうけて再度政府見解がだされ、国務大臣としての参拝の合憲性に疑念をのこしつつ、参拝を差し控えるとした。

こうして戦後四〇年の節目となった八五年八月一五日、中曽根康弘首相が靖国神社を参拝した。公用車で官房長官などを帯同、「内閣総理大臣　中曽根康弘」と署名し、献花料を公費から支出した。記者団に対して中曽根首相は、「いわゆる公式参拝であります」と明言、さらに「八月一五日の公式参拝は、国民や遺族の方々の多くが、靖国神社を我が国の戦没者追悼の中心的施設であるとして、同神社において公式参拝が実施されることを強く望んでいるという実情を踏まえ、祖国や同胞のために犠牲になられた方々の追悼を行い、あわせて我が国と世界の平和への決意を新たにする」と述べている（八六年一月二九日衆議院本会議）。

彼は、官房長官の諮問機関として設置した「閣僚の靖国神社参拝問題に関する懇談会」の報告書を検討した結果、公式参拝は可能という判断にいたったとしているが、同懇談会の報告書は、国民や遺族の多くは依然靖国神社を戦没者追悼の中心施設ととらえており、首相以下大臣の公式参拝を望んでいるとして、憲法の規定に反することなく、これを実施できる方途を検討すべきだとしていた。これを受けて参拝の前日に政府見解が変更され、公式参拝を合憲と判断したわけである。

靖国問題が外交問題となったのは、このときであった。参拝の前日、中国政府はA級戦犯が合祀されている靖国神社への公式参拝はアジア人民の感情を傷つけるとして、はじめて反対の意思を表明した。ただ、首相の参拝自体は吉田首相以来続いており、すでに私的・公的をめぐる問題も惹起されていただけに、中国がこの段階で批判を行ったことに、対外問題を強調することで国内の政権批判者の目をそむけさせたい中国政府や、これと連動する国内諸勢力の政治的思惑を指摘する論者は多い。

いずれにせよ、批判の台頭を受けて、中曽根首相は秋の例大祭への参拝を見送りつつ、自民党がA級戦犯の分祀について靖国神社と交渉したが、断られた。結局、翌年の終戦記念日の参拝も、周辺諸国への配慮を理由にとりやめられた。八六年八月一四日に発表された後藤田正晴官房長官の談話は、次のように述べている。「公式参拝は、過去における我が国の行為により多大の苦痛と損害を蒙った近隣諸国の国民の間に、そのような我が国の行為に責任を有するA級戦犯に対して礼拝したのではないかとの批判を生み、ひいては我が国が様々な機会に表明してきた過般の戦争への反省とその上に立った平和友好への決意に対する誤解と不信さえ生まれる恐れがある。それは諸国民との友好増進を念願する我が国の国益にも、そしてまた、戦没者の究極の願いにも副う所以ではない」。ただ、談話は、前年の政府見解の変更は維持されていると述べており、いわば公式参拝の合憲性を承認しつつ、外交的配慮によって参拝を見送った形となった。

政教分離裁判

政治と宗教との関係、とりわけ宗教行事への公費支出をめぐっては、たびたび訴訟が起きてきた。その最初のものが、いわゆる津市地鎮祭訴訟である。六五年、津市の体育館を建設する際の地鎮祭に公費を支出したことが違憲ではないかとの訴訟が提起され、一審は、地鎮祭は宗教的というより習俗的行事であるとして違憲ではないと判断した。しかし二審の名古屋高裁はこれを覆して原告が勝訴、最終的には七七年の最高裁大法廷で再び原告の敗訴が確定している。この際に示されたのが「目的効果基準」と呼ばれるもので、「国家が宗教とのかかわり合いをもたらす行為の目的及び効果」が、「宗教への援助、助長、促進又は圧迫、干渉になるような行為」にあたる場合は違憲と判断するというもので、以後、政教関係の合憲性を判断するものとして定着している。

八一年に岩手県が靖国神社例大祭の玉串料と御霊祭の献灯料を公費から支出した問題をめぐる訴訟では、一審が、目的は戦没者慰霊のための社会的儀礼にあり、効果も靖国神社の宗教的性格を支援、助長したものとはいえないと判断した。二審の仙台高裁は原告の控訴を棄却したものの、その判決理由では、靖国神社の参拝は宗教行為にあたり、天皇と首相の公式参拝は違憲であると述べた。最高裁では上告棄却、二審判決が確定したため、これを「違憲判決が確定」と捉える向きもあり、参拝反対を唱える側の理論的根拠となっていく。同時期、大阪高裁も玉串料への公費の支出を目的効果基準からみて違憲とは判断せず、一方で判決理由では参拝を違憲とした。

目的効果基準そのものの適用自体はゆるやかな判断がとられていたといえようが、その解釈に大きな変更が生じたのが、愛媛玉串料訴訟である。これは、愛媛県が靖国神社例大祭の玉串料と愛媛県遺族会への供物料を公費から出していたことを違憲とみる真宗僧侶らが原告となった訴訟で、一審は目的効果基準に照らして、支出の目的には宗教的意義があり、また精神的な面で靖国神社の宗教活動を援助、助長、支援する効果があるとして、違憲の判断を下した。二審の高松高裁はこれを覆して公費支出を社会的儀礼と判断、原告敗訴となり、最高裁まで持ち込まれる。平成九年に下された最高裁大法廷の判決は、二審を覆して公費支出を違憲とするもので、その理由は、目的効果基準を厳格に適用し、玉串料支出には社会的儀礼の側面があったとしても、宗教的意義が否定できない以上これは許されないとしたのである[12]。

このように、靖国神社をめぐる訴訟には判決に揺れがあり、玉串料への公費支出については目的効果基準の適用が通例となっているものの、その解釈をめぐっては、柔軟な姿勢に変化がみられつつあるのが現状である。

5　現在の靖国問題

小泉首相と靖国問題

中曽根首相が靖国参拝を断念して以来、首相の参拝は途絶えていたが、これを再開したのが橋本龍太郎首相である。一九九六年七月二九日の自分の誕生日に公用車を用いて「内閣総理大臣橋本龍太郎」と記帳して参拝したが、記者に「公私の別」に問われると、「もう、そういうことで国際関係をおかしくするのはそろそろやめにしようよ」とこたえている（毎日新聞一九九六年七月二九日朝刊）。梶山静六官房長官は公式参拝にはあたらないと述べているが、中国外務省からは「日本の帝国主義の侵略を受けたアジア諸国各国人民の感情を傷つけるものだ」（読売新聞一九九六年七月三〇日朝刊）といった批判が寄せられている。結局、八月一五日の参拝は避けられ、その後の小渕、森両首相も参拝はしていない。

靖国問題が外交問題として最も大きな緊張をはらむ契機となったのは、小泉純一郎首相の参拝であった。自民党総裁選当時から「公約」として靖国神社への参拝を掲げていた小泉首相は、就任後はじめての記者会見で、「戦没者慰霊祭の行われる日には、そういう方々の犠牲の上にたって今日の日本があるんだという気持ちを表すのは当然では」と参拝に意欲を示し（朝日新聞二〇〇一年四月二五日朝刊）、中国などから批判が寄せられても「よそから批判されてなぜ中止するのか理解に苦しむ。首相として二度と戦争を起こさないという気持ちからも参拝をしたい」（読売新聞二〇〇一年五月一四日朝刊）とこだわりをみせて、当初は八月一五日の参拝を公言していたが、結局は中国からのはげしい反発を受けて、二日前の八月一三日に参拝している。

翌〇二年は抜き打ち的に四月の例大祭に参拝したが、諸外国からの批判を受けながらも参拝にはこだわって「熟慮の末」としてこれを実行し、世論の反応は分裂する、という構図がこの頃から定着していた。たとえば読売新聞（四月二二日社説）は、「指導者が戦没者を追悼するためにいつ参拝するかは、その国の伝統や慣習に基づく国内問題で、他国からとやかく言われる筋合いではない」として参拝を評価、朝日新聞（同日社説）は「公式行事的な首相の神社参拝には、憲法で定めた政教分離の原則から疑義がある」と反対し、毎日新聞（四月二三日社説）も、「憲法の政教分離に触れると熟考しなかったのか。……軍国主義と決別し、民主主義の国になるという、われわれの誓いに反する行動なのではないか」と批判した。以後、小泉首相は「年一回」の参拝を事実上の公約とし、〇三年は一月一四日、〇四年は一月一日と年頭に参拝、〇五年は一〇月一七日の秋の例大祭にあわせて参拝した。各紙の論調は基本的に変わっていないが、歴史教科書問題や領土問題の高揚に触発される形で中国や韓国からの批判が硬化し、一方で首相の参拝への固執も硬化するという過程がたどられて、問題解決の困難は深まっていった。なお、〇一年から〇四年までは、いずれも「内閣総理大臣　小泉純一郎」と署名、昇殿して参拝したが、〇五年はスーツ姿で記帳も昇殿もせず参拝、「私的」な参拝を強調している。

小泉首相の靖国参拝をめぐっては、その違憲性を問う七件の訴訟が起こされた。いずれも、参拝の違憲性判断と、参拝によって受けた精神的苦痛への慰謝料支払いをもとめるものである。七件の一審判決はいずれも慰謝料請求を棄却したが、福岡地裁判決の一件だけが違憲の判断を下した。〇五年一〇月時点で東京、大阪、高松の三高裁で二審判決が出ており、高松高裁は違憲性を判断せず、東京高裁も私的参拝として憲法判断を避けたが、大阪高裁は参拝を「公務」とし、さらに極めて宗教的意義の深い行為であり、特定の宗教に対する助長・促進になるとして違憲の判断を下した。ただ、参拝は国民に損害を生じたわけではないとして、慰謝料請求は棄却している。この判決は確定したが、判決ごとの揺れは大きく、他の控訴審や上告審の判断が注目される。

国立追悼施設とA級戦犯分祀問題

靖国問題の帰趨を捉える上で重要になっているのが、いわゆる国立追悼施設の建設と、A級戦犯の分祀問題である。

〇一年に官房長官の諮問機関として設置された「追悼・平和祈念のための記念碑等施設の在り方を考える懇談会」が翌年、国立の無宗教の追悼・平和祈念施設の建設を提言する報告書をまとめた。報告書は、「「戦争と平和」に関する戦前の日本の来し方について、また、戦後の国際的な平和のための諸活動の行く末について、戦後の日本はこれまで国内外に対して必ずしも十分なメッセージを発してこなかった」と反省し、「日本の平和の陰には数多くの尊い命があること」から「死没者を追悼し、戦争の惨禍に深く思いを致し、不戦の誓いを新たにした上で平和を祈念する」必要性を述べている。追悼の対象は戦死した将兵や空襲など戦争によって亡くなった民間人、外国人も含めたものとなっており、無宗教の国立施設として、戦没者の慰霊と顕彰を目的とした靖国神社とは競合しないと判断した。

靖国問題の淵源は、戦没者の慰霊と顕彰という「国家的事業」を靖国神社という「一宗教法人」が受け継いだところにあるが、現在でも国家が戦没者を追悼する責任を免れないとするなら、国家事業として追悼を行い、宗教法人たる靖国への参拝はあくまで個人の判断に任せるという追悼施設の方向性は、本質的なひとつの解決策を示しているようにも思われる。ただ、神社本庁などは、追悼施設は靖国神社の存在意義を否定し、また外国の圧力に応じて施設を設けるのは内政干渉だといった批判の声をあげており、参拝反対派からも、戦争責任や追悼範囲などがあいまいだという声が出ている。

一方、A級戦犯を分祀すれば諸外国からの批判もおさまり、参拝もしやすくなるのではないかという考え方は、すでに中曽根内閣でもたれ、靖国神社側への交渉もおこなわれていた。靖国神社も神社本庁も、「神社祭祀の本義」からして不可能であるとの立場を示しているが、すでに見たように、東京裁判の結果に屈しないという立場から合祀を実行した靖国側からすれば、歴史観の面でも分祀は受け入れがたいものであろう。

6　おわりに

戦前は「慰霊」と「顕彰」の二つの使命をもっていた靖国神社について、小泉首相の参拝目的はとくに「慰霊」に照射されており、「顕彰」の側面はうすくなっているが、靖国神社側や右派の言論は、「顕彰」の側面を濃厚に継承しており、そこには東京裁判の正当性や太平洋戦争の侵略性の否定という価値判断が加わる場合があるだけに、参拝が「顕彰」に、それが軍国主義の復活や戦争の肯定につながるという対外的批判を惹起しやすい状況がうまれている。「顕彰」は、いうまでもなく一定の評価のもとに選別された結果に与えられるものであり、空襲や原爆による民間の犠牲者などは含まれておらず、一方で戦犯刑死者がそこに加えられているのは、「顕彰」よりは一般に理解を得られやすい「慰霊」の上でも、混乱と反発を生んできた。

結局のところ、靖国問題には、戦死者の死の意味や戦争の評価についてたしかな自画像を描けなかった、あるいは描かなかった戦後日本のありようが先鋭的な形で現れているといえよう。あの戦争の侵略性をみとめ、日本の戦争責任を強調する立場では靖国参拝は否定され、一方、戦死者の功績をみとめ、侵略性を否定する立場では、参拝は肯定される。中韓への配慮を重んじる立場と、内政干渉を警戒して自律的行動をもとめる立場も、この前者・後者に重なることが多い。戦争を侵略としてみとめつつ、戦後社会の建設における戦死者の功績を称えるのが小泉首相の立場であり、こうした認識を共有する国民も多いと思われるが、この層の参拝の支持・不支持は分裂している。中国や韓国の批判はたしかに重要な位置を占めているけれども、それ以前に、靖国問題は根の深い国内問題なのである。

主な参考文献

靖国神社編『靖国神社百年史　資料編上・中・下　事暦年表』（靖国神社、一九八二～八七年）
賀茂百樹『靖国神社誌』（靖国神社、一九一一年）
田中伸尚『靖国の戦後史』（岩波新書、二〇〇二年）
大江志乃夫『靖国神社』（岩波新書、一九八四年）
赤澤史朗『靖国神社』（岩波書店、二〇〇五年）
小堀桂一郎『靖国神社と日本人』（ＰＨＰ新書、一九九八年）

注

（1）日本史籍協会編『木戸孝允日記　第一巻』（日本史籍協会、一九三二年）五五頁。
（2）村田峯次郎『大村益次郎先生事績』（大村益次郎先生伝記刊行会、一九一九年）二八五頁。
（3）坪内祐三『靖国』（新潮文庫、一九九九年）四七～四八頁。
（4）坪内・前掲書（注３）一七四頁。
（5）教育研究所編『高等小学修身教典　巻二』（普及舎、一八九九年）五四～五六頁。
（6）坪内・前掲書（注３）一九一～一九九頁。

（7）海軍教育本部『海軍読本　巻二』（海軍教育本部、一九〇五年）四一頁。
（8）教育学術研究会編『国語科教授要領　改訂国定教科書　尋常科　第四―六学年　第二冊』（同文舘、一九一二年）二三頁。
（9）大原康男「〝A級戦犯〟はなぜ合祀されたか」江藤淳・小堀桂一郎編『新編　靖國論集』（近代出版社、二〇〇四年）一一四～一一六頁。
（10）松平永芳「『靖国』奉仕一四年の無念」諸君一九九二年一二月号一六六～一六七頁。
（11）角田三郎『靖国と鎮魂』（三一書房、一九七七年）二六五頁以下。
（12）百地章『靖国と憲法』（成文堂、二〇〇三年）第一章～第四章。

ま 行

や 行

ら 行

た 行

な 行

は 行

さ　行

索　引

あ　行

か　行

執筆者紹介（執筆順）

寺崎《てらさき》　修《おさむ》　慶應義塾大学法学部教授　〔編者〕序章、第3章

一九四五年生まれ、慶應義塾大学大学院法学研究科政治学専攻修士課程修了、法学博士、駒沢大学法学部教授を経て現職。専攻：日本政治思想史、日本政治運動史。主な研究分野：自由民権運動史、福沢諭吉研究。主な著書：『明治自由党の研究』上・下（慶應義塾大学出版会）、『福沢諭吉書簡集』全九巻（共編、岩波書店）、『福沢諭吉の手紙』（共編、岩波書店）。

門松《かどまつ》　秀樹《ひでき》　常磐大学講師　第1章

一九七四年生まれ、慶應義塾大学大学院法学研究科後期博士課程単位取得退学。専攻：日本政治史・行政史。主な研究分野：幕末・維新期における政治史・行政史。主な著書：『日本行政の歴史と理論』（共著、芦書房）、「箱館戦争以前における箱館府民政」『法学政治学論究』六五号、「開拓使における旧幕臣――旧箱館奉行所吏員を中心として――」『法政論叢』三八巻二号。

笠原《かさはら》　秀彦《ひでひこ》　慶應義塾大学法学部教授　第2章

一九五六年生まれ、慶應義塾大学大学院法学研究科博士課程単位取得退学、法学博士。専攻：日本政治史。主な研究分野：天皇制、官僚制。主な著書：『歴代天皇総覧』（中央公論新社）、『女帝誕生』（新潮社）、『大久保利通』（吉川弘文館）。

都倉《とくら》　武之《たけゆき》　武蔵野学院大学国際センター講師　第4章

一九七九年生まれ、慶應義塾大学大学院法学研究科政治学専攻修士課程修了。専攻：近代日本政治史・政治思想史。

主な研究分野：近代日朝関係史、福沢諭吉研究。主な論文：「明治十三年・三河国明大寺村天主教徒自葬事件『近代日本研究』一八号（二〇〇二年）、「日清戦争軍資醵集運動と福沢諭吉」『戦前日本の政治と市民意識』（慶應義塾大学出版会、二〇〇五年）。

吉田《よしだ》　博司《ひろし》　聖学院大学政治経済学部教授　**第5章・第6章**

一九四八年生まれ、慶應義塾大学大学院法学研究科博士課程単位取得退学、法学博士。専攻：日本政治思想史。主な著書：『近代日本の政治精神』（芦書房）、『近代日本政治思想の座標』（共著、有斐閣）。

増田《ますだ》　弘《ひろし》　東洋英和女学院大学国際社会学部教授　**第7章**

一九四七年生まれ、慶應義塾大学大学院法学研究科博士課程修了、法学博士。琉球大学法文学部助教授を経て現職。専攻：日本外交史、日本政治外交論。主な著書：『石橋湛山』（中央公論新社、中公新書）、『公職追放論』（岩波書店）、『自衛隊の誕生』（中央公論新社、中公新書）。

小川原《おがわら》正道《まさみち》　武蔵野学院大学国際コミュニケーション学部助教授　**第8章・第9章**

一九七六年生まれ、慶應義塾大学大学院法学研究科博士課程修了、法学博士。イリノイ大学客員研究員等を経て現職。専攻：日本政治史。主な研究分野：日本政治思想史・宗教行政史。主な著書：『大教院の研究——明治初期宗教行政の展開と挫折——』（慶應義塾大学出版会）

シリーズ日本の政治　第2巻

2006年4月30日　初版第1刷発行

近代日本の政治

編著者　寺崎　修

発行者　岡村　勉

発行所　株式会社　法律文化社

〒603-8053 京都市北区上賀茂岩ケ垣内町71
電話 075(791)7131　FAX 075(721)8400
URL:http://www.hou-bun.co.jp/

印刷：㈱冨山房インターナショナル／製本：藤沢製本所
装幀　前田俊平
ISBN 4-589-02947-2